世武士選書 43

太田道灌と長尾景春

叛逆の戦国史

黒田基樹 著

戎光祥出版

はしがき

太田道灌《おおたどうかん》と長尾景春《ながおかげはる》は、関東における戦国時代最初期の武将として、極めて代表的な存在である。道灌は当時、関東の有力な政治勢力であった扇谷上杉氏《おうぎがやつうえすぎし》の家宰《かさい》という立場にあった。一方の景春も扇谷上杉氏以上に、関東の政治秩序の中核に位置した山内上杉氏《やまのうち》の宿老《しゅくろう》の一人であった。彼の家系は父祖二代にわたってその家宰であり、山内上杉氏の権力中枢に位置する立場にあった。そしてこの二人はまた、親戚関係にもあった。道灌の妻が、景春の叔母にあたっていたのである。

道灌と景春が、歴史上にその存在を現すようになったとき、関東では康正《こうしょう》元年（一四五五）から戦国時代の幕開けとなる「享徳の乱《きょうとくのらん》」が展開されていた。これは室町時代において、関東を統治する政権であった鎌倉府《かまくらふ》を崩壊させるものでもあった。そこでの首長であった鎌倉公方《かまくらくぼう》（古河公方《こがくぼう》）足利氏《あしかが》と、その補佐役《ほさやく》である関東管領職《かんとうかんれいしき》の山内上杉氏をそれぞれ首領として、足利方と上杉方というかたちで関東の政治勢力を二分して展開されたものであった。これにより関東は、室町時代的な政治秩序を解体させ、新たな時代秩序の形成へとすすんでいくものとなった。

この戦乱のなかで、道灌は扇谷上杉氏家宰の嫡子《ちゃくし》、景春も山内上杉氏家宰の嫡子として登場してきている。道灌の登場は二十五歳、景春の登場は十七歳前後であった。そしてその後に、それぞれは家督を継いで、道灌は扇谷上杉氏家宰の地位に就き、景春は山内上杉氏宿老の長尾孫四郎家の当主となって、ともに両上杉氏を主導する存在となっていった。

この道灌と景春を、ともに時代の代表者の地位へと引き立てたのが、文明九年（一四七七）に景春が起こした「長尾景春の乱」である。景春はその大叛乱の首謀者であり、道灌はその鎮圧を中心的にすすめた存在であった。景春の叛乱は、当時における上杉方勢力を二分するほどのものとなり、上杉方は、古河公方足利氏との抗争を中断しなければならないほど、それへの対応に追われる事態となる。

この叛乱で、景春は道灌の活躍によって追討され、有力な政治勢力としては没落をみることになる。かたや道灌は追討の立役者としてその政治勢力を強めたが、逆に、主人上杉定正との政治対立を生み出し、同十八年七月二十六日に定正によって謀殺され、その生涯を閉じた。しかしこのことこそ、扇谷上杉氏が戦国大名・国衆という領域権力として、戦国時代的な政治権力への転換を遂げていくうえでの不可欠な過程でもあった。

道灌は結局、その犠牲になったといえるが、景春もまた、自らの政治勢力を消失させるような状態となるが、叛乱と鎮圧の結果として上杉方の政治的な在り方の破壊をもたらし、近隣の政治勢力同士の抗争を恒常化させることで、それぞれ戦国時代的な政治権力の在り方への転換を促すものとなっていったのである。そして景春自身は、その後も古河公方足利氏や扇谷上杉氏の庇護をうけ、一種の戦争専門家ともいうべき傭兵的存在となり、死去の直前まで山内上杉氏への対抗活動を展開していくのであった。それは戦争の恒常的展開があって、はじめて可能な在り方であったといえる。

道灌と景春が生きた時代は、十五世紀後半から十六世紀はじめにかけての、ちょうど室町社会から戦国社会への転換期にあたっている。その転換は、関東では三十年近くにわたって展開された享徳の乱や長尾景春の乱という、既存の社会関係を破壊するような大規模な戦乱を通じて、室町幕府を中心とした政治秩序が解体し、各地に独立的な国家を形成する戦国大名・国衆が叢生《そうせい》していくというかたちですすんでいった。道灌と景春は、まさにそうした戦乱で主役を務めた存在であり、そこでの活動そのものが、新しい社会への転換を推し進めるものであった。

道灌にしても景春にしても、ともに扇谷上杉氏と山内上杉氏という関東政界の中心的勢力に所属し、それを主導する立場にあったし、関東の室町社会的な秩序のなかで、もともと中枢を構成する一員でもあった。したがって、道灌と景春の行動はそうした社会秩序の一環を成し、それと不可分の関係にあるものであった。そのため道灌と景春の行動をみるということは、同時に、関東における室町社会から戦国社会への転換をみていくということに通じる。

とはいえ道灌にしろ景春にしろ、この時代については等し並みにいえることではあるが、その関係史料は決して多くはない。しかしながらこの三十年ほどの関東戦国史研究の進展によって、可能な限りの集成がすすめられている。太田道灌については、『北区史　資料編古代中世1・2』（一九九四～五年）、長尾景春については拙編『長尾景春』（戎光祥出版、二〇一〇年）『埼玉県史料叢書11』（二〇一一年）などで、基本的な史料集成は成し遂げられた。また、それぞれの事績や政治動向についても、私自身すでに『扇谷上杉氏と太田道灌』（岩田書院）・『図説 太田道灌』（戎光祥出版）や、拙編『長尾景春』などでおおよそについてはまとめてきた。

これらの成果を踏まえて、本書では道灌と景春の生涯について、当時の史料をもとに可能な限り明らかにするとともに、それを関東の室町社会から戦国社会への転換という時代状況のなかに位置付けつつ、描き出してみたい。

すでに私は、室町時代末期から戦国時代初期にかけての、関東における社会転換の様相を描いたものとして『長尾景仲』（戎光祥出版）を著している。道灌はその娘婿《むすめむこ》であり、景春はその嫡孫《ちゃくそん》にあたるから、まさに本書はその続編という性格にあたる。この二冊をあわせることで、景仲が活躍した時代から道灌・景春が活躍した時代とを一続きにして認識できることになるであろう。

二〇一九年十一月

黒田基樹

目次

【凡例】本文中では以下の史料集を略号で示した。
北：『北区史資料編古代中世1』所収文書番号／北2：『北区史資料編古代中世2』所収頁数／埼：『埼玉県史料叢書11』所収文書番号／埼12：『埼玉県史料叢書12』所収文書番号／新埼：『新編埼玉県史資料編5』所収文書番号／群：『群馬県史資料編7』所収文書番号／山内：拙著『戦国期山内上杉氏の研究』所収「戦国期山内上杉氏文書集」文書番号／扇谷：拙編『扇谷上杉氏』所収「扇谷上杉氏関連史料集」文書番号／景春：拙編『長尾景春』所収「長尾景春関係史料」史料番号／戦古：『戦国遺文古河公方編』所収文書番号／戦房：『戦国遺文房総編』所収文書番号／戦今：『戦国遺文今川氏編』所収文書番号

第一章　太田道灌の登場

太田氏の出自

まずは、太田道灌の出自からみていこう。もっとも道灌の先祖については、必ずしも明確ではない。江戸時代に太田道灌の子孫が編修した系図史料によれば、清和源氏《せいわげんじ》源頼政《みなもとのよりまさ》の子孫が丹波国《たんばのくに》太田郷（京都府亀岡市）に住し、地名を名字としたのに始まるという。同国「上杉庄」の地頭であった上杉重房《しげふさ》に仕え、重房が鎌倉幕府将軍《かまくらばくふしょうぐん》・宗尊親王《むねたかしんのう》の関東下向に供奉《ぐぶ》したのにともなって相模《さがみ》へ移ったと伝えるが（「太田家記」『北区史資料編古代中世2』所収）、これは伝説の域を出ない。

そもそも上杉氏の成立は、重房の子頼重《よりしげ》が足利氏の家領奉行人頭人《けりょうぶぎょうにんとうにん》を務め、足利氏所領の丹波国八田郷《やたごう》（京都府綾部市）等を所領とし、同郷内上杉村を名字の地としたことによるものである。そのため「上杉庄」というものは存在せず、重房も蔵人《くろうど》を務める廷臣《ていしん》であった。

確実なのは、「梅花無尽蔵《ばいかむじんぞう》」（『梅花無尽蔵注釈』本刊本）第六所収「静勝軒銘詩并序《じょうしょうけんめいしならびにじょ》」に、「厥先廼丹陽人、而五六葉之祖、始家相州也」とあるように、道灌の五、六代前の人物が丹波国より相模国へ移住したということである。道灌の五、六代前の人物というのは、おそらく鎌倉末期頃に活躍した人物と推測され、丹波で上杉頼重に仕え、それに従って相模に移住した可能性が高いと考えられる。

ただし、太田氏が扇谷上杉氏の系統にいつから被官化したのかは定かではない。

また、太田氏の名字の地についても確証はない。「永享記《えいきょうき》」（『続群書類従』所収）など江戸時代前期成立の軍記物には、武蔵国《むさしのくに》「都筑郡《つづきぐん》」太田郷を名字の地のように記している。しかし、都筑郡には太田郷は存在していないので、これは久良岐《くらき》郡太田郷（横浜市中区）の誤りともみられる。同地は太田氏の屋敷があったため、太田の地名が生まれたと伝えられている。あるいは、同地が名字の地の可能性も想定され、その場合には相模国への移住後に太田氏を称したことになるが、いずれも可能性にとどまる。とはいえ、そのような所伝があることからすると、丹波よりも、むしろ相模移住後に太田氏を称した可能性が高いかもしれない。

太田道灌木像　東京都北区・静勝寺蔵

道灌の具体的な先祖として確認できるのは、それよりもかなり時期が下り、確実なのは永享《えいきょう》十二年（一四四〇）正月にみえる祖父の資光《すけみつ》である。前年の永享の乱で滅亡した鎌倉公方足利持氏《もちうじ》の残党一色《いっしき》伊予守《いよのかみ》を相模今《いま》泉《いずみ》（神奈川県鎌倉市）に攻めた大将の一人として、太田備中守《びっちゅうのかみ》資光の名がみえている（「鎌倉大草紙」〈『新編埼玉県史資料編8』所収〉巻三）。この資光は、関東管領山内上杉氏の重臣で侍所《さむらいどころ》を務めていた犬懸《いぬがけ》長尾《ながお》憲景《のりかげ》と

太田氏の大紋・「かふら矢」　太田家譜

ともに大将を務めていることから、当時、すでに扇谷上杉氏の家宰（執権・執事）に就いていたと考えられる。

　その一方、これまで道灌の先祖の可能性が考えられてきた人物が何人かいる。最も早いのは、武蔵国崎西郡《きさいぐん》渋江《しぶえ》郷《ごう》金重村《かなしげむら》（さいたま市岩槻区）所在の平林寺《へいりんじ》の大檀越《だいだんおつ》で、永和《えいわ》年間（一三七五～七九）頃に死去した「備州太守太田公」という人物である（『空華文集』『訓注空華工夫日用略集』）。続いて、応永三十四年（一四二七）頃に鎌倉極楽寺《ごくらくじ》の上野国の所領回復に携わった「太田備中入道道暉《どうき》」という人物がみえる（「金沢文庫文書」『神奈川県史資料編3上』五八〇二～三）。「備州」・備中守などを称しているから、これまでは道灌の先祖とみられてきたが、現在ではともに、鎌倉府奉行人の三善《みよし》姓太田氏であろうと考えられている（湯山学『鎌倉府の研究』）。

　もう一人は、永享七年の鎌倉府による常陸長倉《ひたちながくら》氏討伐に従軍した人物としてみえる、「武蔵国の住人太田源次郎」である（「長倉追伐記」北2二四四）。その幕紋は、江戸時代の太田氏の大紋にあたる「かふら矢」であること、仮名に「源」字が含まれていることから、道灌の先祖、さらに年代からすると祖父資光の世代にあたる人物ともみられる。しかし、登場する氏族は明らかに年代や状況が合わないものが多く、「太田源次郎」の存在そのものもただちに信用することはできない。こうしてみてみると、これまで道灌の先祖とみられてきたものは、ことごとく異なるといわざるをえない。

そうしたなか、唯一確実とみられるのが、応永元年（一三九四）十二月、鎌倉鶴岡八幡宮《つるがおかはちまんぐう》遷宮《せんぐう》で地奉行を務めた扇谷上杉氏定の被官の「太田」である（「鶴岡諸記録」拙編『扇谷上杉氏』一〇頁）。道灌の家系は扇谷上杉氏の宿老家であるから、この「太田」が道灌の先祖であることは間違いない。年代から考えると、資光の父にあたる人物と考えられる。これ以上のことはわからないが、少なくとも道灌の家系は、道灌の曾祖父にあたる人物が、応永年代初めには扇谷上杉氏の宿老として存在していたとみられる。

父・太田道真

道灌の父道真《どうしん》の生年は、はっきりしていない。江戸時代成立の「太田家記《おおたかき》」では、明応《めいおう》元年（一四九二）二月二日、武蔵河越城《かわごえ》（埼玉県川越市）において七十八歳で死去したとされている。これを逆算すると、生年は応永二十二年（一四一五）となる。しかし、没年は「本土寺過去帳《ほんどじかこちょう》」（北2三四八）によると、正しくは長享《ちょうきょう》二年（一四八八）八月三日である。これに享年七十八をあてはめると、生年は応永十八年（一四一一）となる。したがって道真の生年は応永十八年、もしくは同二十二年の可能性が考えられるが、確定はできない。ちなみに後者は、主人である扇谷上杉持朝《もちとも》の生年に一致している。道真の父とみられるのが、先に触れたように、永享十二年（一四四〇）正月に扇谷上杉軍の大将としてみえる「太田備中守資光」である（「鎌倉大草紙」）。これは、彼が当時、扇谷上杉氏の家宰を務めていたことを示している。

これまで資光と道真の関係については、両者の活躍時期が近接していたため同一人物との可能性もあったが、その後、道真に関する新史料が発見されたことにより、両者は別人で父子関係とみられることが明確になった。すなわち、資光が史料にみられた翌月の永享十二年二月二十一日に、扇谷上杉持朝の宿老筆頭として「太田六郎右衛門尉」がみられ（「政所方引付」埼四六六）、これが道真にあたると考えられる。彼が三十歳もしくは二十六歳のことになる。

そこでは、同じく扇谷上杉氏宿老の上田新蔵人《うえだしんくろうど》・狩野伯耆守朗舜《かのうほうきのかみろうしゅん》と同時に、室町幕府政所頭人の伊勢貞国《いせさだくに》から将軍足利義教《よしのり》の意向を伝える奉書を送られていて、関東の情勢を報告したことを「神妙」と称され、さらなる報告を命じられている。道真が扇谷上杉氏の宿老に位置していたことがわかるとともに、室町幕府に対しても直接に連絡できる立場であったことがわかる。そして、前月に史料にみられた資光はその父親とみて間違いないし、翌月に道真が宿老筆頭としてみえるようになっているから、その間に家督の交替があって、道真は宿老太田氏の当主、同時に扇谷上杉氏の家宰職に就任したと考えられる。あるいは、資光は軍事行動のなかで戦死でもしたのであろうか。

先の史料で、道真は初め官途名《かんとめい》（朝廷の京官の官職名）「六郎右衛門尉《ろくろうえもんのじょう》」を称したことが確認される。この官途名をのちに道灌の後継者も称していることからみると、太田氏惣領《そうりょう》家の歴代の官途名であったと考えられる。また、道真の実名を伝える確実な史料はないが、「鎌倉大草紙《かまくらおおぞうし》」では「資清《すけきよ》」と伝えている。続いて三月十六日にも伊勢貞国から奉書《ほうしょ》を送られている。これは上田氏と同時に送られているものであるが、常陸における結城合戦《ゆうきかっせん》の勃発を連絡したことに対して、さらなる報告を命じられている。

その後、文安四年（一四四七）までの間に、出家して法名自得軒《じとくけん》道真を称している（「内山文書」北一三三）。同年四月二十日付で上野大蔵坊に対し「当方成敗の国中」を対象にした過書（関所などの通行許可書）を与えており、これが道真の発給文書としては初見である。この時に、すでに法名を称している。「当方成敗の国中」というのは、扇谷上杉氏が管轄している守護国を意味し、具体的には永享の乱以降に守護職に補任された相模国と、上杉禅秀《ぜんしゅう》の乱以降に守護職に補任されたとみられる安房国であろう。大蔵坊は上野修験《しゅげん》の年行事であったから、その配下の修験者の守護分国における通行を許可するものになる。こうした過書《かしょ》の発給は、家宰の役割であった。

なお、このあとの道真の発給文書は八通が確認されているが、いずれも康正元年（一四五五）から展開された享徳の乱勃発以降のもので、同乱以前のものはこの大蔵坊宛だけである。

ちなみに、この八通の内容を記しておこう。

①〜⑤康正三年（長禄元年、一四五七）六月から七月にかけて、相模三浦郡《みうらぐん》和田《わだ》郷《ごう》龍徳院《りゅうとくいん》（神奈川県三浦市）の住持職と同寺領の相続を承認する件（「光明寺文書」北一六二・一六五〜八）。

⑥寛正《かんしょう》元年（一四六〇）頃の六月、鎌倉建長寺《けんちょうじ》塔頭《たっちゅう》西来庵《せいらいあん》へ同寺領相模中郡《なかぐん》懐島郷《ふところじまごう》（神奈川県茅ケ崎市）の領有について、享徳の乱に幕府方の鎌倉公方であった堀越公方《ほりごえくぼう》足利政知《まさとも》の承認を獲得する意向を示した書状（「西来庵文書」北二二二）。

⑦文明三年（一四七一）頃の十一月、陸奥《むつ》白川直朝《しらかわなおとも》に宛てて、その時の主人・上杉政真《まさざね》（持朝の孫）書状の副状《そえじょう》を出しているもの（「白川文書」北二〇四）。

⑧文明十一年三月、鎌倉円覚寺《えんがくじ》塔頭黄梅院《おうばいいん》に、同寺が代官を務めていたとみられる鶴岡八幡宮領の相模東郡北深沢内《ひがしぐんきたふかさわのうち》（神奈川県鎌倉市）の作人《さくにん》の改替を止めるよう申し入れている書状（「黄梅院文書」北二二一）。

このうちのいくつかについては、その後にあらためて取り上げる。

そして宝徳《ほうとく》二年（一四五〇）五月には、受領名《ずりょうめい》（朝廷の地方官の官職名）「備中守」を称し、「備中入道」と称されている（「南部文書」北一四〇）。いうまでもなく父資光から襲名したもので、四十歳もしくは三十六歳のことである。これは、四月から九月にかけて行われた江の島合戦と、その収束のための政治交渉におけるものである。道真は山内上杉氏家宰の長尾景仲《かげなか》とともに両上杉軍を指揮して鎌倉公方足利成氏《しげうじ》襲撃を図った。しかし、成氏方に撃退されて扇谷上杉持朝・顕房《あきふさ》父子が在城する相模中郡七沢要害《ななさわようがい》（神奈川県厚木市）に後退したものの、足利成氏は景仲と道真を事態の「張本」と位置づけ、その処罰を強く要請してきた。道真がここで「張本」とまでみなされているのは、扇谷上杉軍の総大将を務めていたからと考えられ、これも家宰の役割とみることができる。

このように、道真が史料に登場してきたとき、すでに関東では戦乱の恒常化がすすみはじめていた。その後、道真はそうした戦乱の影響をうけて寛正二年（一四六一）には隠居を余儀なくされ、家督を嫡子道灌に譲ることになる。五十一歳もしくは四十七歳のことである。しかし、政治的に引退したわけではなく、以後も主人の側にあって、主家の相模の拠点である糟屋館《かすややかた》（神奈川県伊勢原市）・鎌倉館、あるいは武蔵の拠点、河越城（埼玉県川越市）・五十子陣《いかっこじん》（埼玉県本庄市）などにあって主家扇谷上杉氏を主導し続けていくことになる。

扇谷上杉氏と太田氏の立場

道真の活躍がはじまる頃、関東には〝鎌倉府〟という政権があった。これは室町幕府の分身にあたる存在で、関東八ヶ国に加えて伊豆《いず》・甲斐《かい》・奥羽《おうう》をも管轄していた。その首長は「鎌倉公方」と称され、京都の足利将軍家の連枝にあたることから「関東足利氏」とも称されている。公方の補佐役にあたるのが関東管領で、南北朝時代の貞治《じょうじ》二年（一三六三）以降は、足利氏の姻戚《いんせき》である上杉氏が独占して務めた。上杉氏は数家に分立し、当初は山内上杉氏と犬懸上杉氏が交替で務め、そのため両家

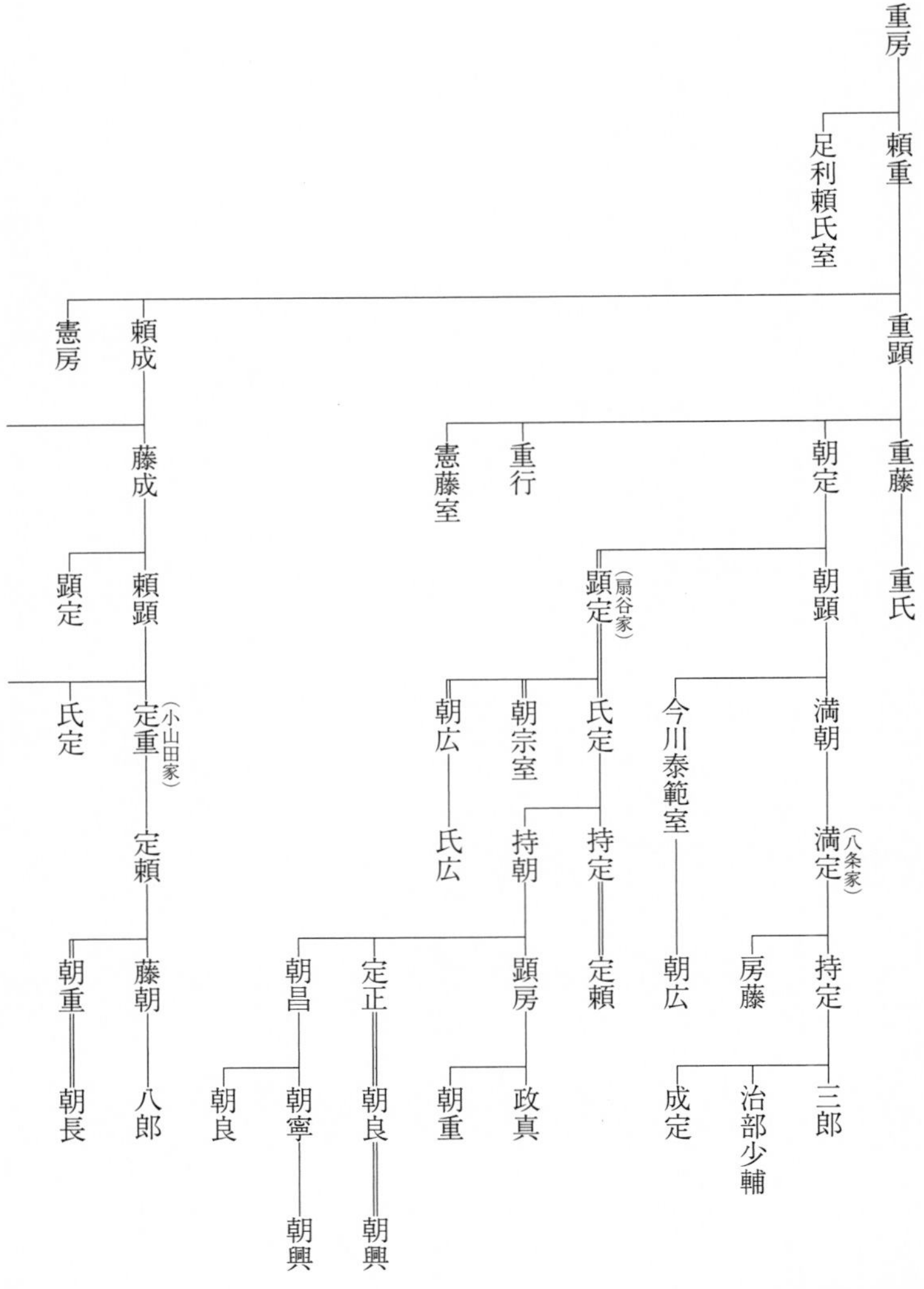
重房
頼重
足利頼氏室
重顕
頼成
憲房
重藤
朝定
重行
憲藤室
重氏
朝顕
顕定（扇谷家）
藤成
頼顕
顕定
満朝
今川泰範室
氏定
朝宗室
朝広
定重（小山田家）
氏定
満定（八条家）
持定
持朝
氏広
定頼
持定
房藤
朝広
定頼
顕房
定正
朝昌
藤朝
朝重
三郎
治部少輔
成定
政真
朝重
朝良
朝寧
朝良
八郎
朝長
朝興
朝興

系図１　上杉氏略系図１

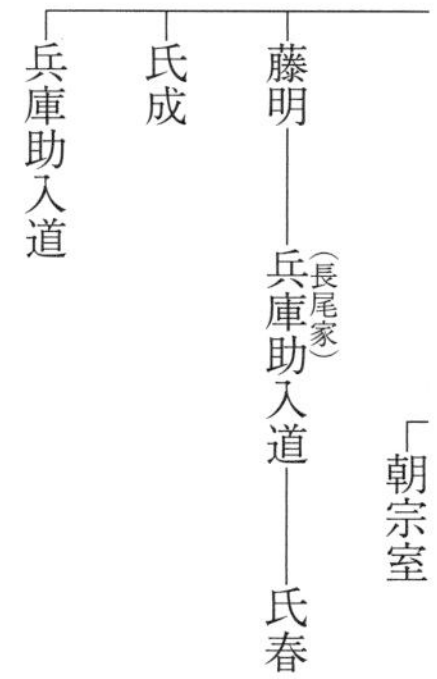

は「両上杉」と称されていた。しかし、応永二十二年（一四一五）に山内上杉憲基《のりもと》が就任してからは山内上杉氏が独占し、家職としていく。

その翌年に犬懸上杉氏憲《うじのり》（法名禅秀）の叛乱があり、公方足利持氏・管領山内上杉憲基は幕府の支援を得てこれを鎮圧、犬懸上杉氏は没落状態になる。そして同乱において、上杉氏一族のなかで山内上杉氏に全面的に協力し、乱後に犬懸上杉氏の立場にとってかわるのが扇谷上杉氏であった。これが太田氏の主家にあたる。

扇谷上杉氏は、山内上杉氏ら関東上杉氏の祖となる上杉憲顕《のりあき》の従兄（憲顕の父憲房《のりふさ》の兄重顕《しげあき》の子）で、有力な上杉一族であった上杉朝定《ともさだ》の養子顕定《あきさだ》（朝定の父重顕《しげあき》の弟頼成《よりなり》の孫、藤成《ふじなり》の子）が、貞治五年以降に上杉憲顕を頼ってであろう、京都から鎌倉に下って鎌倉公方足利基氏《もとうじ》ないしその子氏満《うじみつ》に仕え、鎌倉扇谷に居住したことに始まる。上杉氏憲の叛乱の際の当主は、顕定の養子氏定《うじさだ》（顕定の実兄頼顕《よりあき》の子）であったが、同乱で戦死している。

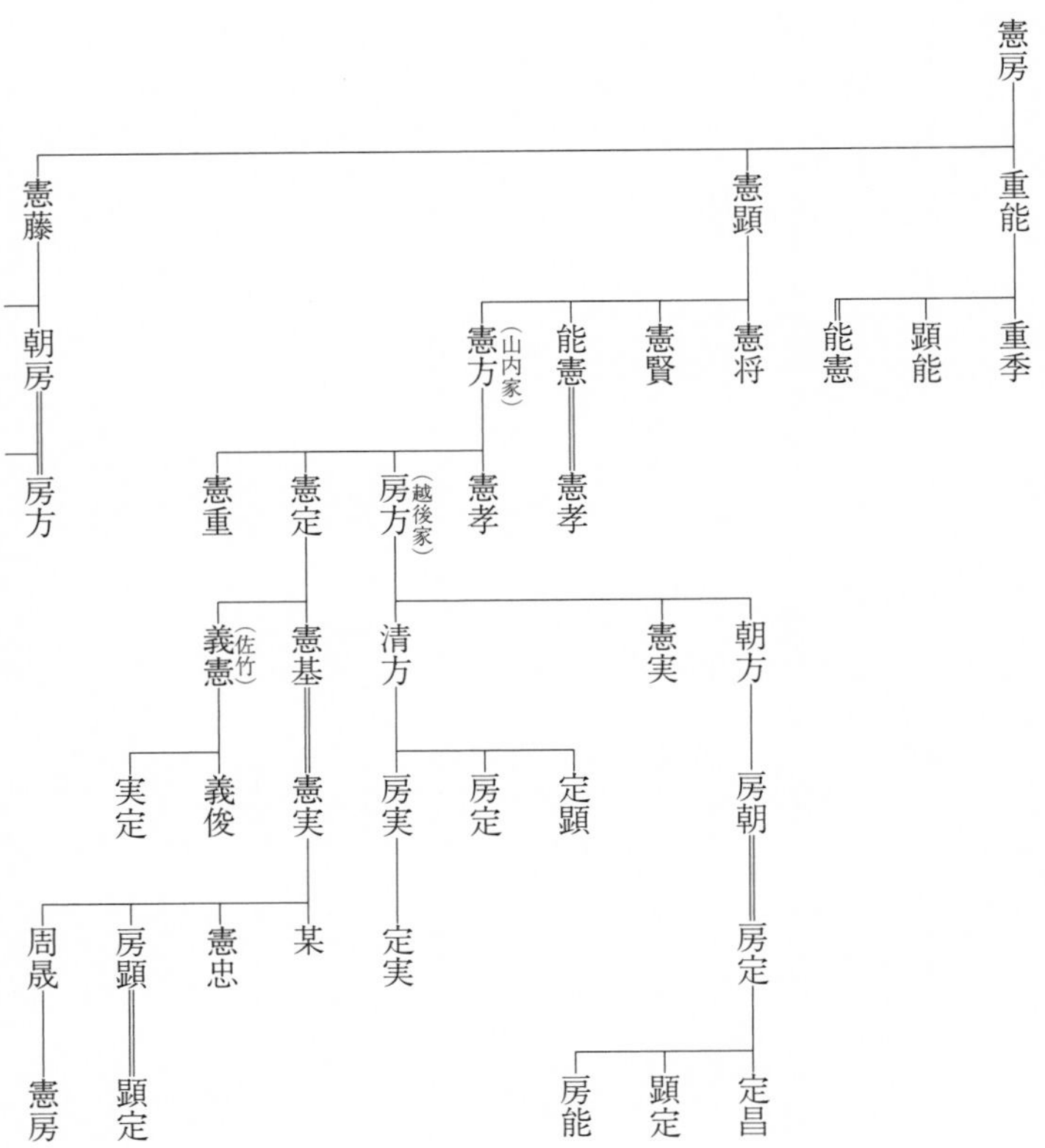

系図２　上杉氏略系図２

氏定の家督は長男持定《もちさだ》が継ぐが、すぐに死去したため次男の持朝が継いだ。しかし、持朝はまだ年少のため、一族の小山《おやま》田《だ》上杉定頼《さだより》（氏定の兄定《さだ》重《しげ》の子）が家督を代行し、「名代《みょうだい》」を務めたが、永《えい》享《きょう》五年（一四三三）には独り立ちを遂げている。この持朝の代になると、扇谷上杉氏はその政治的地位を著しく伸張させ、関東武家勢力のなかで名実ともに山内上杉氏に次ぐ立場を確立してい

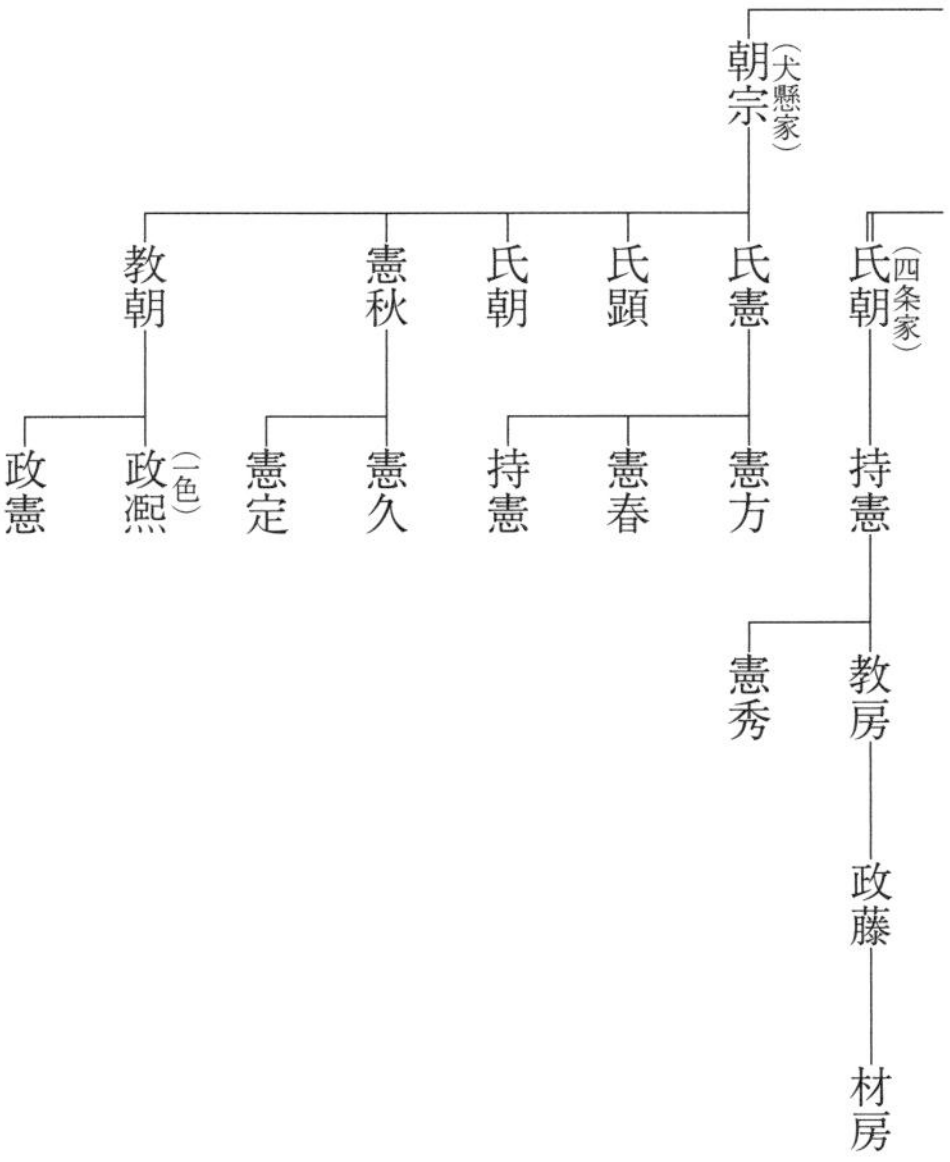

く。そのため以後は、山内・扇谷両家が「両上杉」と称されるようになる。

太田氏は資光以来、道真・道灌・六郎右衛門尉・永巌《えいげん》の五代にわたって、扇谷上杉氏の家宰職を務めている。家宰とは執権・執事などとも称され、当主の代行者的立場と、当主の被官中すなわち傍輩《ほうばい》（同僚）の代表者的立場を兼ね備えた存在にあたる。この頃の武家は、被官中の合議によって重要な物事が決定されていた。これを「中央の儀」と称している。当主と被官とを媒介し、両者を規定する関係について、このように表現されていた。扇谷上杉氏では、家宰の太田氏のほか、上田《うえだ》氏・三戸《みと》氏・萩野谷《はぎのや》（荻野谷《おぎのや》）氏が宿老の地位にあり、彼らの合議が最重要決定機関にあたっていた。

家宰としての役割は多方面に及ぶ。扇谷上杉氏は、持朝以降は相模国守護を務めるが、それにともなって道真・道灌二代はその守護代を兼ねている。もっとも他家の場合をみると、守護代への指示は家宰を通じて行われていたように、守護代よりも家宰の地位が優越していたから、道真・道灌の行動は、守護代としてよりも家宰としてのものとみることができる。

家宰としての具体的な役割は後にあらためて取り上げるが、簡単にまとめておくと、当主の代行もしくはそれとは別に軍勢の大将を務めたり、所領や守護管轄での諸税の賦課や徴収、さらには免除の承認などがあった。また、検断権《けんだんけん》（警察権）の行使もあった。さすがに傍輩や寺社への所領の給付や承認などは当主の役割であったが、その取り次ぎは家宰が行っていた。いわば、あらゆる権利関係が、家宰を通じて決定されていたかたちになる。

また、他家とのさまざまな交渉も家宰が行っていた。とくに傍輩の権益保護においては、前面に立って交渉を行っている。こうしたところに、傍輩の代表者としての立場をよくみることができる。それだけでなく、幕府や公方との交渉をはじめとした高度な政治交渉も家宰の役割であった。そのため、家宰は公方にも出仕し、公方からもその立場を認知される存在であった。

このように家宰という存在は、主家の家政や家務を主導する立場にあった。そのため、主家と家宰とは厚い信頼関係で結ばれている必要があった。しかしこの後、戦争の恒常化のなかでその関係も大きく変化していくことになる。それが、やがて来るべき道灌の悲劇を生むことにもなる。

鎌倉府の解体

扇谷上杉持朝が独り立ちを遂げてすぐ、永享十年（一四三八）から公方足利持氏と管領山内上杉憲《のり》実《ざね》の政治対立が顕著となり、永享の乱が展開する。上杉方は室町幕府の支援を得て、翌十一年に公方持氏を滅亡させ、公方家は一時的に断絶し、以後は管領山内上杉氏が鎌倉府の政務を主導していく。持朝は、この戦乱で全面的に山内上杉氏に協力しており、乱後には、「大名」の家格と相模国守護職、さらには足利方の所領の多くを獲得し、上杉方の代表的存在となった。同年十二月には、管領山内上杉憲実の隠遁《いんとん》をうけて幕府からその代行者に措定され、有力大名の指標である修理大夫《しゅりのだいぶ》の官途を与えられている。なお、相模の守護所は、従来から所領であった糟屋館（神奈川県伊勢原市）に置かれている。

その後も、永享十二年から結城合戦、常陸佐竹《さたけ》氏らの叛乱と、足利方の叛乱が続いていく。道真が登場してくるのは、ちょうどこの結城合戦に際してであった。そうした足利方の抵抗をうけて、ついに幕府・上杉方は妥協し、文安《ぶんあん》四年（一四四七）に持氏の遺児成氏（当時は幼名万寿王丸）の鎌倉公方就任を認めた。同時に関東管領も憲実が隠遁して、その子で若年の憲忠《のりただ》に交替された。持朝も足利方の圧力をうけたらしく、二年後の宝徳元年（一四四九）に隠居を強いられ、家督を嫡子顕房《あきふさ》に譲り、出家して法名道朝《どうちょう》を称している。しかし、持朝は管領憲忠を娘婿に迎え、上杉方の長老的存在として上杉方を実質的に主導していく。

足利方と上杉方との対立は深刻さを増していき、翌二年に江の島合戦が勃発する。両上杉軍が鎌倉

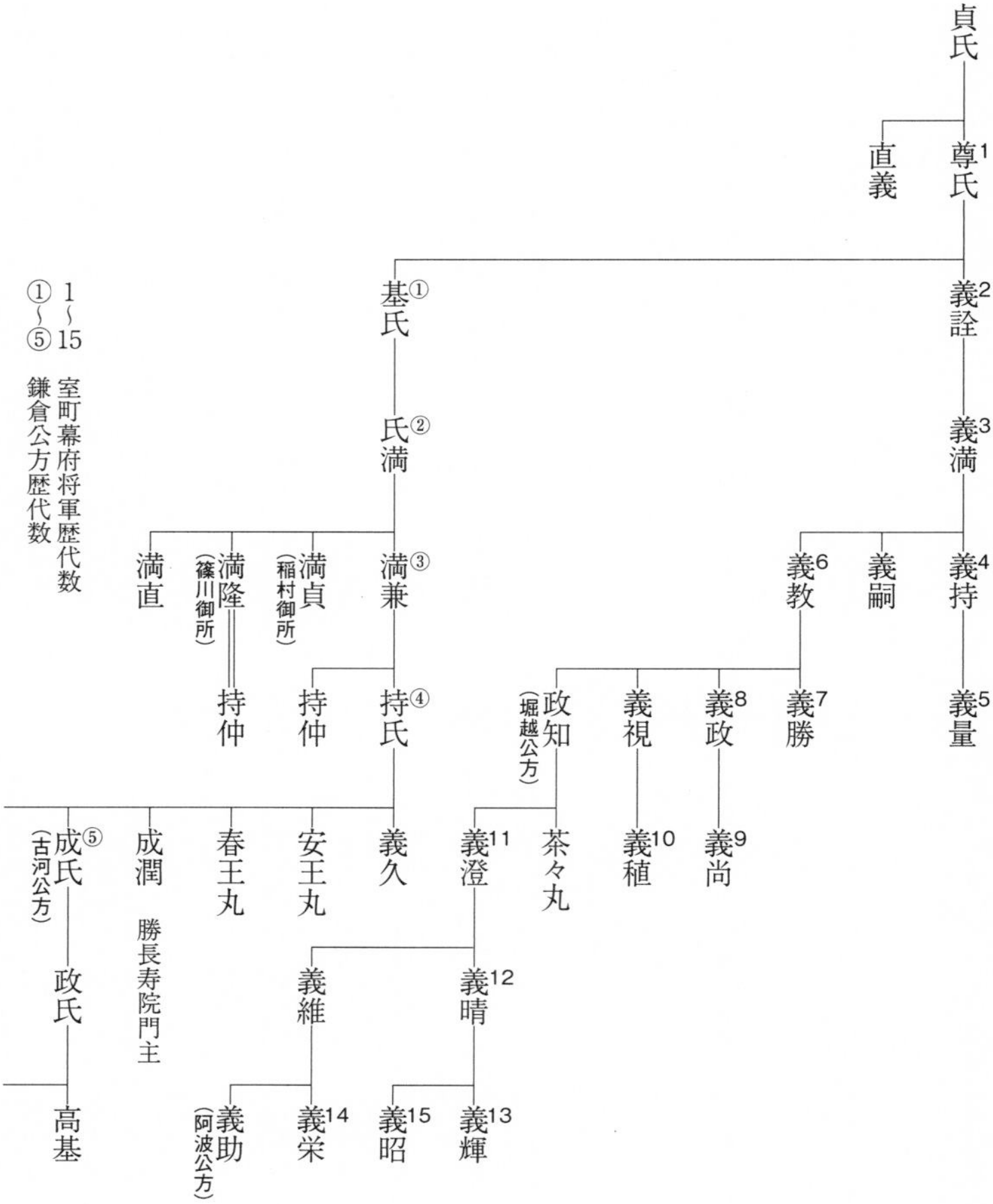
貞氏
直義
尊氏1
義詮2
義満3
義持4
義嗣
義教6
義量5
義勝7
義政8
義視
政知（堀越公方）
義尚9
義稙10
茶々丸
義澄11
義晴12
義維
義輝13
義昭15
義栄14
義助（阿波公方）
基氏①
氏満②
満兼③
満貞（稲村御所）
満隆（篠川御所）
満直
持氏④
持仲
持仲
義久
安王丸
春王丸
成潤
勝長寿院門主
成氏⑤（古河公方）
政氏
高基
1～15　室町幕府将軍歴代数
①～⑤　鎌倉公方歴代数

系図３　足利氏略系図

定尊　雪下殿
尊倣　雪下殿
守実　熊野堂殿

義明（小弓公方）
顕実　上杉顕定養子

を襲撃しようとしたところ、足利方に江の島（神奈川県藤沢市）で迎撃された。ここで扇谷上杉氏は、持朝・顕房父子が糟屋館の近所に七沢要害（神奈川県厚木市）を構えて在城、家宰太田道真が鎌倉攻めの軍勢を率いている。合戦は上杉方の敗北であったが、両陣営の対峙が続いたため幕府の仲介で和解が成立する。ところが、合戦の首謀者への処罰も、山内上杉氏の家宰長尾景仲（法名昌賢《しょうけん》）が家宰職を交替された程度ですまされ、根本的な解決にはほど遠いものであった。

それから四年後の享徳三年（一四五四）十二月、上杉方はまたも鎌倉の襲撃を計画、長尾景仲と扇谷上杉顕房が上野で、持朝も本拠糟屋館でそれぞれ軍備を整えていた。足利方は機先を制して鎌倉滞在の管領憲忠と、その家宰長尾実景《さねかげ》（憲景《のりかげ》の弟）父子を殺害した。上杉方はそれを知って、翌四年（康正元年）正月早々に両方面から進軍を開始、一方の足利方もそれぞれの迎撃のため鎌倉を出陣した。

相模から進軍した扇谷上杉持朝と山内上杉氏被官らに対しては、公方足利成氏の奉公衆一色直清《なおきよ》・武田《たけだ》信長《のぶなが》らが迎撃にあたり、相模島河原《しまがわら》（神奈川県平塚市）で勝利し、持朝らは伊豆三島《みしま》（静岡県三島市）に敗走した。上野から南下してきた長尾景仲率いる山内上杉軍の主力と扇谷上杉顕房に対しては、成

図１　享徳の乱関係図　黒田基樹『図説 太田道灌』（戎光祥出版、2009 年）所載の図をもとに作成

氏自らが迎撃にあたり、武蔵分倍《ぶばい》河《が》原《わら》（東京都国立市・府中市）で勝利し、顕房は戦死、長尾景仲ら山内上杉軍は常陸に敗走した。この顕房の戦死によって、持朝は再び扇谷上杉氏の家督を管掌することになる。

　上杉方の敗走をうけ足利成氏は追撃してそのまま北上し、下総結城城（茨城県結城市）・下野小山《おやま》祇園《ぎおん》城（栃木県小山市）などに在陣、やがて下総古河城（茨城県古河市）に拠点を据える。以後、成氏は鎌倉に帰還することなく、古河を本拠としていく。そのため、成氏とその子孫は古河公方と称されることになる。

一方、上杉方からの要請をうけた幕府は上杉方を支持し、三月には新たな管領に、憲忠の弟で在京して室町幕府に奉公していた房顕《ふさあき》を任じ、越後《えちご》上杉房定《ふささだ》（憲実の弟清方《きよまさ》の子）に支援を命じる。房顕は北陸道を経由して越後に下り、五月には越後上杉房定とともに上野に入って、常陸から逃れて下野《しもつけ》天命《てんみょう》（栃木県佐野市）・只木山《ただきやま》（栃木県足利市）で籠城していた長尾景仲ら山内上杉軍の救援をすすめていく。三島に在陣していた持朝に対しては、駿河《するが》今川範忠《いまがわのりただ》に支援を命じる。持朝は今川軍の進軍をうけて、今川軍とともに反撃を展開していく。そして六月には鎌倉を回復し、さらに下総や武蔵の足利方との抗争をすすめた。

こうして、足利方と上杉方との抗争は関東全域を巻き込んで展開していき、以後二十九年にわたって続いていく。これを享徳の乱という。この戦乱を通じて鎌倉府を主宰していた公方・管領は、ともに鎌倉に在することがなくなり、鎌倉府という政権は事実上、崩壊をみるものとなる。そして各地の武家は、公方も管領も含め、いずれも自らの本拠を中心に存続を賭けて、周辺勢力との抗争を続け、そのまま戦国時代に突入していく。それは、全国的に戦国時代に入る契機となった、応仁・文明の乱よりも十年以上早いものであった。関東は全国に先駆けて、戦国時代に突入していくのである。

道灌の生い立ちと名前

道灌は、永享四年（一四三二）に道真の嫡子として生まれた。生年については、文明十八年（一四八六）に五十五歳で死去していることからの逆算である（「梅花無尽蔵」）。父道真が二十二歳もしくは十八歳のことである。当時の史料に初めてその名がみえるのは康正二年（一四五六）七月で、時に二十五歳、仮名《けみょう》（成人後の通称）源六の名でみえている（「称名寺文書」北一六二三）。

その史料は、武蔵六浦庄《むつらのしょう》称名寺《しょうみょうじ》（横浜市金沢区）が扇谷上杉氏の人々に支出した金額を書き立てたもので、

二貫文　御屋形（上杉持朝）
一貫文　太田殿（道真）
一貫文　源六殿（太田道灌）

とあり、主人上杉持朝・父道真に続いてみえている。支出された金額の性格は明らかではないが、金額からすると、何らかの礼銭と推測される。ここで道灌が父道真に続いてあげられていること、その金額は道真と同じとされていることから、彼が父道真と同格に位置づけられていたことがわかる。すなわち、道灌は道真の嫡子として扇谷上杉氏家宰職の後継者の立場にあったことが明確にうかがわれる。

それまでの生い立ちについては、正確には不明である。道灌の幼年時について記しているのは、い

父の道真（資清）が道灌に曲直の理を教えている場面を描く
『太田道灌雄飛録』　個人蔵

ずれも江戸時代に成立した軍記物や系図類である。最も成立が古いとみられるのは「永享記」であるが、そこには幼名を鶴千代《つるちよ》といい、九歳から十一歳まで鎌倉五山の学所に入って学問を学び、特に和《わ》歌《か》・漢詩《かんし》の才に優れていたこと、その後も和漢の詩歌をはじめ軍学などの学問に精進したことが伝えられている。道灌が、学問に通じていたことは間違いないのであろう。

そして学才は天下に聞こえ、山内上杉氏から家臣に所望されたものの、扇谷上杉氏はどんな財産にも代え難いとして、これを拒否したという。十七世紀にはすでに、道灌は幼年の頃から非凡の才能を示していたとみられていることがわかる。さらに十八世紀の初めになると、そこに脚色が加えられるようになってくる。江戸幕府譜代大名の太田氏が作成した「源姓太田氏系図」（「太田家記」収録）や、それと一部を共有する岩付太田氏系の「太田潮田《うしおだ》系図」（前掲『北区史』所収）あたりからみられるようになる。

一つは、十五歳の時の逸話として、父道真が才気あふれるにまかせるのでなく言行を慎むようにと、障子に譬《たと》えて「真っ直ぐだから役に立ち、曲がっていては倒れて役に立たない」と諭したところ、道灌は屏風を持ち出し、「真っ直ぐだと倒れてしまい、曲がっているからこそ役に立つ」と反論、道真は無言で室内に入ってしまったことがみえている。もう一つは、道真が「驕るものは久しからず」と大書して読み聞かせ諫めると、道灌は二字を加えて「驕らざるものも又久しからず」と反論したため、道真は怒って扇子で道灌を打った、というものである。いずれも道灌の才能の豊かさとともに、驕慢《きょうまん》さを伝えるものである。このあたりは、晩年の悲劇に向けての伏線とみることができるであろう。

元服《げんぷく》後に称した通称は、初め仮名「源六《げんろく》」で、長禄三年（一四五九）十一月から官途名「左衛門《さえもんの》大夫《だいぶ》」を称している（「香蔵院珍祐記録《こうぞういんちんゆうきろく》」前掲『北区史』所収）。実名については、軍記物・系図などで「資長《すけなが》」「持資《もちすけ》」が伝えられるが、確実な史料で確認することができない。このうち「持資」は主人上杉持朝から偏諱をうけたとされるが、持朝の「持」字は鎌倉公方足利持氏から偏諱をうけたもので、持朝がそれを家臣に与えるという事例はなく、後世の創作とみられる。

「資長」については当時の史料にもみえており、三点の史料が存在している。三点のうち二点は鎌倉桐谷宝積寺《きりがやつほうしゃくじ》に与えた発給文書で、現在は津久井光明寺《つくいこうみょうじ》に伝来されている。ともに某年八月二十日付で出された書状で、一点は相模国三浦郡和田郷（神奈川県三浦市）の龍徳院宛、一点は扇谷上杉氏もしくは太田氏の被官とみられる大河宮内丞《おおかわくないのじょう》・多田勘解由左衛門尉《ただかげゆさえもんのじょう》宛である（「光明寺文書」北一八七～八）。扇谷上杉氏は龍徳院に段銭という税を賦課しようとしたところ、龍徳院から免除の中

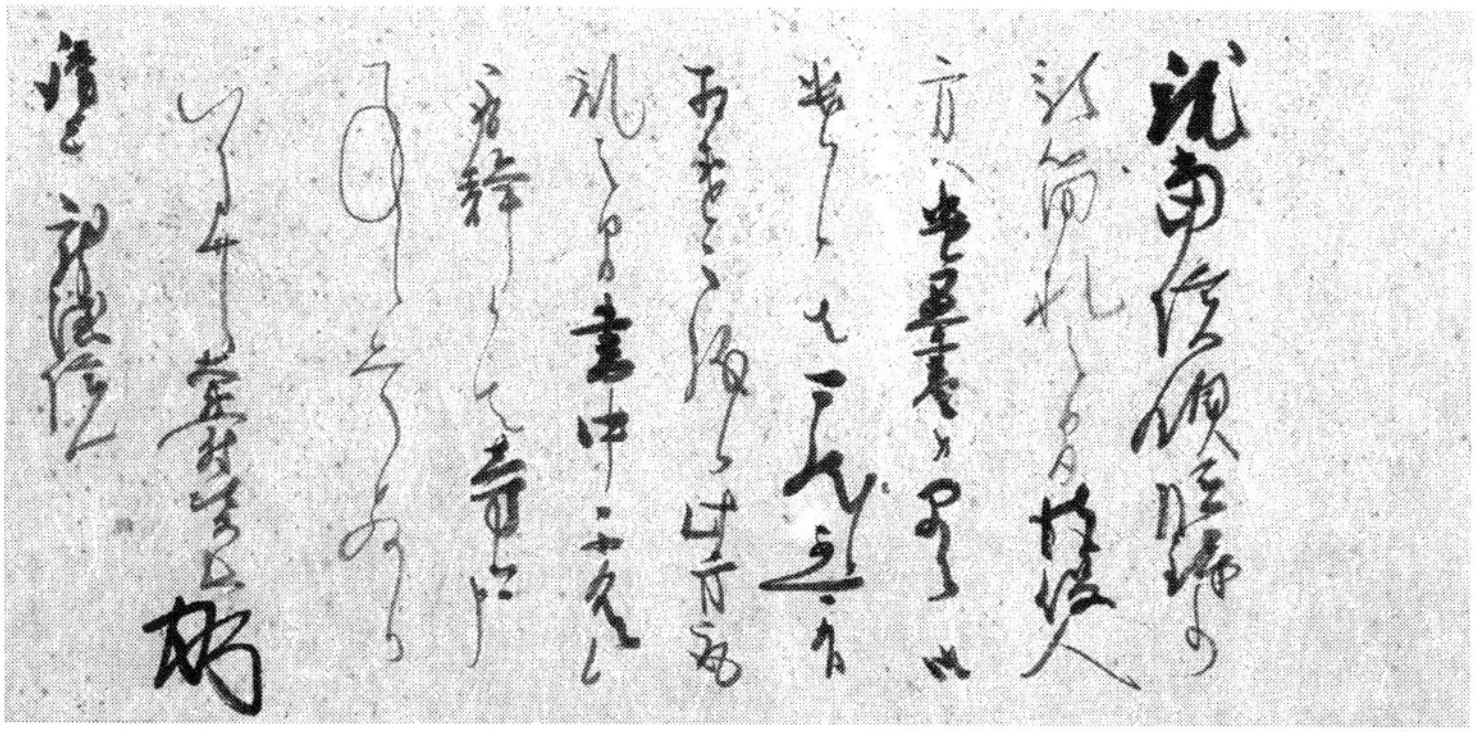

太田資長書状　龍徳院領の段銭の問題について対応している。資長は道灌と同一人物かともされる　神奈川県相模原市・光明寺蔵

請がなされた。資長がそれを了承し、龍徳院に免除を伝える書状を出すとともに、徴収にあたる役人とみられる大河らに宛てて免除を指示した書状を出したものになる。

大河らに宛てた書状が龍徳院のもとにもたらされたのは龍徳院の側で、徴収しにきた役人にこの文書を提示することで免除をうけることができたからである。龍徳院は宝積寺支配下の寺院であったから、免除の申請は宝積寺から行われ、文書そのものも宝積寺に与えられて、そこから現地に示されたのではないかとみられる。

ここで資長は、「右衛門尉資長」と署名しており、これによって彼は官途名「右衛門尉」を称していたことが確認できる。また、自らの権限で段銭免除を承認しており、賦課そのものも資長の権限であったことがわかる。こうしたことを行えるのは、扇谷上杉氏の家宰職にあったものに限られる。官途名右衛門尉も、道真が六郎右衛門尉を称したように太田氏惣領のものにあたるから、資長が扇谷上杉氏家宰職と太田氏惣領の地位、ないしはその嫡子の地位にあった人物であることは間違いない。

そして、扇谷上杉氏が龍徳院を支配していたのは、持朝からその子定正までの時期に限られるから、この「資長」は道灌か、このあとで触れるその後継の六郎右衛門尉のいずれかであることは間違いない。

もう一点は、鎌倉円覚寺に納められた大般若経《だいはんにゃきょう》の奥書で、「太田大夫資長」と署名がある（北一八九）。しかし、年代などが記されていないため時期は特定できない。この資長が、先の「右衛門尉資長」であるとすれば、「大夫」は道灌の官途名左衛門大夫に一致し、そうすると道灌と資長は同一人物とみることができるようになる。その場合、道灌は康正二年（一四五六）七月では仮名源六を称し、長禄三年（一四五九）十一月からは官途名左衛門大夫を称しているから、右衛門尉を称したとすれば、その間のことになる。

そうすると先の二点の文書もその間のものとなり、道灌は道真の嫡子の立場であった時となる。また、奥書には資長と並んで「沙弥尼妙春」の名がみえるが、その母のこととみられる。資長が道灌であれば、彼女は道灌の母であろう。ただし「大夫」というのは、位階の五位を指すものであるから、「右衛門」のまま五位扱いで「右衛門大夫」となっていた場合も考えられる。

資長が道灌と同一人物であった可能性は、必ずしも否定しきれない。しかし、その花押型《かおうけい》が道灌のものとは異なるため、同一人物と確定することはできない状況にある。しかも、道灌後継の六郎右衛門尉も有力な候補として残されているので、確定するまでにはもうひとつ大きな証拠が必要となる。

ちなみに、資長が後継の六郎右衛門尉にあたるとした場合、道灌の死後で三浦郡にそのような支配権を行使できたのは、道灌死去直後の文明十八年（一四八六）から、長享の乱勃発までの翌長享元年（一四八七）に限られる。その場合には、先の二点はその時期のものになる。

道灌の家族と系譜

ここで、道灌の家族関係について触れておくことにしよう。とはいっても、道灌の家族関係についても、史料の不足から正確なことはわかっていない。

道灌の一族については、当時の史料などから弟の「図書助資忠《ずしょのすけすけただ》」と「六郎」、資忠の子である「資雄《すけかつ》」、それ以外の「資常《すけつね》」、「大和守資俊《やまとのかみすけとし》」などの存在が確認できる（「武州江戸城歌合《ぶしゅうえどじょううたあわせ》」北2八五・「鎌倉大草紙」）。このうち「鎌倉大草紙」にみえる六郎と、文明六年（一四七四）の「武州江戸城歌合」にみえる資常は同一人物の可能性が高い。資俊は、系図史料によっては道灌の弟とするものもあるが、道灌・資忠がいまだ官途名なのに対して、資俊は道真と同じく受領名を称していることから、道灌の叔父、道真の弟にあたる可能性が考えられる。

道灌の子孫の一流に岩付《いわつき》太田氏があり、その家系が伝えるところでは、道灌にはしばらく実子がなかったため甥の「図書助」を養子としていた。しかし、彼は文明十一年の下総臼井《うすい》城（千葉県佐倉市）攻めで戦死したため、同じく甥の資家を養子とし、道灌死後に資家がその家督を継承して河越西門屋

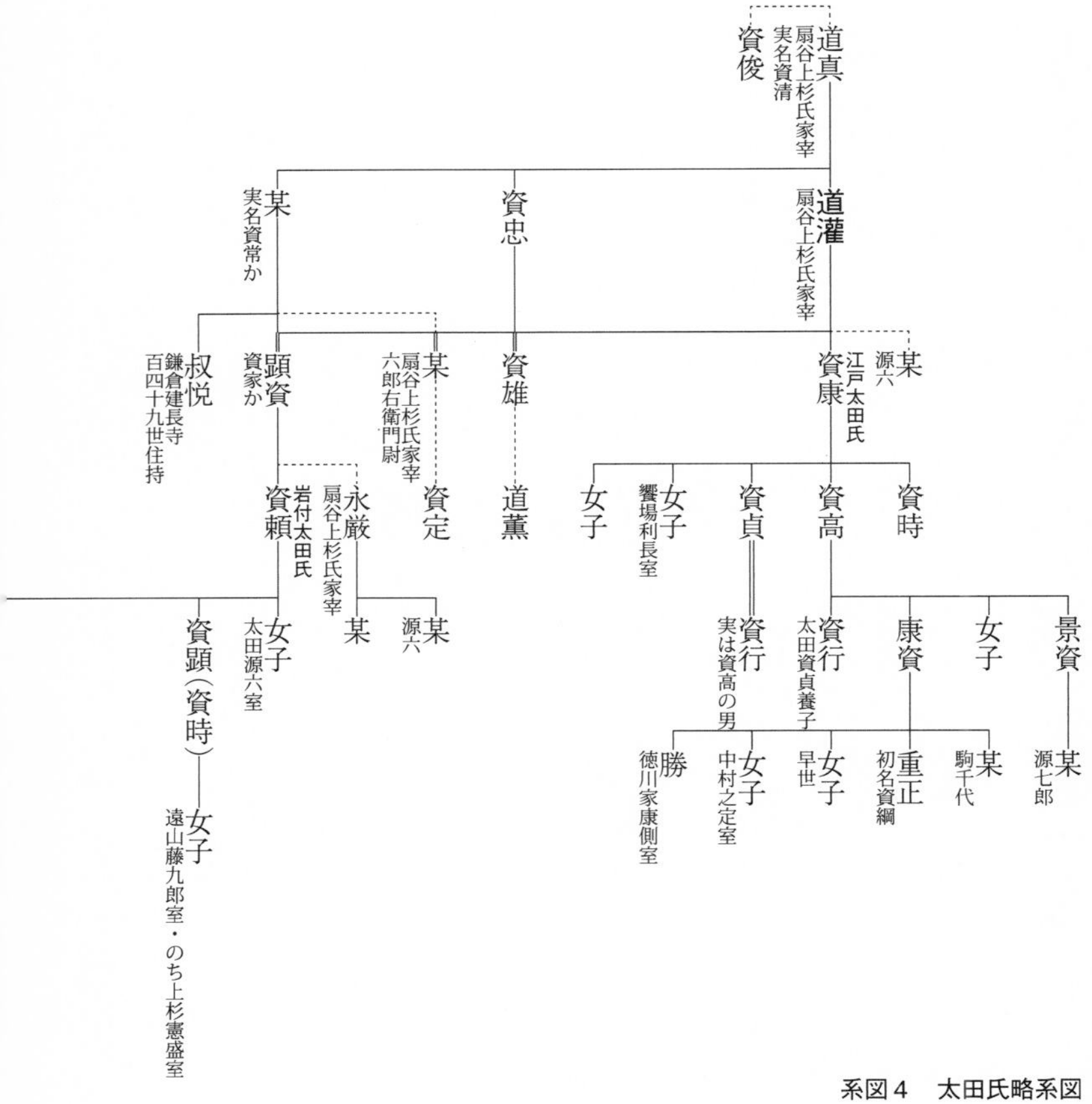

系図４　太田氏略系図

敷に入ったという（「太田資武状」前掲『北区史』所収）。ただし、官途名「図書助」を称し、臼井城攻めにおいて戦死したのは資忠で（「黄梅院文書」北二二〇）、彼は道灌の弟であるから、道灌の養子となった「図書助」とはその子資雄を指し、資雄も父資忠と同時に戦死したと推測される。

　彼ら父子は、仮名「源五郎」を称したとされ（「源姓太田氏系図」）、

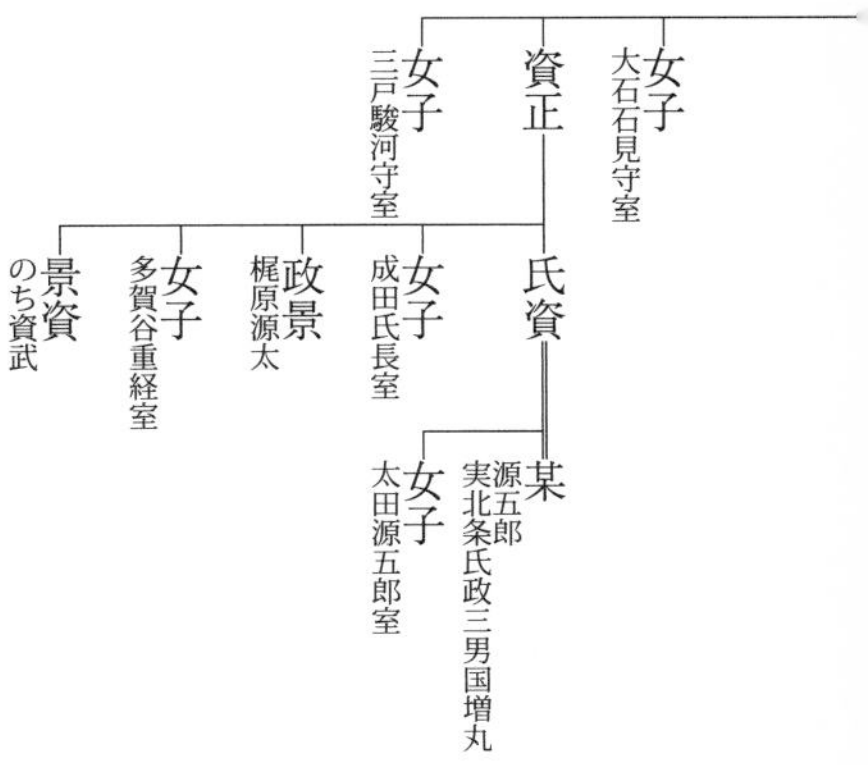

その仮名源五郎の系統は、道灌の後は、法名道俊《どうしゅん》・道薫《どうくん》・道可《どうか》（資頼《すけより》）・道誉《どうよ》（資頼の子資正《すけまさ》）と続いたとされている（「異本《いほん》小田原《おだわら》記《き》」「浅羽本《あさばぼん》系図八所収太田氏系図」前掲『北区史』所収）。このうち道可・道誉父子は、後の岩付太田氏の系統であるため、それ以前の道俊・道薫とは系統を異にしていた可能性が高い。そうすると道俊は道灌の子とされ、仮名源五郎《げんごろう》を称したとされているから、彼は道灌の最初の養子となった資雄を指している可能性もある。

また、その後に養子となったという資家は資雄とは別系とみられ、その嫡孫資顕《すけあき》（資時《すけとき》、資頼の嫡子）は仮名「彦六《ひころく》」を称しており、その仮名は六郎系と想定されるので、資家は道灌のもう一人の弟六郎（資常か）の子である可能性が考えられる。その六郎は道灌の生前期から活躍がみられるが、その後の動向は明確ではない。ただし、道灌死去前後頃の十一月三日に下総前崎《まえさき》城（千葉県流山市）に在城し、同城で戦死した人物に「太田六郎」があり（「本土寺過去帳」北2三四八）、おそらく彼にあたる可能性が高い。その子とみなされるのが、資家と鎌倉建長寺住持の叔悦禅懌《しゅうえつぜんえき》である。

　このうち資家は、資雄の死後に道灌の養子になり、道灌の死後に河越西門屋敷に入ったとされる。河越西門屋敷とは、河越における太田氏の屋敷であったと考えられる。資家は、受領名「美濃守《みののかみ》」を称した資頼の父（「年代記配合抄」北2一四五）にあたるとみなされる。そうすると、道灌の死後に山内上杉氏へ属し、上杉顕定《あきさだ》（房顕の養子、越後上杉房定の子）から偏諱《へんき》を与えられたと推定される「美濃守顕資《あきすけ》」がこれにあたるのではないか（「松野文書」埼12付三七）。その後は、扇谷上杉氏に帰参したとみられる。大永二年（一五二二）正月十六日に死去、法名を養竹院殿義芳永賢庵主《ようちくいんでんぎほうえいけんあんしゅ》と伝えられるが（「太田資武状」「源姓太田氏系図」）、活躍年代からみると、あるいは別人（例えば後出の備中守永厳）であるかもしれない（その場合は、大永二年は同四年の誤りとみなされる）。

　道灌の妻については、その子孫を称する平川《ひらかわ》氏の系図「平川家系図」（『岩槻市史　古代・中世史料編Ⅱ』所収）によると、「山内上杉氏家宰・長尾景仲の娘」と記されている。これに関しては道灌自身も、長尾氏と「骨肉」の間柄にあると述べていること（「太田道灌状」拙著『図説 太田道灌』所収）、世代的な観点から推測して事実であろう。なお、彼女については、道灌死去直前の文明十八年五月に紀伊熊《きいくま》野《の》に参詣しているのが、唯一の史料所見になる（「蔗軒日録」北2一〇一）。

　道灌の子女については、まず長禄四年五月に源六がみえる（「香蔵院珍祐記録」）。道灌はその時にはすでに左衛門大夫を称しているから、この源六は道灌の子であろう。ただし、道灌はこの時二十九歳であるから、成人した子の存在は想定できない。もし、それが事実とすれば、実子ではなく養子とみられるが、それに該当するような人物を見いだすことはできないため、むしろ道灌を仮名で記しただけの可能性が高い。

確実な子女としては、嫡子の源六資康《すけやす》が確認されるだけである。「梅花無尽蔵」第六所収の「資康需花下晩歩詩草案序并詩」（北2一一〇）のなかで、「太田二千石公（道灌）之家督源六資康、十歳而元服、厥歳（文明十七年）臘月（十二月）二十五」とある。文明十七年十二月二十五日に十歳で元服したと記されているから、資康は文明八年生まれと確認できる。母は不明であるが、正妻の長尾氏ではなかったことは確実であろう。仮名は父道灌と同じ源六を称した。道灌にとっては、四十五歳という晩年になって生まれた嫡子であった。

また、「赤城神社年代記録《あかぎじんじゃねんだいきろく》」（北2一四八）文明十七年条には「太田源六古河出仕」とあり、この年に資康が古河公方足利成氏のもとに出仕していることが知られる。これは、その元服をうけてなされたものであろう。資康が元服にともなって古河公方足利氏に出仕しているのは、扇谷上杉氏家宰を務める太田氏の後継者であることを披露するためであったとみられる。関東有数の武家である扇谷上杉氏の家宰であった太田氏は、扇谷上杉氏と古河公方足利氏との政治関係を実質的に担う立場にあった。そのためその後継者も、古河公方足利氏に出仕する必要があったとみられる。こうしたことは、山内上杉氏の家宰長尾氏や足利氏御一家の上野岩松《いわまつ》氏の家宰横瀬氏についても同様であるから、「大名」

層には共通するものであったとみられる。

資康は、翌年の父道灌の謀殺により甲斐国に逃れ、次いで扇谷上杉定正追討の軍を催した山内上杉顕定に従い、定正から離叛した（「上杉定正消息」前掲『北区史』所収）。その後、山内上杉氏と扇谷上杉氏の抗争である長享の乱が始まると、長享二年（一四八八）六月の武蔵須賀谷原《すがやはら》合戦において須賀谷（埼玉県嵐山町）の北にある平沢寺《へいたくじ》の明王堂の畔に陣した。六月八日にはすでに同地で扇谷上杉勢と小規模な合戦を行っており、九月末まで同地に在陣している（「梅花無尽蔵」）。

さらに延徳二年（一四九〇）十月二十日には、古河公方足利政氏《まさうじ》（成氏の子）・扇谷上杉定正による武蔵忍城（埼玉県行田市）攻めにあたり、顕定に従って荒川《あらかわ》（現在の元荒川《もとあらかわ》）沿いの屈須《くす》（埼玉県鴻巣市）に陣し、対岸の箕田《みだ》（鴻巣市）に陣する定正と対陣している（「古簡雑纂《こかんざっさん》」北二四八・拙稿「戦国期成田氏の系譜と動向」拙編『武蔵成田氏』）。そして資康の名は、明応二年（一四九三）まで確認することができる（「梅花無尽蔵」）。

その妻は、扇谷上杉氏の親類であった三浦道寸《どうすん》（定正の兄三浦道含《どうがん》の子）の娘であるが（「三浦系図伝」前掲『北区史』所収）、道寸も長享の乱前半には資康の行動に同調して顕定に与しているから、これは両者が政治的立場を同じくすることによって結ばれたと考えられる。資康の年齢から考えて、その婚姻は長享～延徳期（一四八九～）頃のことであろう。

その後、資康の動向は明確には確認されないが、「赤城神社年代記録」明応七年（一四九八）条に「太田源六生涯」と記されている。「源六」はいうまでもなく資康を指し、「生涯」とあることから、当時の扇谷上杉氏の当主上杉朝良《ともよし》（定正の弟朝昌《ともまさ》の次男）との合戦などによって戦死、もしくは自害したと推測される。享年は二十三、法名は妙徳《みょうとく》あるいは法恩斎日恵《ほうおんさいにっけい》（他に道栄《どうえい》・道源《どうげん》とも）といった（「太田家記」他）。ちなみに「太田家記」などでは、資康は永正十年（一五一三）九月二十九日に、相模三浦もしくは武蔵立河原《たちかわら》（東京都立川市）で戦死したとされているが、この「赤城神社年代記録」の記載によって、それは誤りとみなされる。

「太田家記」では、太田資康に「六郎右衛門尉」と注記している。しかし、六郎右衛門尉は「年代《ねんだい》記配合抄《きはいごうしょう》」文明十八年条に「太田六郎右衛門尉遺跡に立つ」とあり、道灌謀殺後に、その「遺跡」を継承した人物としてみえる。また、明応五年七月、小田原城を守備する扇谷上杉方の有力武将の一人としてもみえている（「宇津江文書」北二四九）。そして「年代記配合抄」永正二年条に、「武（武蔵）中野陣に於いて、太田六郎右衛門尉誅さる、備中守（永厳）遺跡に立つ」とあり、武蔵中野陣《なかのじん》（東京都中野区）において、上杉朝良によって誅殺されている。これまで「太田家記」の記述に基づいて、この人物は資康とみられていたが、資康はすでに明応七年に死去していたとみられるから、この六郎右衛門尉は資康とは別人ということになる。そしてこの六郎右衛門尉こそが、扇谷上杉氏家宰太田氏の家督を継承した人物ということになる。

この六郎右衛門尉は、道灌の実子ではなかったとみなされ、そして世代的にみれば道灌の甥あたりに位置する人物と想定される。資忠・資雄父子の仮名は源五郎とされているから、彼がこの系統に属す可能性はないとみていいであろう。「六郎」の仮名から推測してみると、道灌の弟六郎の系統に属していた可能性が考えられる。六郎系の資家が、道灌の家督を継承したという伝えが残されていることを踏まえれば、この六郎右衛門尉は、六郎（資常か）の嫡子で、顕資（資家か）の兄にあたる存在ではないかと考えられる。

道灌の死後、太田氏一族はそれぞれ別系化をすすめていき、主として嫡子資康、後継者六郎右衛門尉、養子資雄・顕資（資家か）などの系統に分化していったとみられる。また、永正年間後期から大永年間初期にかけて、太田六郎資定という人物がみられる（「温故雑帖《おんこざっちょう》」北五七四・「実隆公記《さねたかこうき》」大永三年九月十二日条〈北2一三九〉）。活躍の年代から考えると太田顕資の子資頼、もしくはその子と同世代と考えられるので、彼は六郎右衛門尉の嫡子であったかもしれない。さらに、六郎右衛門尉の後継として備中守永厳があった。「太田潮田系図」によれば、資頼の兄に位置付けられているので、それをもとにすれば、顕資の長男であったことになる。

このように、道灌から一、二世代については確実な史料が少ないため、その子孫の系譜については不明な点が少なくない。今後、新たな関係史料の出現によって、解明がすすんでいくことを期待したい。

江戸城の築城と入部

さて、道灌の成人後の代表的な事蹟として挙げられるのが江戸《えど》城（東京都千代田区）の構築と、それへの在城である。その時期について「鎌倉大草紙」は長禄元年（一四五七）四月（「永享記」は十八日とする）とし、主人扇谷上杉持朝が河越城、父道真が岩付城、道灌が江戸城をそれぞれ構築したと記している。「永享記」は、道灌ははじめ武蔵品川《しながわ》館（東京都品川区）に居住したが、霊夢の告げをうけて江戸館に移住し、康正二年（一四五六）から築城を始め、長禄元年四月十八日に完成したとし、さらに持朝は道真に命じて河越城を構築させたとしている。

このうち岩付城については明確な誤りであり、同城は延徳二年（一四九〇）～明応三年（一四九四）の間に、古河公方足利方の成田正等《なりたしょうとう》による築城であったことがわかっている（拙稿「戦国期成田氏の系譜と動向」）。残る河越・江戸両城の構築も、道真・道灌父子のほか、上田・三戸・萩野谷氏ら扇谷上杉氏の宿老が、数年秘曲を尽くして構築したものといわれていて（『松陰私語』〈史料纂集本〉）、江戸城も道灌のみによる構築ではなかったと考えられる。

入部の時期についても、「赤城神社年代記録」は長禄元年三月一日、「本朝通鑑《ほんちょうつがん》」は長禄三年正月十一日として一定しているわけではないから、正確なところは不明である。ただ長禄三年十一月には、上杉持朝・太田道真が河越城に在城し、道灌は江戸城周辺地域の支配に携わっていて、すでに江戸城に在城していたとみられる（「香蔵院珍祐記録」）。それまでに両城が構築されていて、道灌も江戸城に入部していたとみて間違いないであろう。

図２　江戸・品川と関東の要所　江戸の地は鎌倉街道下つ道と古甲州街道の合流点であり、商船や客船が集まる江戸湊があるなど水陸交通の要衝であった　黒田基樹『図説太田道灌』（戎光祥出版、2009 年）所載の図をもとに作成

「永享記」によれば、道灌は当初は品川に居住し、康正二年から江戸築城にかかったとある。これらのことを当時の史料で確認することはできないが、康正二年は道灌が史料にみえ始める時期であり、また上杉方の下総市川《いちかわ》城（千葉県市川市）が古河公方足利方によって攻略され、まさに江戸地域が上杉方の最前線に位置するようになっていたこと、同時

に扇谷上杉氏は古河公方足利方の下総千葉《ちば》氏への侵攻を展開していた時期にあたったから、道灌が武蔵東部防衛のために品川、次いで江戸に在住したというのはありえないことではない。

扇谷上杉氏は、相模においては糟屋館・七沢要害を拠点にしていたが、享徳の乱の展開にともなって武蔵南部に勢力を展開していった。他方で、上野から武蔵北部については山内上杉氏が勢力を展開していた。扇谷上杉氏にとって当面の敵は下総千葉氏であり、さらに康正元年十二月から古河公方足利方の武蔵における拠点となっていた崎西城（埼玉県加須市）への備えが必要とされた。そのため武蔵に軍事拠点を構築する必要が生じ、それによって河越・江戸両城が構築されたと考えられる。そして河越城には当主持朝と家宰道真が、江戸城に道真の嫡子道灌が入部したとみられる。

江戸城が構築された地は、もとは平安時代末期以来の名族江戸氏の館跡にあたった。江戸氏は鎌倉府のもとでも有力な国人として存続していたが、結城合戦頃から姿を消している。享徳の乱勃発時には、国人であったとみられる江戸氏嫡流の動向はほとんど明らかではないが、鎌倉府の有力奉公衆であった江戸遠江入道《とおとうみにゅうどう》の所領については、享徳の乱勃発直後の享徳四年（一四五五）閏《うるう》四月に、上杉持朝が駿河国人で援軍として派遣されてきた富士右馬助忠時《ふじうまのすけただとき》に対し、諸所における戦功に対する恩賞として充行《あてが》う約束をしており、江戸氏の旧領を扇谷上杉氏が管轄していることが確認される（「国立歴史民俗博物館所蔵文書」埼五一二）。

同家は南北朝期から存続している有力奉公衆の系統であるから、その所領には本領江戸郷の一部、

江戸城梅林坂　東京都千代田区

もしくはその近辺のものが存在していたようで、これによって江戸郷周辺が上杉持朝の支配下に置かれていたことがわかる。おそらく永享の乱から享徳の乱勃発にかけて、国人江戸氏をはじめ江戸郷に関わる庶家も没落し、江戸郷は闕所地として鎌倉府に収公され扇谷上杉氏に預け置かれたか、戦争の過程で扇谷上杉氏が占領を遂げていた可能性が高い。少なくとも、享徳の乱当初の段階で江戸郷が扇谷上杉氏の所領になっていたことは間違いないであろう。

　相模から武蔵南部にかけての地域は、康正元年のうちに上杉方の勢力で覆われている。この地域のうち、鎌倉府の直轄領や江戸氏など古河公方足利方として没落したものの所領は、扇谷上杉氏が獲得したとみられる。品川郷や江戸郷もそうしたものにあたり、その後の所領の領有状況からすると、荏原郡《えばらぐん》北部と多摩川《たまがわ》南岸の稲毛《いなげ》地域に顕著であったとみなされる（拙著『戦国大名領国の支配構造』）。多くは、江戸氏の旧領であったとみてよい。しかし一方で、味方の関係にある山内上杉氏など上杉方の所領はそのまま存在した。さらに長禄二年からは、幕府によって新たな鎌倉公方として派遣されてきた、堀越公方足利政知の勢力も加わるようになってくる。

江戸城の構造と位置

道灌時代の江戸城の遺構は残されていないし、それを描いた絵図も残されていない。したがって正確なことは不明なのだが、幸いにも道灌の晩年に、その居所静勝軒の南側の庇に掲げられた京都建仁《けんにん》寺《じ》の禅僧・正宗竜統《しょうそうりゅうとう》の詩板《しばん》（文詩を刻した木製の板額）の詩「寄題江戸城静勝軒詩序」と、東側の庇《ひさし》に掲げられた詩僧・万里集九《ばんりしゅうきゅう》の詩板の詩「静勝軒銘詩并序」（「梅花無尽蔵」）に江戸城の様子が記されていて、それによって江戸城の構造についておおまかに知ることができる。

まず、道灌時代の江戸城の位置だが、これについては徳川家康《いえやす》入城以前による江戸城改造に関する記述が参考になる。万治《まんじ》三年（一六六〇）にまとめられた『石川正西聞見集《いしかわしょうさいぶんけんしゅう》』（埼玉県史料集第一集）には、家康入城以前の江戸城（北条氏《ほうじょうし》時代）は、本丸《ほんまる》のほか二つの曲輪《くるわ》があり、家康はこれを一つにまとめて本丸にしたことが記されている。これをもとにすると、道灌時代の江戸城は、近世江戸城の本丸あたりに存在したことがうかがわれる。

城の高さは十余丈《じょう》（約三〇メートル）あって崖の上にそびえ立ち、周囲を囲う垣は数十里におよんだ。その外側には堀があり、常に水がたたえられ、堀には橋が架けられていた。門には鉄金具が取り付けられ、門の垣根は石積み、頂上の城に通じる通路（径）は石段で、左右に迂曲しながら城に登った。城の構造は、子城《ねじょう》（根城、本城）・中城《なかじょう》・外城《とじょう》の三重から成り、全体で石門が二十五ヶ所あって、それぞれには飛橋（跳ね橋のことであろう）が掛かり、崖の上から下を見ると地面が見えないほど高かったという。

地形復元の成果によると、北の丸から本丸にかけて台地が続き、吹上から西の丸に続く台地とは谷によって分断されていたとみられている。北の丸部分の標高は二十五メートルであるから、北の丸から本丸に続く台地上に道灌時代の城があったことは確実とみられる。また、三重の構造になっていたことも、家康が三つの曲輪を一つにしたということとも一致している。

江戸城下道灌堀　東京都千代田区

根城には、南面に静勝軒と名付けられた館（燕室《えんしつ》）があり、これが道灌の居所となっていた。その後に櫓《やぐら》（天守、閣）があった。館の東側には泊船亭《はくせんてい》（江亭、菟玖波山亭《つくばさんてい》）、西側には含雪斎《がんせつさい》（富士《ふじ》見亭《みてい》）があり、それぞれ筑波山《つくばさん》と隅田川《すみだがわ》、富士山《ふじさん》と武蔵野《むさしの》が遠望できた。さらにその両脇には、侍の居住舎が翼のように立ち並び、そのほかに物見櫓（戍楼《じゅろう》）、防御施設（堡障《ほうしょう》）、兵糧庫《ひょうろうこ》（庫廋《こそう》）、厩舎《きゅうしゃ》・武器庫（厩廠《きゅうへい》）などが建てられていた。また、弓場があって数百人の兵士が上中下に分かれて訓練を行っており、怠けた者には三百片（三百文か）の罰金を課し、これを精勤者への茶菓費にしたという。そして月に二、三回、訓練の閲兵《えっぺい》が行われていたという。

城の東側には平川《ひらかわ》が流れ、折れ曲がって南方の海、日比谷入江《ひびやいりえ》（東京湾）に注いでいた。城門の前には常設の市場が立ち、物資集散の倉庫や棚や床店が並んでいた。城の北側に平河天満宮《てんまんぐう》（平河天神《てんじん》社《しゃ》）があったといい（「梅花無尽蔵」）、同社は江戸山王宮《さんのうぐう》（日枝神社《ひえじんじゃ》）とともに元は梅林坂《ばいりんざか》にあったと伝えられている。したがって、城門の前の市場というのもその付近にあったとみてよく、これがすなわち城下町としての平河宿と考えられる。

江戸の地は、鎌倉に続く鎌倉街道下《しも》つ道《みち》と武蔵府中《ふちゅう》に続く古甲州道《ここうしゅうどう》の合流点で、現在の半蔵門付近がそれにあたった。街道は本丸の台地を廻って平川沿いに走り、「高橋」という橋で平川を渡り、隅田川沿いにすすんだと考えられている。渡河点にあたる「高橋」は、現在の平河門・一ツ橋にあたるとみられている。同地には平河宿という宿が存在していた。同宿は、日比谷入江と街道の結節点に位置し、江戸湊の中心にあたる。商船・客船が数多く集まり橋の下に繋留《けいりゅう》され、毎日、市が立っていた。これも江戸城の城下町の一つとみることができる。そして江戸湊沿いの諸渚には、漁家と民家が密集していたという。道灌の泊船亭は、まさにこの江戸湊の様子を見下ろすことができる位置であった。

江戸城は、入間川《いるまがわ》（現在の荒川、流末は隅田川）・荒川（現在の元荒川）・利根川《とねがわ》（現在の古利根川《ふるとねがわ》）などの大河川が合流した隅田川が、江戸湊に注ぐ出口に立地するとともに、鎌倉街道下つ道に沿って江戸湊・平河宿に接するように存在した。まさに、水陸両面における要衝であったといえるだろう。

そもそも消費地である城館は、そうした流通拠点との接点なしで存在することができなかった。しかし、築城当初の江戸湊は、東京湾に数ある湊のひとつでしかなかった。それが、道灌が在城して南武蔵の中心地となることで、近辺の湊とは比較にならないほどの繁栄を遂げている。多くの商船が集まってきているのは、その表れである。こうした繁栄をうけて、城門前の平河宿も発達をみたと思われる。

このようにして江戸城は単に軍事的役割だけではなく、戦争状況の長期化という動向のもと、地域支配の拠点としての役割をも担うようになる。それだけでなく、城主の道灌自身が文化的造詣が深く、多くの文人を江戸城に招いており、それによって江戸城は一躍、軍事・政治・経済・文化の中心地として発展していくのである。

江戸城周辺の政治勢力

ここで、江戸城周辺の政治勢力の状況についてみておくことにしたい。享徳の乱以前に、江戸城が所在した豊島《としま》郡の代表的な領主は豊島氏と江戸氏であった。

豊島氏は本拠の石神井郷《しゃくじい》(東京都練馬区)を中心に、石神井川流域の練馬《ねりま》(同前)・板橋《いたばし》(東京都板橋区)・十条《じゅうじょう》・豊島・滝之川《たきのかわ》・平塚《ひらつか》(以上、東京都北区)諸郷を所領としていた。乱勃発時、上杉方と足利成氏の両方から軍勢の催促をうけ、庶家のなかには足利成氏に属したものもみられたが(「豊島宮城文

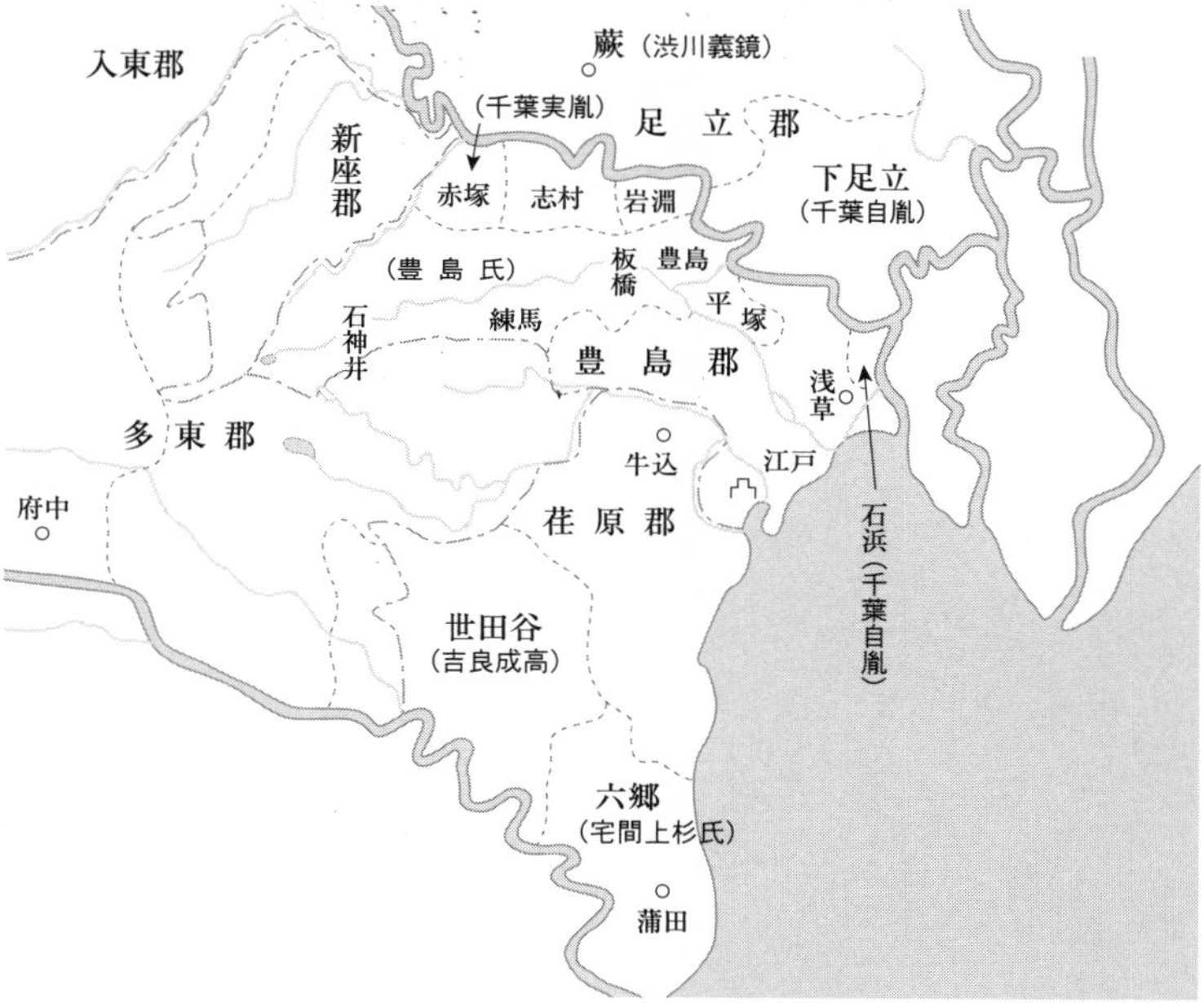

図３　江戸地域領主分布　黒田基樹『図説 太田道灌』（戎光祥出版、2009 年）所載の図をもとに作成

書」北一五二）、三河守《みかわのかみ》・勘解由左衛《かげゆさえ》門尉《もんのじょう》を称する本宗家は、一貫して守護山内上杉氏の軍事指揮に従っている（「豊島宮城文書」北一九五など）。そして、いずれもその軍事指揮にあたっていたのが、山内上杉氏の家宰長尾氏であり、その結果、豊島氏は長尾氏の事実上の政治的統制下に入っていったとみられる。

しかし、豊島氏の一族すべてがそうした立場をとっていたわけではなかった。板橋郷に拠っていたと推測される豊島板橋氏は、江戸城に参陣している。さらに、鶴岡八幡宮領武蔵国足立郡矢《あだちぐんや》古宇郷《こうごう》（埼玉県草加市）の代官職について太田道灌から推挙を得ているので

（「香蔵院珍祐記録」北2七三）、彼は道灌の政治的統制下に入ったようである。

江戸氏では、嫡流とみられる国人江戸氏や有力な鎌倉府奉公衆の系統は、先述のように乱勃発時には滅亡していて、その遺領は扇谷上杉氏に継承され、それによって同氏による江戸城の取り立て、道灌の江戸入部がなされたのである。一族には、荏原郡六郷保内蒲田郷《ろくごうほのうちかまたごう》（東京都大田区）・牛込《うしごめ》郷（東京都新宿区）、豊島郡千束郷内石浜《せんぞくごうのうちいしはま》（東京都荒川区）などを本拠にした系統が存在していた。

そのうち蒲田江戸氏は、乱当初の諸合戦において足利成氏に与し、嫡流とみられる江戸道景《どうけい》とその子朗忠《ろうちゅう》・妙景《みょうけい》らは戦死し（「本土寺過去帳」北2三四九）、また、牛込江戸氏も当初は足利成氏方であった（「江戸文書」北二五〇）。一方、石浜江戸氏もしくは蒲田江戸氏の一流とみられ、千束郷（東京都荒川区・台東区）に本拠を有する江戸亀丸《かめまる》（江戸小三郎《こさぶろう》の先祖）は、太田氏父子や上杉定正から感状を与えられたと伝えられているので（「北条家所領役帳」「畠山系図」前掲『北区史』所収）、彼は道灌に従ったものとみられる。また、その後の蒲田江戸氏や牛込江戸氏も同様の立場をとったと推測される。

豊島郡・荏原郡は扇谷上杉氏の分国に編成されたため、上杉方に属した領主のみが存続でき、その多くは道灌の政治的統制下に入っていったと考えられる。逆に、上杉方に属さなかった領主は没落し、その所領は上杉方に収公されたことはいうまでもなく、それらの所領には上杉方の武将が新たに入部していった。そもそも扇谷上杉氏や太田氏自体がそうした性格を有しており、江戸地域において最も多くの所領を獲得したのは、同氏とその家臣であった。豊島郡岩淵郷《いわぶち》（東京都北区）は足利成氏の家臣二階堂信濃三郎《にかいどうしなのさぶろう》（盛秀《もりひで》の子成行《しげゆき》か）の所領であったが（「聚古文書」北一五九）、その後、扇谷上杉氏に収公され、その直轄領もしくは道灌の所領とされたとみられる。同郷にはのちに江戸城の端城《はじろ》として、稲付《いねつけ》城が築かれることとなる。

また豊島郡赤塚《あかつか》郷（東京都板橋区）は、京都の鹿王院《ろくおういん》領であったが、康正二年（一四五六）の市川合戦で没落した下総千葉氏の嫡流家が、石浜郷（東京都荒川区）とともに山内上杉氏から所領として与えられ、武蔵千葉氏として成立をみている。赤塚郷には当主の千葉実胤《さねたね》が入部し、石浜郷には弟の自《これ》胤《たね》が入部している。実胤はその後、堀越公方足利氏の勢力に属して、同氏の「探題《たんだい》」で足利氏御一家の渋川義鏡《よしかね》によって、あらためて赤塚郷を兵粮料所として預け置かれている。

この武蔵千葉氏兄弟は、いずれも渋川氏によって扶助された存在といえ、豊島郡の東西の両端に渋川氏の勢力が展開したことになる。なおその後、実胤は山内上杉氏との政治的関係を深めていき、やがて豊島郡の対岸の下総葛西《かさい》（東京都葛飾区など）の大石石見守《おおいしいわみのかみ》を頼って同地に移り、一方の自胤は道灌との政治的関係を深め、道灌に従う有力武将の一人となっていくことになる（「鹿王院文書」北一七六ほか・「鎌倉大草紙」）。

そして渋川氏自体も、関東渋川氏の本拠・足立郡南部の蕨《わらび》（埼玉県戸田市）を勢力下に置いたとみられるとともに、長禄三年（一四五九）十一月に義鏡の兄（もしくは叔父）俊詮《としあき》が豊島郡千束郷内浅草（東京都台東区）に在陣していることから、同地についても拠点の一つとしていたと推測され（「香蔵院珍祐記録」北2六四)、渋川氏が江戸城近辺でも大きな政治的影響力を及ぼしていたことがうかがわれる。また荏原郡南部では、世田谷郷《せたがや》(東京都世田谷区)には足利氏御一家の吉良《きら》氏があり、六郷保(東京都大田区など)は、上杉氏一族の宅間《たくま》上杉氏の勢力下にあった。

　このように、道灌が在城した江戸城の近辺には、豊島郡から足立郡南部に豊島氏・武蔵千葉氏・関東渋川氏、荏原郡南部に世田谷吉良氏・宅間上杉氏らの勢力が展開していた。さらに隅田川を越えた下総葛西には、山内上杉氏の宿老大石石見守があった。そのため江戸城も、当初は数ある政治勢力の拠点の一つという性格にすぎなかった。近辺では渋川氏の浅草、武蔵千葉氏の石浜など、平安時代末期以来の交通の要衝も併存していた。こうしたなかから、道灌の政治力の拡大にともなって江戸が一頭抜きん出ていき、江戸こそが武蔵南部における中心地となっていくことになる。

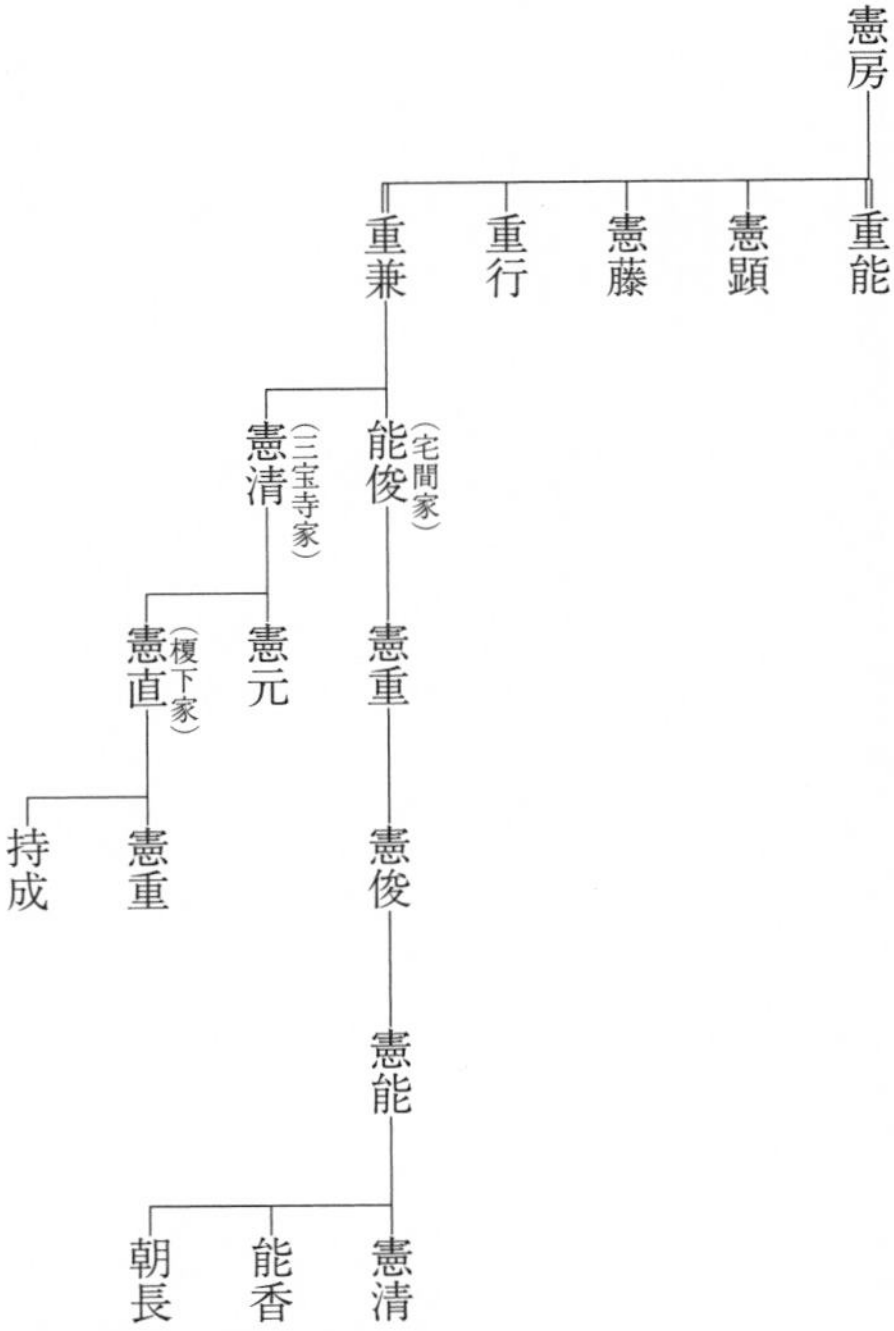

系図5　上杉氏略系図3

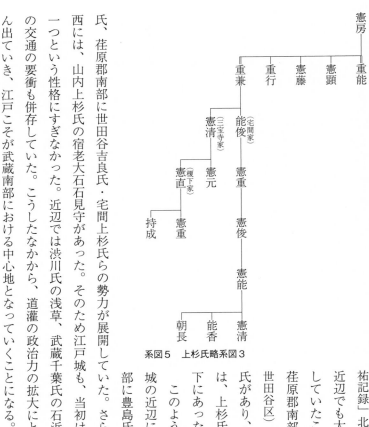

道灌の江戸地域支配

戦乱の恒常化にともなって、さまざまな問題が生じてくる。戦争のためには兵士の確保だけでなく、城郭の構築・修築、戦陣への物資輸送のため大量の人夫《にんぷ》が必要になる。領主や代官には、所領からそうした人夫を徴発する権利が認められていたから、さらに人夫を確保しようとすれば、それまで負担義務のなかった寺社領への進出がすすんでいく。そうして生じてきたのが寺社領の代官職就任、ないし懇意者の代官職就任への斡旋という動きである。

鎌倉の鶴岡八幡宮は関東の守護神として存在し、関東各地に所領が展開していた。相模・武蔵南部を勢力圏とした扇谷上杉氏は、そこに所在した八幡宮領へ介入をすすめていくが、それを中心になって行ったのが道灌であった。同社の供僧・香蔵院珍祐による記録である「香蔵院珍祐記録」には、記録として残る長禄三年（一四五九）から寛正三年（一四六二）までの間、道灌が、傍輩にあたる扇谷上杉氏被官や懇意者を同社領の代官や給主に推薦したり、道灌自身が代官に自薦したりしている事柄をみることができる。

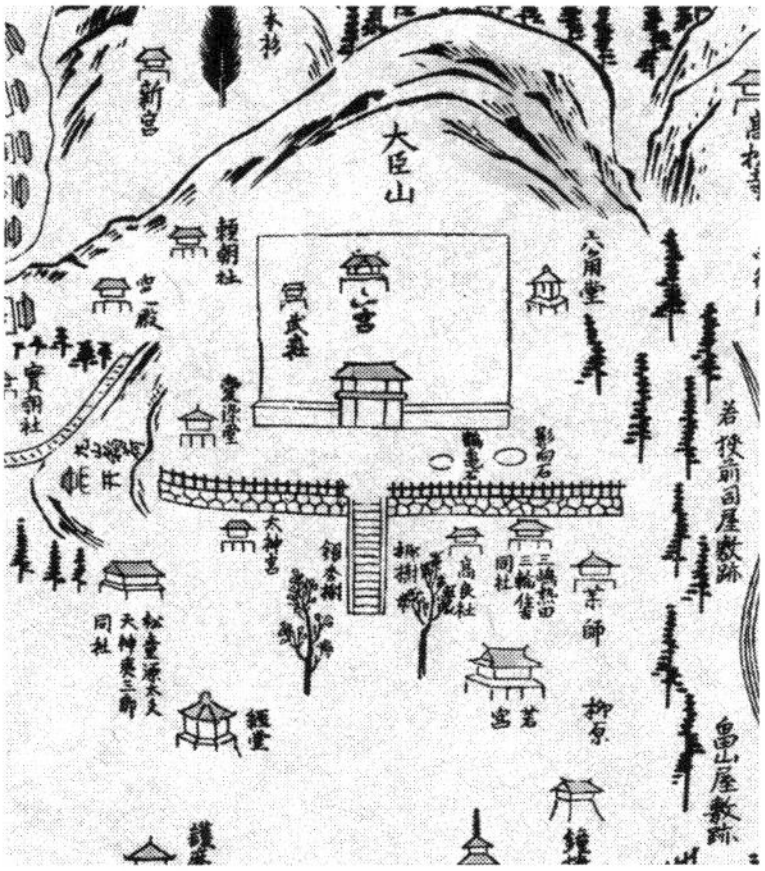

『鎌倉絵図』に描かれた鶴岡八幡宮　道灌の重要な役割として、武蔵・相模両国にあった鶴岡八幡宮領への対応があげられる　個人蔵

最初に確認できるのは長禄三年十一月で、道灌について当時の史料としては二番目にあたるとともに、道灌が官途名左衛門大夫に改称していたことを示す最初の史料で、また、江戸城に在城していたことをうかがわせる最初の史料でもある。そこで道灌は、鶴岡八幡宮供僧領の武蔵足立郡佐々目《ささめ》郷（埼玉県戸田市・さいたま市）の白鬚《しらひげ》社（さいたま市南区）神田の給主について、供僧中は二位房から平河左衛門二郎に改替しようとしたが、二位房は道灌から推挙を取って抵抗している（北2六四）。同職をめぐる紛争は翌四年二月まで続き、道灌の支持を得た二位房の勢力が強くなるという状況となった（北2六五）。

続いて長禄四年五月には、おそらく道灌のことであろう「太田源六」が、佐々目郷の阿弥陀堂の僧職について中雅《ちゅうが》を推挙しており、これをうけて供僧中は内示を示すものとなっている。同年七月から閏九月にかけては、供僧領の相模東郡北深沢郷内台《きたふかさわごうのうちだい》・洲崎《すさき》両村（神奈川県鎌倉市）の代官職について、供僧中では如意院慶運《にょいいんけいうん》を推す派と狩野五郎《かのうごろう》を推す派に分裂し、それぞれ太田道真・道灌父子に強くはたらきかけている。結局は、道真・道灌が狩野五郎を推したことで、彼に決着している（北2六七～八）。ちなみに狩野氏は、扇谷上杉氏の宿老に狩野氏がいるので、その一族であろう。

さらに寛正二年（一四六一）七月、道灌自身が供僧領の武蔵多西郡吉富郷関戸《たさいぐんよしとみごうせきど》六か村（東京都多摩市）の代官職を望んでいる。これに対して別当弘尊《べっとうこうそん》と供僧中の一部は、以前に（長禄四年七月のことか）道真から田口入道《たぐちにゅうどう》の推挙を得ていることを返事し、九月から十月にかけてその田口入道を補任して、道灌の申請を拒否している（北2七一～二）。ただ、この対応については、別当側の進止方（本様）供僧と、それとは区別される外方供僧との間で齟齬があり、進止方は外方の了解を得ないで、道灌に供僧中の合議として拒否していたという。それをうけて道灌は、供僧中「皆々を恨み」、あるいは「本様人数（供僧）を恨まれる」という状況になったという。

これに対して外方供僧の一人であった香蔵院珍祐は、「すでに今度一乱に就き、当社務の住坊無為の事は太田方の指南によりて相違無きところ也、然らばいかで彼方の恩を忘れべけんや」と、今度の一乱（享徳の乱）にあって鶴岡八幡宮の存在が維持されているのは、太田道灌の保護によるものであり、そうであるからには、どうしてその恩を忘れることができようか、と感想を記している。珍祐は、戦乱のなかでの鶴岡八幡宮の存立は道灌の保護によるもの、ととらえていたことがわかる。この認識は、戦乱のなかでの寺社の存立、ひいては地域の存立をとらえるうえで重要なものとなる。これに関しては後にあらためてとりあげるが、ここでは道灌の要請を安易に拒否したことに対して出てきていることを確認しておくことにしたい。

続いて翌寛正三年八月に、すでに供僧領の相模東郡矢部《やべ》郷（横浜市戸塚区）の代官職にあった豊島板橋氏が、同じく供僧領の武蔵足立郡矢古宇郷（埼玉県草加市）の代官職への就任を香蔵院珍祐に申請したうえで、これについて道灌にも連絡するよう要請があった。これをうけて珍祐は、このことについて道灌に書状を送っている。翌九月に道灌は返事を送っているが、おそらく、そのことを承認する内容であったとみなされる。このとき、豊島板橋氏は江戸城に在陣していたから、道灌に従う存在であったことがうかがわれる（北2七三）。豊島板橋氏はそのために、矢古宇郷代官就任について、あらかじめ道灌の同意を得ておこうとしたのだろう。

これらからみて、相模・南武蔵の鶴岡八幡宮領においては、諸郷の代官をはじめ郷内諸堂の僧職、諸田の給主などまで、いずれも太田道真・道灌父子の推挙をうけた人々が就任する状況になっていることがわかる。それは道真・道灌父子の安全保障によって、同社そのものの存立が遂げられていたという認識により、父子が同社に大きな影響力を与えていたことを示している。

そして、足立郡佐々目郷については道灌自身が代官であったらしく、道灌は長禄四年閏九月に別当弘尊を通じ、佐々目郷に戦争費用の徴発として段銭という租税を賦課している。供僧領については、これまで「天役・公役・公事」は免除されており、これまでにも何回か賦課されたことはあったが、そのつど供僧中に相談があった。しかし、今回は道灌の意向ということで供僧中に何らの相談もなく賦課されたらしく、これに対して供僧中は「言語道断」であり、別当が旧例・法例を破るのは「前代未聞」と強く反発している。

これに関しては、佐々目郷の在地からも免除を申請する訴訟が何回にもわたって行われたが、別当は道灌の意向によるから、として受け付けなかった。そのため佐々目郷では、なんとか都合をつけて七〇貫文（約七〇〇万円）を道灌に納入し、残る三〇貫文については来年に納入することにしたいと要請したが、道灌は認めず、一括の納入を求められたという。同郷には合計で一〇〇貫文の段銭が賦課されたことがわかる。この事態に対して、別当をはじめみなは道灌に迎合し、怖がっているために力がおよばなかったという。

道灌は同時に、同じく供僧領の相模東郡村岡郷《むらおか》（神奈川県藤沢市）にも段銭を賦課した。これについても珍祐は、供僧中は一致団結して抗議すべきところ、佐々目郷の場合と同じく道灌の勢威を恐れて抗議できなかったという。村岡郷の百姓はこれについて承認していないため、この問題は決着がつかなかったという（北２六八）。これらの事態をうけて珍祐は、供僧中は一致団結して反対すべきところ、みながそうしなかったので賦課を阻止できなかった、どれだけ道灌に勢威があったとしても、一致団結して反対すれば「公方様」（堀越公方足利政知か）に訴訟できるのに、それもできなかった、と評している。

さらに寛正二年三月には、道灌は佐々目郷に対して、段銭と同じく戦争費用である人足・夫馬《ふま》の借用を要請している。しかし、借用とはいいながらも、これは事実上の徴発であった。佐々目郷の百姓はこれについて阻止するよう供僧中に要請してきており、これをうけて珍祐は、このままでは同郷は鶴岡八幡宮への年貢納入を行わなくなると観測している。結局、鶴岡八幡宮では道灌からの賦課を容認し、道灌には了解したとの返事を出し、供僧中には、道灌に所領を預けているからには代官による夫馬役の徴発は「世間の法例」であり、承知すると伝えること自体が不要である、と通知してきている（北2七一）。ここでは人足役・夫馬役の賦課が、武家代官の場合には当然のことであるとする認識にあったことが注目される。

佐々目郷に関しては、もう一つ事例がある。寛正三年五月に佐々目郷の夏年貢は、鶴岡八幡宮から道灌に提供されていた（「備用を兼ねる」）ことが知られる。これがどのような経緯によるか明確ではないが、同郷年貢の一部が道灌に代官得分としてであろうか、提供されていたのであり、それは事実上の道灌による所領化の進展を意味するものとみなされる。

このように道灌は、鶴岡八幡宮領の佐々目郷や村岡郷など相模・武蔵の同社領に対して、段銭や人足役・夫馬役といった戦争費用の賦課などを行うようになっていたことがわかる。これらに対して鶴岡八幡宮や在地の百姓はいずれも先例のないこととして反発していたが、鶴岡八幡宮では別当はじめみんなが道灌の勢威を恐れて抗議できないという状況にあり、それらの賦課は実現されていったのであった。

領域権力の形成へ

さらに注目されるのは、ここで道灌が佐々目郷や村岡郷に賦課している段銭や夫馬の徴収の性格にある。それらは所領の領主としてのものではなく、広域に軍事行動を主導する立場として賦課している、いわゆる守護役としてのものである。これについて佐々目郷は、従来はそれらを鎌倉公方足利氏から免除されていたが、道灌はあえてそれらを賦課しているものとなる。そしてその賦課は結局、受け入れられている。こうした事態は戦争状況の継続のもと、所領そのものの維持が道灌の軍事力に依存していたため、道灌の庇護下にあった寺社は、その要請に応えざるをえなかったことを示している。もっとも佐々目郷の在地にとっては、それらの負担は、負担の増加にしかならない。そのために、領主の鶴岡八幡宮に賦課の回避への対処を求めたのであったが、鶴岡八幡宮は道灌の意向を拒否できず、賦課を容認したのである。これをうけて、佐々目郷がとった対応は極めて注目されるもので、それはその負担分を鶴岡八幡宮に納入する年貢から経費として控除し、年貢はそれを差し引いた分を納入するというものであった。これは在地の百姓からすれば、それらは領主が負担すべき経費と認識していたことを意味している。

実はこうした事態は、それまでの南北朝・室町時代にもしばしばみられていたものであった。守護からの賦課役があった場合に、それは領主が負担すべき経費であるとして年貢から控除されたのであったが、それと同じ事態となっている。しかしながらこの佐々目郷にみられた対応は、それまでの状況とは異なる事態となっている。これについて、あらためて注目されることが二点ある。

ひとつは、それらの負担は本来は守護からのものであったが、道灌は守護ではなく、広域的に軍事行動を主導する立場、言い換えれば、広域的に安全保障を担う立場からのものであったということで、それを勢力下にあった領主と在地は受け容れた、ということである。

そのような軍事負担は、現実に地域の安全保障を担う立場のものが賦課し、領主と在地はその保護下にあることをもって負担を受け容れ、その負担は領主への納入年貢から控除されるという構造が構築されたことが示されている。もうひとつは、その賦課と負担の在り方が戦争状況の継続によって恒常化された、ということである。それにより、この負担の構造が恒常的にみられるものとなった。

武蔵国の守護は関東管領山内上杉氏であったが、同氏は佐々目郷に対して段銭などの徴収は行っていない。守護ではない扇谷上杉氏の家宰太田道灌によるこうした行為は、守護職の有無に関係なく、分国内でその地域の「平和」を維持する領主に、守護役などの徴収権が事実上掌握されていっていたことがうかがえる（拙著『中近世移行期の大名権力と村落』）。そして道灌が諸役を賦課する、江戸城を中心とした豊島郡・荏原郡・足立郡南部の地域が、江戸城を中心とした一つの領域として形成されていく。ここから江戸城は、守護役の徴収に代表される領域支配の拠点としての性格を備えていったのである（長塚孝「戦国期江戸の地域構造」）。

遠方に在所する領主の所領についても、事情は同じであった。室町幕府や鎌倉府の政治秩序が機能している段階では、幕府・鎌倉府の政治機構を通じて、遠方に在所する領主の所領支配が実現される仕組みが機能していた。だが、戦乱の恒常化によって、それが機能しなくなる状況がみられるようになっている。

道灌の勢力下にあった江戸地域にも、伊勢国に所在する伊勢神宮の所領が相模大庭御厨《おおばのみくりや》（神奈川県藤沢市・茅ヶ崎市）や武蔵飯倉御厨《いいくらのみくりや》（東京都港区）として存在していた。それぞれ出口《でぐち》氏・室田《むろた》氏、香河《かがわ》氏・室田氏が代官を務めていたが、神宮への年貢を納入していなかった。そのため神宮は、寛正五年（一四六四）から文明二年（一四七〇）にかけ、数度にわたり道真・道灌父子に、それら代官に年貢を納入するよう働きかけることを依頼している（「内宮引付」北一八六・一九〇、「二禰宜氏経神事記」北2八四）。なお、後にあらためて触れるが、道灌は寛正二年の父道真の隠遁をうけて太田氏の家督を継ぎ、それにともなって扇谷上杉氏の家宰になっていた。

本来、室町時代の政治秩序では、こうした依頼は室町幕府・鎌倉府を通じて守護にするのだが、この享徳の乱以降の状況では、戦乱の恒常化により、現実にその地域に勢力を持つものに直接依頼するようになっている。ここでは、扇谷上杉氏が相模・武蔵南部について「国事御成敗」、すなわち実際に勢力圏としていたことに基づいて、その家宰であった道真・道灌父子に依頼されるものとなっている。しかし、代官は扇谷上杉氏の関係者とみられるから、道真・道灌父子は真剣に対応することはなかったようで、繰り返し依頼されているのはそのためであろう。

こうした在り方は、まさにその後にみられる戦国時代の戦国大名・国衆という領域権力による領国統治の在り方にあたるものとなる。これらにみられた道灌の事例は、戦国大名・国衆という領域権力の成立が、戦乱の恒常化のなかで形成されたものであることを端的に示す事例となっている。ここでは、それを実現している太田道灌と主家である扇谷上杉氏が、そのような安全保障を担う領域を形成しつつあることをうかがうことができるのである。

第二章　太田道灌と長尾忠景の台頭

父道真の隠居と家督継承

長禄元年（一四五七）になって室町幕府は新たな東国政策を展開し、将軍足利義政の庶兄政知を、成氏に代わる新しい鎌倉公方に任じた。政知は翌二年五月頃に関東へ下向してきたが、鎌倉には入らず伊豆北条《ほうじょう》（静岡県伊豆の国市）に御所を構えた。同所はのちに堀越と称されるため、政知は〝堀越公方〟と称されている。

堀越公方勢力において軍事的に中心的役割を果たしたのが、有力な足利氏御一家の一人で「探題」として政知に従い関東へ下向してきた、渋川義鏡であった。義鏡は関東渋川氏の名跡を継承する形で、その本拠武蔵蕨を把握するとともに、豊島郡浅草をも拠点として把握した。

この頃から上杉方は、利根川南岸の武蔵五十子（埼玉県本庄市）に本陣を構築し、利根川東部を勢力圏とした古河公方足利方に対峙していた。同陣には山内上杉氏・越後上杉氏だけでなく、扇谷上杉氏の当主持朝や家宰太田道真も在陣した。扇谷上杉氏が、武蔵東部における軍事拠点として河越城と江戸城を構築したのも、それとほぼ同時の頃であった。

堀越公方勢力は幕府の承認のもと、関東における御料所《ごりょうしょ》・新闕所《しんけっしょ》（敵方からの没収所領）に対する処分権を掌握していた。ところが、この権限は扇谷上杉氏の分国支配とは抵触するものであった。扇谷上杉氏は享徳の乱以降の戦乱の過程で、相模・武蔵南部の分国において事実上、この権限を掌握していたからである。これは、本来は敵対勢力の所領を没収する「敵方所領没収の慣行」に基づくもので、これが将軍権力によって統轄された場合に、闕所地処分権と位置付けられたのである。

道真の動向としても、寛正元年（一四六〇）七月に「太田入道、豆州に座され」とあり（「香蔵院珍祐記録」北2六七）、北条御所に参上して堀越公方勢力と何らかの交渉を行っていたことが知られる。六月二十二日付の建長寺塔頭西来庵宛の書状では、同寺領の相模中郡懐島郷の領有について「豆州江申せしめ、御返事に依り、御左右に及ぶべく候」と堀越公方足利政知に申請し、その承認を得られたら報告すると述べているが（「西来庵文書」北二二二）、それはこの時の可能性が高い。所領の安堵や充行が堀越公方の権限下に置かれていたため、逐一その承認を得なければならなくなっていた状況がうかがわれる。

堀越公方勢力は、とくに相模国について、寛正二年夏頃から鎌倉を支配下に置いて権限の拡張をすすめていった。そのため、扇谷上杉氏と堀越公方との間で政治的対立が生じることとなった。そうしたところ同年十月に、政知の「執事」犬懸上杉教朝《のりとも》が突然に自害し、同年中に扇谷上杉氏の家宰太田道真が隠居している（「香蔵院珍祐記録」北2七三）。翌三年三月には、持朝について「雑説《ぞうせつ》」が生じ、また持朝と密接な関係にある三浦時高《ときたか》（養子高救《たかひら》は持朝の次男）が隠遁を表明し、四月には義鏡から

伝堀越御所跡の遠景　静岡県伊豆の国市　画像提供：伊豆の国市文化財課

扶助をうけている武蔵千葉実胤（妻は顕房の娘）が隠遁している（「足利家御内書案」北一七二～五・『神奈川県史資料編３（下）』六二八一号・『板橋区史資料編２』四四五～四四七号）。これらの事件は密接に関係しているとみてよく、寛正二年十月頃から扇谷上杉氏と堀越公方足利氏との間でかなり深刻な政争が展開されていたことがわかる。その具体的な経過は不明だが、翌三年になって両者の対立が持朝の「雑説」として現れたといえよう。

「雑説」とは、具体的には幕府＝堀越公方足利氏から離叛して、古河公方足利成氏に味方するという風聞であったと推測されるが、この事態に対して将軍足利義政は驚きを示した。持朝は「代々の忠節者」であり、「殊に故御所様（足利義教）別して御扶助」した人物であることから、政知に対して、持朝と疎略のないようにし、持朝の分国・所領についても異議のないように命じた（「足利家御内書案」北一七二）。それとともに、越後上杉房定や政知方で駿河御厨（静岡県御殿場市）を領していた大森氏頼《おおもりうじより》・実頼《さねより》父子に両者の和解の周旋を命じている（「足利家御内書案」北一七四・『神奈川県史資料編３（下）』六二八三～四号）。

そうして十一月頃には、ようやく両者間に和解が成立したようで、十二月七日付で義政は持朝に対し、あらためて河越庄を預け置いてその知行を認めた。また、家臣らの所領・闕所地についてもその進退権を認めるとともに、政知に対しては、かつて持朝が相模・駿河の国人に兵粮料所として預け置いていた相模・武蔵の闕所地を、政知が別人に処分していたのを元に戻すように命じている（「足利家御内書案」北一七七～一八一）。

すなわち、持朝は従来の権限をそのまま認められたのであり、堀越公方の権限拡張の動きは停止されたのであった。持朝にとってこの政争は、その滅亡をもたらしかねない重大な危機であったが、将軍義政の判断によってその危機は回避された。義政がそうした判断をしたのは、持朝が南関東における上杉方の中心的人物であったことに大きくよっていたとみられる。

道真隠遁の地碑　道灌の死を悼んだ道真が菩提を弔うために建立した建康寺の右手奥の山裾にある　埼玉県越生町

道真の隠居は、堀越公方家執事の自害とほぼ同時であろうから、両勢力の関係修復を図るなかでのことであったとみられる。道真は隠居にともなって「山入」に居住したという（「香蔵院珍祐記録」）。隠居の地は、その後に武蔵入西郡越生《おごせ》龍穏寺《りゅうおんじ》（埼玉県越生町）に参詣していること（「太田道灌状」）、また同寺に居住したという伝えがあることから、同寺とみて間違いないであろう。両勢力の和解は、結局は幕府の仲介を経ることになるが、ともかくもこれによって道灌がその家督を継ぎ、扇谷上杉氏の家宰職に就任することになった。

もっとも道真の隠居は、あくまでも政治劇にすぎなかったため、以後も、実権はしばらくは道真が握っていたと思われる。道真が実質的にも隠居し、道灌が実権を振るうようになるのは、文明五年（一四七三）に持朝の嫡孫政真《まさざね》（顕房の子）の死去により、持朝の三男（正しくは四男か）定正が扇谷上杉氏の家督を継いだ頃からだろう。

道灌は寛正二年（一四六一）、図らずも扇谷上杉氏の家宰になった。ちょうど三十歳のことになる。その後しばらくの動向としては、前章でみた、同三年の「香蔵院珍祐記録」にみえる鶴岡八幡宮領に関わる動向、同五年から文明二年（一四七〇）にみえる、相模・武蔵での伊勢神宮領に関する動向が確認できるだけである。このうち、文明元年に伊勢神宮神主・荒木田氏経《あらきだうじつね》から送られた書状は、道真・道灌の連名宛てで、かつ道真が先に記されており（「内宮引付」北一九三）、さらに同二年に荒木田氏経が送った書状は、道真だけに対してとなっている（「一禰宜氏経神事記」北2八四）。これらから、対外的にはいまだ道真が扇谷上杉氏の家政を主導する存在であったことがうかがわれる。

なおその間の応仁元年（一四六七）九月七日、長きにわたって扇谷上杉氏を主導してきた上杉持朝が河越城において死去した。五十三歳であった。法名は広感院殿旭嶺大禅定門《こうかんいんでんきょくれいだいぜんじょうもん》といった（「玉隠和尚語録」北2・「鎌倉大草紙」巻五）。永亨の乱以来、関東政治史において常に上杉方の主役を務めてきた人物の死去であった。

その家督は、故顕房の遺子政真に継承された。政真は享徳元年（一四五二）もしくは宝徳二年（一四四九）生まれといい、この時十六歳もしくは十八歳であった。実名の由来はわからないが、「政」字は将軍足利義政もしくは堀越公方足利政知の偏諱である可能性が考えられる。官途名は、祖父持朝に倣って修理大夫《しゅりのだいぶ》を称した（「御内書符案」「白川文書」北二〇〇・二〇三）。

ちなみに、政真の兄弟には小山田上杉氏を継承した三郎朝重と武蔵千葉実胤の妻があった。小山田上杉氏は、顕定・氏定と数代にわたって扇谷上杉氏に養子を出すとともに、持朝の幼少期には定頼が名代を務めるというように、極めて密接な関係にあった一族であり、前代の藤朝《ふじとも》は顕房と同所で自害したとも伝えられている。その後継者に、今度は扇谷上杉氏から養子が出され、政真の弟が継承したのである。「上杉系図」（「続群書類従」巻一五四）には「早世、二十歳」という注記がある。政真との年齢差はわからないが、政真よりも早く死去した可能性が高い。

なお、この朝重にも実子がなかったようで、六郎朝長《ともなが》が養子に入って継承した。同系図には「実［　］子」と、実家に関する注記部分が欠損しているため、何家からの養子であったのか明確ではないが、仮名・実名に注目すると、宅間上杉讃岐守憲能《さぬきのかみのりよし》の子に「六郎・朝重」と記載されている人物の存在が注意される。宅間上杉氏においては「朝」「重」字とも通字ではなく、これは小山田上杉朝重と同名であること、その仮名は朝重の養子朝長のものと同一であることから、ここでの記載は養父の実名と混同している可能性がある。これらから朝重の養子となった朝長は、宅間上杉憲能の子であったと考えていいであろう。

上野・下野への進軍

さて、この間の幕府＝上杉方と古河公方足利成氏との抗争の状況をみておこう。

堀越公方足利政知が関東に下向してきた長禄二年（一四五八）以降は、上杉方の優勢で展開しており、その長禄二年には足利方の最前線に位置していた東上野の新田岩松氏が上杉方に転じている。これをうけて上杉方は、同三年十月に武蔵太田庄（埼玉県鴻巣市など）・上野佐貫《さぬき》庄（群馬県館林市）に進軍し、太田庄会下《えげ》・佐貫庄羽継原《はねつぐはら》・同海老瀬口《えびせぐち》合戦を戦うが、最終的には敗北して本陣の五十子陣に後退している。先に触れた、道灌に関する二つ目の史料である「香蔵院珍祐記録」の記事は、この時のものになる。

そして寛正二年（一四六一）から同三年に起きているのが、先に触れた扇谷上杉氏と堀越公方足利氏との間の政争であり、上杉方が足利方に対して攻勢に出られない状況が、そのような政争を生み出したとみることができる。しかも寛正三年から同四年にかけて、山内上杉氏も堀越公方足利氏との間で所領維持をめぐり紛争が生じていて、関東管領山内上杉房顕は関東管領職の辞職を表明する事態となっている（「鹿王院文書」北一八二一～五）。

このように上杉方と堀越公方足利氏との間で、所領や兵糧料所の支配をめぐってもめ事が頻発する状況が生じていた。そうしたなか、寛正六年になって、堀越公方足利氏は、「執事」犬懸上杉政憲《まさのり》（教朝の子）を大将に成氏追討の武家御旗《ぶけのみはた》を掲げて相模国に出陣し、武蔵世田谷吉良三郎・駿河今川小鹿《おしか》範満《のりみつ》・宅間上杉憲能らを率い武蔵に進軍して、五十子陣に着陣した。これをうけて九月、古河公方足利成氏は、武蔵太田庄に出陣してきた。さらに上杉方の本陣である五十子陣に向けて進軍してきたため、崎西郡荒木要害《あらきようがい》（埼玉県行田市）で合戦となった。

こうして上杉方の主力軍は、五十子陣に集結するかたちになった。ただし、その直後の翌文正元年（一四六六）二月、上杉方の総帥であった山内上杉氏当主の上杉房顕が死去してしまった。後継には越後上杉房定の次男・竜若丸《りゅうわかまる》（のち顕定）が養子に入って継承するが、それは十月の室町幕府の承認を得てからのことであった。しかも顕定はこの時、まだ元服前の十三歳という若さであった。

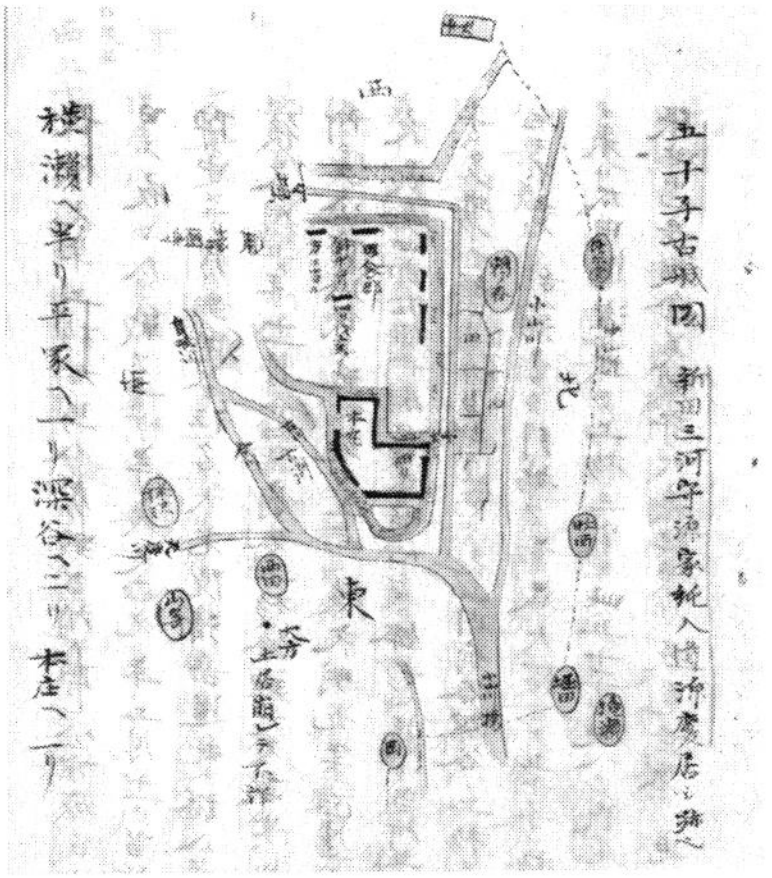

江戸時代の地誌『武蔵鑑』二に描かれた五十子陣跡　国立国会図書館蔵

房顕死去直後の閏二月には、崎西郡多賀谷《たがや》（埼玉県加須市周辺）・北根原《きたねはら》（同鴻巣市）で合戦が起きており、崎西郡で両勢力の攻防がみられた。同年六月には上野

勧農城跡遠景　栃木県足利市

桐生《きりゅう》佐野《さの》氏が足利方から上杉方に転じてきて、同年十一月には、山内上杉氏宿老の一人の長尾新五郎景人《しんごろうかげひと》（実景の次男）が下野足利庄に入部を遂げ、勧農《かんのう》城（栃木県足利市）を構築して、ついに下野への進出を果たした。上杉方の攻勢が強まるようになっていることがみてとれる。

　翌応仁元年（一四六七）九月には、先に触れたように上杉方の長老であった扇谷上杉持朝が死去し、家督を嫡孫の政真が継いだが、これも十六歳もしくは十八歳という若年であった。こうして両上杉家の当主は、ともに若年という状態になったのである。そしてそれぞれを補佐したのが、山内上杉氏家宰の長尾景《かげ》信《のぶ》（景仲の子）と、扇谷上杉氏家宰の太田道真・道灌父子であった。続いて同二年十月には、上杉方が上野西庄に進軍し毛呂島《もろじま》・綱取原《つなとりはら》（群馬県伊勢崎市）で合戦があり、これに勝利している。それをうけて翌文明元年（一四六九）二月、上杉方の新田岩松礼部《れいぶ》家の岩松家《いえ》純《ずみ》が新田庄に進出して金山《かなやま》城（群馬県太田市）を取り立て、同年八月には同城に入部して足利方であった岩松京兆《けいちょう》家を統合し、新田庄支配を確立するのである。

　このように上杉方は、享徳の乱当初からの中心人物であった山内上杉房顕・扇谷上杉持朝が相次いで死去し、それぞれの後継が若年ではあったものの、それぞれの家宰である長尾景信と太田道真・道灌父子の補佐によって、逆に足利方への攻勢を強めていっていた。同三年四月になると、有力な足利方であった下野小山持政《おやまもちまさ》・常陸小田成治《おだしげはる》・下野佐野愛寿丸《あいじゅまる》（のち秀綱《ひでつな》）を相次いで味方に付けるのである。こうして上杉方の勢力は、上野では新田庄・桐生領（群馬県桐生市ほか）、下野でも足利庄・佐野庄（栃木県佐野市）・小山庄などにも及ぶようになる。足利方の最前線は、上野佐貫庄（群馬県館林市）・下野足利庄・同佐野庄に後退していった。

そこで上杉方はただちに大攻勢をかけ、上野佐貫庄・下野足利庄・同佐野庄に侵攻し、それらの拠点を攻略、さらにその後は古河公方足利成氏の本拠古河（茨城県古河市）に侵攻、ついに六月に攻略して成氏を下総千葉輔胤《すけたね》のもとに追うのである。

家宰としての役割

太田道灌も文明三年（一四七一）の上杉方による下野・上野への侵攻には、弟資忠とともに一軍を率いて参加している（『松陰私語』）。とくに資忠の軍は下野佐野氏攻めを担当して、足利方に残っていた佐野盛綱《もりつな》（秀綱の父）を降伏させ、続いて上野佐貫庄侵攻では立林《たてばやし》城（群馬県館林市）・舞木《まいぎ》城（同千代田町）攻めにあたり、負傷の戦功を挙げている（「御内書符案」北二〇〇～一）。

この太田資忠の戦功に対しては、将軍足利義政から扇谷上杉政真と家宰の太田道真に宛てて感状が出されている。これは、資忠が扇谷上杉氏家臣の太田氏の一族にすぎず、将軍が直接に文書を出す関係になかったことからである。ここで道真に宛てられているのは、扇谷上杉氏の家宰として対外的に代表していたのが、依然として道真であったことをうかがわせるものである。

こうした状況は、その後もしばらく続いたようだ。文明三年には、室町幕府から伊勢神宮内宮の造営のための役夫工米《やくぶくまい》の賦課が行われ、おそらく扇谷上杉氏の勢力圏となっていた相模・武蔵東部については、太田道真にそれが命じられたらしい。太田道真はそれを処置しなかったため、二年後の同五年七月に、室町幕府からあらためての徴収を命じられている（「内宮引付」北二〇二）。

また年代は明確ではないが、同四年までのものと考えられるものに、扇谷上杉政真が陸奥白川直朝《なおとも》に宛てた書状があり、道真はその副状を出している（「白川文書」北二〇三～四）。これは上杉方となっていたと思われる下野塩谷《しおや》氏への救援を要請するもので、あるいはその年代は文明三年にあたるかもしれない。このように、当主書状の副状を出すということは家宰の典型的な役割であり、それは当主の側にいることで可能であった。道真はその後も、基本的には扇谷上杉氏当主の側にあり続けた。

ただその間に、実際に太田氏の家督として扇谷上杉氏の家宰になっていた道灌について、家宰としての動向がまったくみられなかったわけではない。文明三年の下野・上野侵攻においても、道灌は扇谷上杉氏主力軍の大将を務めていたし、相模の寺社領からは陣夫役《じんぷやく》の徴発を行っている（「報国寺文書」北一九七）。これは、扇谷上杉氏の軍事行動を道灌が主導してすすめていたことを示している。

同年七月には下野小山持政から書状を送られて、上野岩松氏との間で相論となっている小山氏一族園田《その だ》氏の所領について、岩松氏への働きかけを要請されている（「関興寺所蔵文書」北一九八）。さらに陸奥白河氏に対しても、当主書状の副状は道真だけでなく「太田備中方父子より」と記す史料がみられることから（「白川文書」北二〇五）、同時に道灌も出していたことが知られる。これらは、道灌が上杉方のなかで領主同士の紛争を周旋しうる、政治的な実力を有するようになっていたことをうかがわせるものといえよう。

それではここで、道真・道灌二代からみられる、扇谷上杉氏の家宰としての動向についてまとめておくことにしたい。道真・道灌が家宰としてみせた動向には、

①江の島合戦や文明三年の下野・上野進攻での軍事行動の指揮（「南部文書」「鎌倉大草紙四」北一四〇・『松陰私語』第二・「太田道灌状」他）

②分国内通行の保証（前出「内山文書」）

③住持職譲渡の承認、それの扇谷上杉氏当主への披露（「光明寺文書」北一六二・一六五～一六八他）

④伊勢神宮がその所領に賦課する伊勢神役の徴収・納入（「内宮引付」北一八六・二〇二）

⑤段銭・夫役の徴収と免除（「光明寺文書」「報国寺文書」北一八六～一八八・一九七、「香蔵院珍祐記録」北2六八・七一他）

⑥在地における違乱の排除（「内宮引付」北一九〇・一九三他）

⑦鎌倉寺社領等への代官等の推薦（「古簡雑纂」北一九九・「香蔵院珍祐記録」北2六八・七一他）
⑧傍輩（扇谷上杉氏被官）に対する所領・所職の充行・安堵・改替の遵行《じゅんぎょう》（主人の命令の執行）（「黄梅院文書」「浄光明寺文書」北二三二・二三三・二三七他）
⑨分国における検断権（警察権）の行使（「香蔵院珍祐記録」北2六五〜六他）
⑩扇谷上杉軍の大将として軍勢の濫妨狼藉《らんぼうろうぜき》停止の禁制発給（「宝生寺文書」北二一六）
⑪当主の外交文書に副状を出す（「白川文書」北二〇四）。
⑫傍輩（扇谷上杉氏被官）の権益保護のための他家との政治交渉（「古簡雑纂」北一九九他）

といった内容を確認することができる。

もっとも太田氏の場合は相模国守護代でもあったから、その立場によると考えられるものもあるが、これら権限の行使は、守護管国である相模に限らず、南武蔵を含んだ扇谷上杉氏の分国全域に及んでいるのである。また、それらすべてが守護代の職権に含まれているわけではない。山内上杉氏の場合をみると、守護代の職権行使はあくまでも家宰の指揮のもとでなされており、家宰が守護代よりも優越していることがわかる。そのためこれらの行為は、すべて扇谷上杉氏の家宰としてのものであった。家宰は単に家政機関の統括者というだけではなく、分国支配の統括者、代行者でもあったのである。

そして道真と道灌は、道灌が家督を継承した以降も、ともに家宰としての役割を担っていたとみることができる。そして道真の家宰としての活動が完全にみられなくなるのは、こののち同九年における長尾景春の乱以降のこととみられる。

山内上杉氏勢力との確執

そうした家宰の役割のなかで、とりわけ注目したいのは、傍輩の権益維持をめぐる他家との政治交渉の展開である。道灌の場合で顕著なのは、同じ上杉方の有力者という関係にあった山内上杉氏勢力との間のものである。具体的な事例としては、文明三年（一四七一）六月における相模報国寺《ほうこくじ》領への陣夫役賦課をめぐる問題と、同四年までのものとなる武蔵長寿寺《ちょうじゅじ》領への代官職斡旋をめぐる問題がある。

これらはまた、いずれも鎌倉寺社領に関わるものとなっている。先に鶴岡八幡宮領でもみたように、寺社領をめぐっては寺社との間に紛争を生じさせることがあったが、それだけにとどまらないこともあった。その寺社の旦那がほかの武家であった場合や、代官職をめぐってほかの武家と競合した場合は、その武家との紛争が生じていくのであった。そしてそれらの武家は、扇谷上杉氏に対抗するため山内上杉氏に結び付いていき、問題は両上杉氏のトップ交渉によって調整が図られていくのであった。

文明三年六月、道灌は鎌倉報国寺領の相模山内庄秋葉郷内那瀬《なせ》村（横浜市戸塚区）に、戦陣に動員する人夫（すなわち陣夫）を課した。同寺は上杉氏一族の宅間上杉氏の菩提寺であったため、同寺は同氏にそのことを訴え、同氏はさらにこれを山内上杉氏に訴えている（「報国寺文書」北一九七）。実

報国寺本堂　神奈川県鎌倉市

際にはその家宰の長尾景信が対処している。そこで景信は報国寺に対して、この場合は戦争にともなう人夫徴発なので道灌の行為は正当と認められるが、もしも年貢収納にも道灌が干渉してくるようであれば、山内上杉氏に連絡するように、と述べている。

直接、太田道灌と長尾景信が激しい交渉を展開している事例が、鎌倉長寿寺領の武蔵足立郡殖田谷《うえたや》郷（さいたま市西区）の代官職をめぐる問題である（「古簡雑纂」北一九九）。同郷の代官職は、もとは同郷在住で山内上杉氏被官の島根氏が補任されていたが、同寺は島根の違乱を問題にし、堀越公方勢力の中心であった渋川義鏡の執権板倉氏が処置し、島根を改替して、その後は板倉氏が直接支配した。ところが応仁二年（一四六八）頃、渋川義鏡の上洛にともなってであろう、板倉が上洛して同郷の支配を手放すと、道灌が同郷を同寺に引き渡しただけでなく、扇谷上杉氏被官の足立三郎を代官に据え、さらに在所で島根が違乱しているとして、同寺に島根を改易させようとしたのである。

山内上杉氏家宰の長尾景信は、傍輩にあたる島根からこの事情を訴えられたとみられ、このことについて何度にもわたって道真・道灌父子に抗議したらしい。最初は、道真・道灌が武蔵塚田《つかだ》（埼玉県寄居町）に在陣していた際に申し入れたのであったが、下総への出陣となったため、その帰陣を待って、あらためて申し入れしたものであった。そして七月二十日付で道灌に宛てた書状では景信の口調は激しく、「返事した内容を忘れているのか」「返事の内容とは違っている」「今更そちらで無理なことをするのはどういうことか」などとある。この景信の口調をみる限りは、道灌の側に以前との約束に違反する行為があったとみなさざるをえない。ちなみにこの書状は、景信・道灌の通称から、文明元年から同四年までのものとみなされる。

景信の意図は、いうまでもなく傍輩の進退維持にあり、それについて「家務職に候間、当家（山内上杉氏）滅亡の儀においては、一身を顧みず嘆き存じ候間、何れの傍輩の身上候と雖も、執り申すべく候」と、それが家宰の務めであり、そのために引けないのだと主張している。しかし、このことは道灌の側でも同様であろう。道灌と長尾景信は、互いに傍輩の進退維持をめぐって厳しい確執を生じさせていることがわかる。そもそも、道灌の妻は景信の姉妹であったから、両者は義兄弟という極めて親しい関係にあった。にもかかわらず両者は、扇谷上杉氏と山内上杉氏の家宰という立場に基づいて、それぞれの家権力の権益維持をめぐって、このような激しいやりとりを行っていたのであった。

このことは、同じ上杉方勢力内で生じていたさまざまな権益をめぐる問題が、最終的には両上杉氏にあげられて、両氏の交渉によって解決がこころみられるようになっていることをうかがわせる。それは同時に、上杉方勢力において両氏への系列化がすすんでいることをはっきりと示している。

そしてそれらの確執が、両氏による政治交渉として行われているのは、ともに上杉方という味方の関係にあったからで、それが維持されたのは、あくまでもともに足利方と対抗する関係にあったからであった。ということは、その条件が失われれば、それらの権益をめぐる紛争は武力抗争へとなりかねないものであった。実際にも、これから十年以上あとになると、太田道灌の死去を契機にして両上杉氏の全面抗争である長享の乱として実現されるのであった。

長尾景信の死去

文明三年（一四七一）四月から六月にかけての上杉方による下野・上野、さらには下総古河への侵攻により、古河公方足利成氏は古河城から下総千葉氏の本拠の千葉平山城《ひらやま》（千葉市緑区）に後退することになり、上杉方の優勢は確立したかにみえた。ところが、半年後の同四年春（正月から三月）には足利成氏が古河城への復帰を果たし、さらには下総結城氏、下野小山氏・那須《なす》氏・宇都宮《うつのみや》氏・佐野氏、上野舞木《まいぎ》氏らからなる八千人の大軍勢を動員して下野足利庄に進軍した。さらに、そこから上野新田庄・佐貫庄に進み、五月二十二日には新田庄世良田《せらだ》（群馬県太田市）まで進軍し（「東州雑記」『千葉県の歴史資料編中世5』九一二頁）、上杉方の五十子陣に対峙したのであった。

そのように両勢力の対峙が展開されていたなか、文明五年六月二十三日に、山内上杉氏家宰の長尾景信が死去した。景信は、応永二十年（一四一三）生まれとする所伝はあるものの（「双林寺伝記」拙編『長尾景春』所収）、その後の動向と照らし合わせると簡単には採用できないもので、実際には同三十年頃の生まれで（拙著『長尾景仲』）、死去時の年齢は五十歳前後であった可能性が高い。法名は法性院殿《ほっしょういんでん》玉泉宗徳庵主《ぎょくせんそうとくあんしゅ》とおくられた。これより以前の寛正二年（一四六一）には、父昌賢（景仲）から家督を譲られて山内上杉氏の家宰に就任し、それから十年以上にわたって山内上杉氏を主導してきた人物であった。

この時点でも当主上杉顕定は、まだ二十歳と若年であったから、その間の上杉方の行動は、まさにその家宰である景信が取り仕切っていたとみてよい。景信の死去をうけ、上杉方のなかで山内・扇谷両上杉氏に匹敵する有力者で、この時には越後に在国していた越後上杉房定は、すぐに家臣に対して再び関東への出陣に備えることを命じており、事実上の総帥の役割を果たしていた景信の死去が、上杉方に大きな影響を与えたことがうかがえる。

ここで山内上杉氏宿老長尾氏と、そのなかでの景仲・景信の家系について述べておこう。

山内上杉氏の宿老には、長尾氏のほか大石氏・寺尾氏などがあり、それらの一族が守護代職を務めるかたちであった。いずれも、南北朝時代以来の存在であった。長尾氏は板東平氏のひとつである鎌倉氏の一族で、相模鎌倉郡長尾郷（横浜市栄区）を名字の地とする氏族であるが、鎌倉時代初期には没落しており、そのなかの系統のひとつが上杉氏の被官として登場する。上杉氏の被官として登場した当初からその宿老としてみえていて、その後は関東長尾氏と越後長尾氏に分立するが、これは山内上杉氏の系統が越後上杉氏を分出したためである。

山内上杉氏の家政を主導する家宰職の成立は、上杉憲定の代の応永十三年（一四〇六）からのことで、最初の家宰職には、長尾氏惣領家の但馬守家《たじまのかみけ》・景英《かげひで》（憲忠《のりただ》か、法名崇忠《すうちゅう》）の弟の出雲守家《いずものかみけ》・満景《みつかげ》が就任した。この後、家宰職には長尾氏の一族だけが就任するようになり、その時点で長尾氏は、宿老家のなかでは筆頭の地位にあったことがうかがえる。満景のあとは定忠《さだただ》（房景《ふさかげ》か、但馬守家）—忠政《ただまさ》（尾張守家）—景仲（孫四郎家）—実景（但馬守家）—景仲（再任）と継承されていく。ちなみに、景仲の再任は享徳の乱勃発にともなうものであった。

また家宰職は、山内上杉氏家中での最高位となるが、それに次ぐ地位が武蔵国守護代職である。山内上杉氏が関東管領を歴任する立場にあり、同職に在職している時には武蔵国守護職も兼帯していた。そのため同国守護代職は関東管領職にともなうものであったことから、家宰職に次ぐ地位に置かれていたとみなされる。そのほか、山内上杉氏の家職にともなう重要な役職に上野国守護代職・伊豆国守護代職・下野足利庄代官職などがあり、いずれも長尾氏・大石氏・寺尾氏の宿老層が就任していた。

長尾氏のなかで嫡流家となるのが仮名「新五郎《しんごろう》」、受領名「但馬守」を称する系統で、その庶家に仮名「六郎」、官途名「左近将監《さこんしょうげん》」、受領名「出雲守」を称する出雲守家がある。初代家宰の満景は、この系統にあたる。但馬守家の庶流にあたるものに仮名「孫太郎」、官途名「修理亮《しゅりのすけ》」、受領名「尾《お》張守《わりのかみ》」を称する尾張守家があり、三代目の家宰に就任した忠政はこの系統にあたる。その庶家には仮名「孫六郎」、受領名「能登守」を称する能登守家があり、上野国守護代職を歴任するようになっている。

そして、景仲が継承する家系が孫四郎家であるが、初代の景守《かげもり》は、関東長尾氏の初代・景忠の甥くらいにあたるとみられる。やがて山内上杉氏被官に吸収され、およそ景守の孫くらいの代に、景仲が婿養子に入って継承したとみなされる。景仲はもともと惣領家一族の出身で、惣領家景英の次男、房景（定忠か）の弟伯耆守の次男で、初めは房景の養子に入っていた。おそらく、応永二十四年（一四一七）の上杉禅秀の乱で、孫四郎家の当主とみられる武蔵国守護代であった四郎左衛門尉が戦死などしたため、急遽、その婿養子となって家督を継承したと推測される（拙著『長尾景仲』）。

景仲の生年については、「双林寺伝記」では嘉慶二年（一三八八）生まれで房景の次男とされている。しかし、その後の動向や兄弟関係などから信用できず、おおよそは応永十年（一四〇三）頃の生まれと推定される。出自も房景の次男ではなく、今述べたように、その弟伯耆守の次男であった。

景仲が史料に登場する最初は、永享六年（一四三四）、三十歳くらいのことで、官途名左衛門尉を称している。同官途名は長尾氏一族のなかでは有力者が称するものであったから、景仲は孫四郎家当主としてすでに重要な地位にあったことがうかがえる。同十二年の結城合戦の時期には、上野国守護代に転じた大石憲重《のりしげ》（石見守）に代わって武蔵国守護代に就任し、宿老中では家宰の長尾忠政に次ぐ地位についている。そして文安元年（一四四四）頃、隠遁した山内上杉憲実の後継としてその長男憲

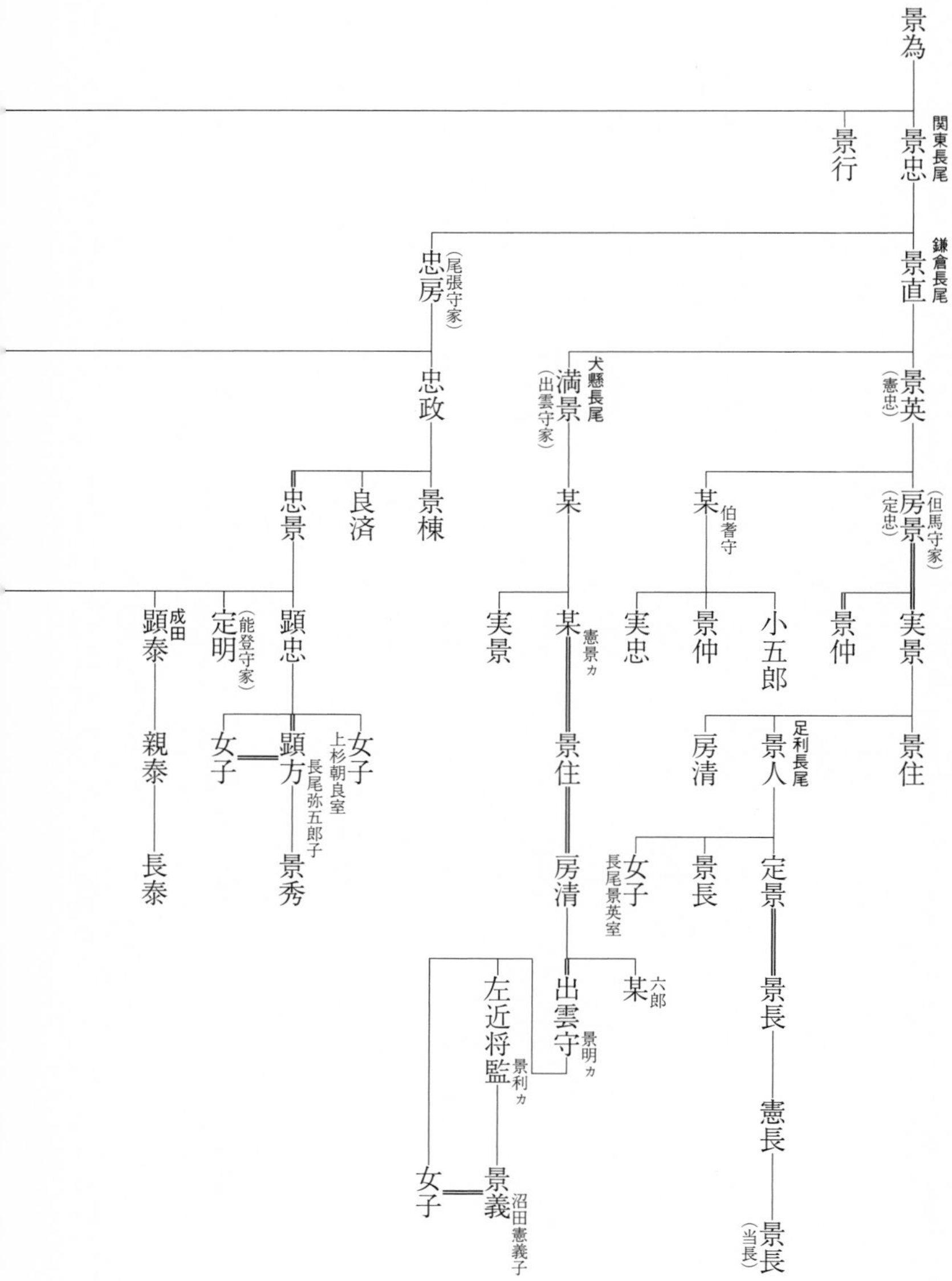
景為
景忠 関東長尾
景行
景直 鎌倉長尾
忠房（尾張守家）
景英（憲忠）
満景 犬懸長尾（出雲守家）
忠政
房景（但馬守家）（定忠）
某 伯耆守
某
景棟
良済
忠景
実景
景仲
小五郎
景仲
実忠
某 憲景カ
実景
顕忠
定明（能登守家）
顕泰 成田
景住
景人 足利長尾
房清
景住
女子 上杉朝良室
顕方 長尾弥五郎子
女子
親泰
房清
定景
景長
女子 長尾景英室
景秀
長泰
某 六郎
出雲守 景明カ
左近将監 景利カ
景長
憲長
景義 沼田憲義子
女子
景長（当長）

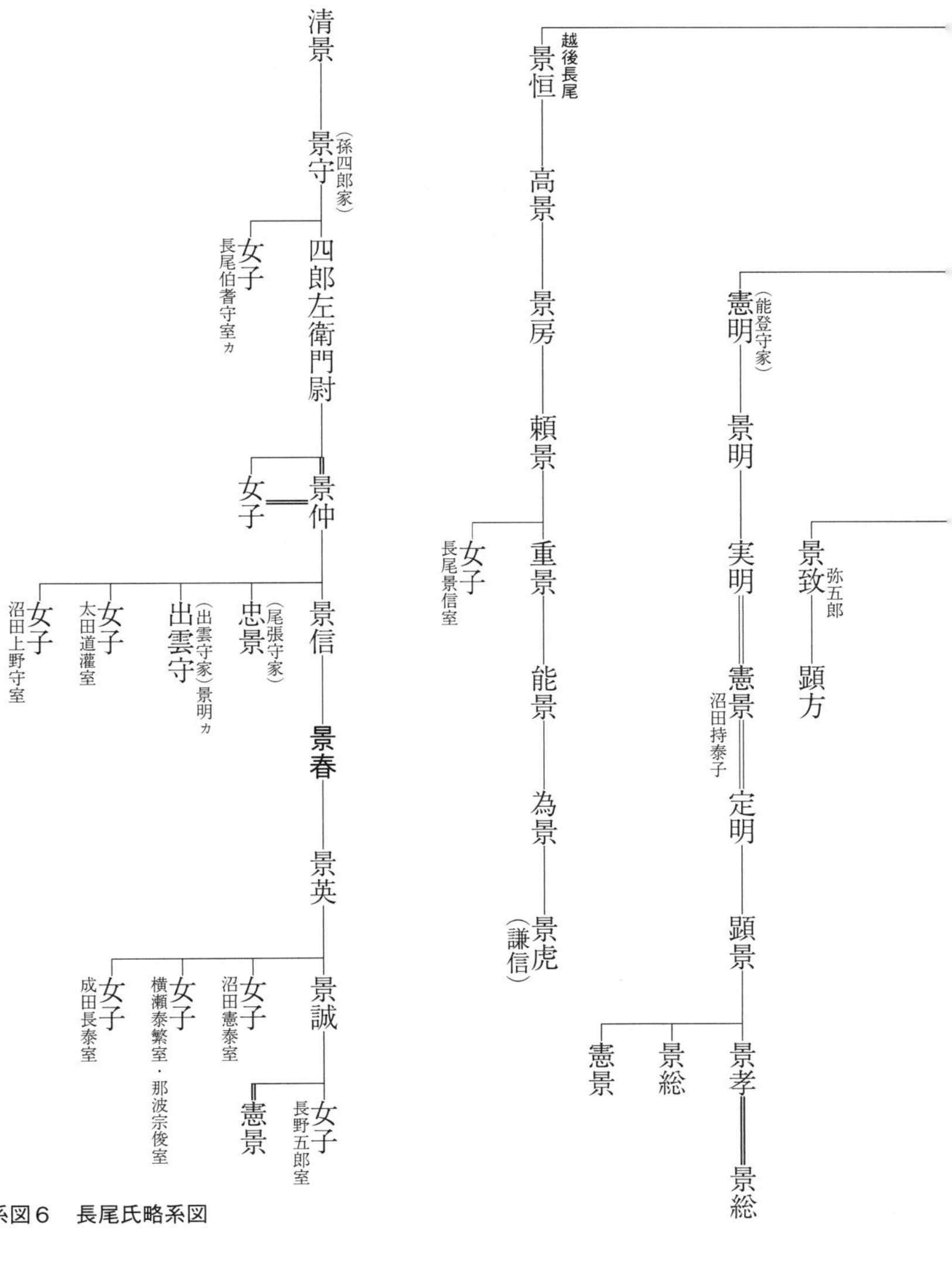
越後長尾
景恒
高景
景房
頼景
重景
女子
長尾景信室
能景
為景
景虎
（謙信）
憲明
（能登守家）
景明
実明
憲景
沼田持泰子
定明
顕景
景孝
景総
景総
憲景
景致
弥五郎
顕方
清景
景守
（孫四郎家）
四郎左衛門尉
女子
長尾伯耆守室ヵ
景仲
女子
景信
忠景
（尾張守家）
出雲守
（出雲守家）景明ヵ
女子
太田道灌室
女子
沼田上野守室
景春
景英
景誠
女子
沼田憲泰室
女子
横瀬泰繁室・那波宗俊室
女子
成田長泰室
女子
長野五郎室
憲景

系図６　長尾氏略系図

忠を山内上杉氏当主に擁立するにともなって忠政から家宰職を継承し、山内上杉氏家宰になったと推測される。

その後、鎌倉公方足利成氏方との政争の展開から、宝徳二年（一四五〇）の江の島合戦での責任を負って家宰職を退き、但馬守家当主の実景に代わっている。しかし、享徳三年（一四五四）に実景が主人上杉憲忠とともに足利成氏に誅殺されたことにより再び家宰職に就任し、以後の享徳の乱において山内上杉氏を主導していくことになる。その後、寛正元年（一四六〇）五月から同二年四月の間に隠遁して、家督と家宰職を同時に嫡子景信に譲っている。同四年八月二十六日に死去。享年は六十歳前後と推定される。

長尾景信の功績

景仲には、三人の男子と二人の女子の存在が確認されている。長男が嫡子景信で、景仲生前に家督と山内上杉氏家宰職を譲られている。次男が尾張守家・忠政の養子になった忠景《ただかげ》である。三男は、出雲守家・房清《ふさきよ》（実景の三男、景人の弟）の家督を継承する人物で、実名は「景明《かげあき》」と伝える。女子は、一人は太田道灌の妻で、もう一人は上野沼田庄《ぬまた》（群馬県沼田市ほか）の有力国人・沼田上野守《こうずけのかみ》（憲義《のりよし》か）の妻と推定される。

景信の生年は、先に触れたように実際には応永三十年（一四二三）頃であろう。仮名を記す当時の史料はないが、長尾氏の系図史料で最も史料価値の高い「長林寺長尾系図」（拙編『長尾景春』所収）には孫四郎家歴代の「孫四郎」が記載されているので、同名であったとみて間違いない。最初に史料にみえるのは、文安六年（宝徳元年、一四四九）六月、二十九歳頃のことである。室町幕府将軍足利義成《よししげ》（のち義政）から鎌倉公方足利万寿王丸《まんじゅおうまる》に実名「成氏」を与えられる件などにつき、京都に使者として派遣された際のことである。この時には歴代の官途名となる四郎右衛門尉《しろうえもんのじょう》を称している（『康富記』〈増補史料大成本〉）。すでに、父景仲を支える重要な役割を担っている。

享徳の乱では、父景仲とともに山内上杉氏の一軍の将を務め、長禄三年（一四五九）十月の武蔵太田庄・上野佐貫庄における合戦では自ら負傷し、被官では戦死・負傷する戦功をあげ、翌寛正元年（一四六〇）四月に将軍足利義政からこれを賞される感状を与えられた（「足利家御内書案」新埼九〇五）。そうして先にも触れたように、寛正元年から同二年の頃に家督を継承し、同年四月二十六日には家宰としての活動が確認でき、実弟で武蔵国守護代の長尾忠景に、武蔵の鶴岡八幡宮領における押領人《おうりょうにん》を排除するよう命じている（「鶴岡八幡宮文書」山内参考六）。この時、景信はすでに三十八歳前後で、家宰を務めるのに十分な年齢になっていたといえる。

同三年十一月から、父景仲が死去した直後の同四年十二月までは、京都鹿王院領で上杉方の武蔵千葉実胤に兵糧料所として預けていた武蔵豊島郡赤塚郷（東京都板橋区）の領有をめぐる問題について、堀越公方足利氏との間で政治交渉が行われている（「鹿王院文書」山内参考七・八・九）。堀越公方足利氏からは鹿王院への返還を要求され、それに山内上杉氏宿老の一人で、伊豆国守護代として伊豆に在国していた寺尾礼春《らいしゅん》（憲明《のりあき》）からも、それに従うよう要請をうけている。しかし、景信は基本的にはこれに応じず、当主上杉房顕も関東管領職の辞職を表明して抵抗している。結局、同郷は返還されていないことから、この問題については景信の粘り勝ちになったのではないだろうか。

そして同四年十月、将軍足利義政から父景仲死去を悼む御内書を与えられていて（「足利家御内書案」埼五二七）、それが官途名「四郎右衛門尉」の終見になっている。同五年と推定される二月三日付で、上野大蔵坊に過書を与えている（「内山文書」山内参考一〇）。年代は明確ではないが、同様のものをかつて父景仲が出しており、これはその代替わり安堵としてのものとなっているので、景仲死去をうけて出された可能性が高い。また、これが景信の単独の発給文書としては初見となり、同文書を含めて、七通が確認されている。

その後は父景仲の官途名「左衛門尉《さえもんのじょう》」を襲名し、同六年十一月にはそのことが確認できる（「鑁《ばん》阿寺《なじ》文書」山内参考一一）。そこでは、下野足利庄鑁阿寺から軍事行動の際の保護を要請されたことに対し、対応することを述べている。景信が、上杉方の軍事行動全体を取り仕切る役割にあったことが、周囲からも受けとめられていたことがわかる。そして直後の文正元年（一四六六）十月には、主人上杉房顕が死去したことをうけて、越後上杉房定の次男顕定を後継に迎えることに成功している（『松陰私語』「報恩寺年譜」新埼九四七）。

新たな当主顕定のもとでも、それを補佐し、応仁二年（一四六八）十月の上野綱取原合戦で戦功をあげた大熊伊賀守《おおくまいがのかみ》に対して、戦功を賞した当主感状の副状を出すとともに、足利義政・同政知にその戦功を報告することを伝えている（「記録御用所本古文書」山内参考一二）。これによって景信が、上杉方の戦功を室町幕府と堀越公方双方に報告する存在であったことが確認できる。

文明三年四月から六月にかけて下野足利庄・上野佐貫庄、さらには下総古河への侵攻では山内上杉氏被官や上野岩松氏を率いて、まさに上杉方の主力として進軍している（「御内書符案」山内二五ほか）。六月には岩松氏を通じて下野宇都宮正綱《まさつな》の調略をすすめ（「集古文書」山内参考一四）、先に取り上げた、鎌倉報国寺からの寺領に対する太田道灌の夫役徴発問題について、対処している（「報国寺文書」北一九七）。また閏八月には、陸奥白川直朝を味方に付ける工作にあたっている（「白川文書」山内参考一五）。

そうして同年九月には、足利義政から上野立林城攻めにおける戦功を賞されたものと、下総に没落した足利成氏の追撃を命じられた御内書が与えられた（「御内書符案」群一七二七・一七三〇）。このうち後者は、主人の上杉顕定と景信のみが与えられており、ここから

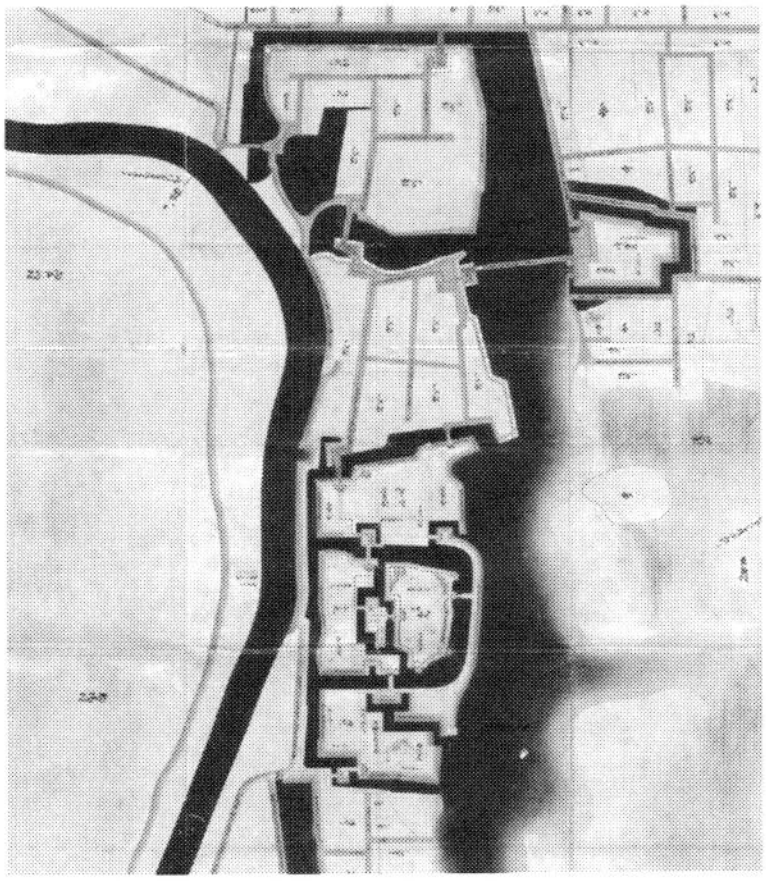

正保城絵図に描かれた近世の古河城　国立公文書館蔵

も景信が、幕府から上杉方における実際の中心人物と認識されていたことがわかる。同四年六月には、いったんは下総千葉に没落していた足利成氏が足利庄に進軍してくると、同庄鑁阿寺に軍勢の乱暴狼藉の禁止を保障する禁制を与えており（「鑁阿寺文書」山内参考一六）、それへの迎撃にあたっても、上杉方において中心的な役割を果たしたことがわかる。

景信はこのようにして、山内上杉氏においても、さらには上杉方全体のなかでも、父景仲が占めた地位と役割を引き続き果たしていたのである。

長尾忠景の登場

長尾景信の死去をうけ、山内上杉顕定はただちに後任の家宰の任命にあたり、宿老の寺尾礼春（憲明）と側近家臣とみられる海野佐渡守《うんのさどのかみ》に相談したところ、景信の実弟にあたる長尾忠景を後任の家宰に任命することになった（『松陰私語』）。このうちの寺尾礼春は、応永年代から伊豆国守護代を務め、堀越公方足利政知との政治交渉にあたっていた人物で、景信よりも年長の、まさに宿老中の長老にあたる人物であった。ところが、この決定は山内上杉氏家中のなかでも反対する意見が強かったらしく、正式な任命はただちには行えず、翌文明六年（一四七四）になって、ようやく忠景を家宰に任命している（「古簡雑纂」北二〇八）。

後任に指名された忠景は、景信亡き後は宿老長尾氏一族の長老的存在であり、しかもすでに家宰職に次ぐ政治的地位の武蔵国守護代職にあったから、まさに山内上杉氏宿老の筆頭に位置する存在であった。生年は明確ではないが、兄景信よりも数歳下であろうから、すでに五十歳に近かったと推測される。この三年後に忠景は、「芳伝（長尾忠政）代にゆるされ」「相続以来三十年におよぶ」と述べている（「雲頂庵文書」群一八四八）。「三十年」とは、二十年以上三十年未満を意味しているから、長禄元年（一四五七）以前、文安四年（一四四七）以降に長尾忠政の家督を相続したことが知られる。

その忠政は、忠景の実父景仲が最初に家宰職に就任した際の前任者であり、宝徳二年（一四五〇）に死去したとみられ、忠景はそれをうけて養子継承したものと推定される。忠政には長男景棟《かげむね》（修理亮）・次男良済《りょうさい》の二子があったが、それ以前に死去していたとみてよく、後継者がいないため忠景の養子入りとなったと推測される。忠景が景信より五歳年少くらいであれば、そのとき二十三歳くらいとみられ、すでに成人していたなかでの養子継承であったとみなされる。

仮名については確認できないが、嫡子顕忠《あきただ》は孫五郎を称しており、これは孫四郎家の庶子としてのものとみなされるから、忠景も同仮名を称していたと推測されるとともに、忠政への養子入りが元服後のことであったことを示すものとなる。その場合、忠景の実名は、忠政に養子入りしたことにともない、忠政から「忠」字を与えられたことによる改名と推測され、それ以前は孫四郎家の庶子として「景□」という実名を称したと推測されるが、それについては伝えられていない。

ちなみに一般的には、実家の景仲の家系を「白井《しろい》長尾氏」、養家の忠政の家系を「惣社《そうじゃ》長尾氏」と称しているが、それらはそれぞれの子孫が、これより数代ののちに白井城（渋川市）・惣社城（前橋市）を本拠としたことに因むものであり、正確にはこの時点ではそのような状況にはない。そのため歴代の通称をとって、それぞれを「孫四郎家」「尾張守家」と称するのが適切であり、以下も、そのように扱うものとしたい。

忠景は忠政の家督相続後に、尾張守家の歴代官途にあたる修理亮を称し（「黄梅院文書」群一八三九）、また武蔵国守護代に就任したとみられる。年代は明確でないが、五月十二日付で慈光院《じこういん》に宛てて、武蔵山崎宝積寺《やまざきほうしゃくじ》につき何らかの依頼をうけており、それを等閑にしない旨を返事している。これが忠景の発給文書としては、初見にあたるものとなる。そしてこの後に死去するまで、忠景の発給文書は二二通が確認されている。ただし家宰職の就任以前、すなわち武蔵国守護代の時期に出したものはわずか二通だけで、そのほかはすべて家宰職就任以降のものとみなされる。

享徳の乱勃発後の康正二年（一四五六）には、武蔵入西郡越生郷報恩寺《ほうおんじ》（埼玉県越生町）に軍勢の乱暴狼藉の禁止を保障する禁制を出していて、ここで尾張守を称するようになる。さらに、これは武蔵国守護代としての発給と推定され、これによって同職にあったことが確認できる（「報恩寺年譜」山内参考一）。山内上杉氏の家中において、同職は筆頭の家宰職に次ぐ地位にあたっていたから、忠景はこの時点で、早くも山内上杉氏家中にあって実父景仲・実兄景信に次ぐ地位に置かれていたことがわかる。

その後、享徳の乱のなかでは、寛正元年（一四六〇）四月に、前年長禄三年（一四五九）の太田庄合戦における戦功を将軍足利義政から賞され（「足利家御内書案」新埼九〇三）、寛正二年四月に山内上杉氏から武蔵の鎌倉鶴岡八幡宮領に対する押領排除を指示されている（「鶴岡八幡宮文書」山内参考六）。これは、武蔵国守護代としての動向である。同三年五月には、忠景父子が相模東郡長尾郷に居住している（「香蔵院珍祐記録」北2七三）。そのうちの「子」は嫡子の顕忠とみられるから、同年以前に元服していたことがわかる。そうすると、遅くとも文安年間（一四四四〜四九）頃の誕生と推測できるであろう。仮名孫五郎を称し、初名は「顕景」を称したというが、改名の時期は明確ではない。その後は、いずれも顕忠でみえている。「顕」字は主人上杉房顕からの偏諱に違いない。

寛正六年七月には将軍足利義政から、関東の事について忠節を尽くしていることをあらためて賞されている（「御内書案・御内書引付」群一六八〇）。このような文書を単独で出されているということは、すでに忠景が政治・軍事両面で山内上杉氏における有力者の一人になっていたことがうかがえる。それは、文明三年の軍事行動においても推察でき、山内上杉氏の軍勢としては家宰で兄の長尾景信、その嫡子景春に続いて忠景の名があげられているところにみることができる（『松陰私語』）。また、その時に上野立林城攻撃の際の戦功を、将軍足利義政から賞されている（「御内書符案」埼五五一）。

このように、忠景は名実ともに家宰の兄景信に次ぐ地位にあったことが確認できる。したがって、景信の後任に忠景が指名されるのは、極めて順当な選択であったといいうる。そもそも山内上杉氏の家宰職は父子継承によるのではなく、その時点での長尾氏惣領（但馬守家とその庶家・出雲守家）もしくは一族の最有力者によって受け継がれるものであった。ところが、享徳の乱後になって景仲からその子景信に継承され、孫四郎家による世襲の状況が生まれつつあった。

もっとも景仲からその子景信による継承は、単に父子だからというより、景信がすでに父景仲に次ぐ地位にあったことに基づくものであった。本来の惣領家にあたる但馬守家の当主は、足利庄勧農城に入部した景人《かげひと》である。文安二年（一四四五）生まれと推定され（拙著『戦国期山内上杉氏の研究』）、景信よりも二十歳以上の年少であった。その庶家の出雲守家の当主は弟の房清であり、さらには尾張守家の当主は実弟の忠景であったから、いずれも景信より年少にあたっていた。

したがって、景仲の後任としては景信をおいてほかに適任者はいない状況であったし、景仲からの父子継承とはいえ、順当な選択であった。ところが、父子継承であったことで孫四郎家による世襲の観念を生じさせたと考えられる。享徳の乱勃発より二十年近くにおよんで、景仲・景信父子が家宰職を歴任して山内上杉氏を主導してきたとなれば、それも当然のことと認識される。そうした認識のもとに、忠景の家宰就任に強く反発したのが景信の嫡子景春であった。

長尾景春の登場

景春は、「双林寺伝記」によると嘉吉三年（一四四三）生まれで、母は父景信の正妻である越後上杉氏家宰・長尾頼景《よりかげ》の娘とされている。このうち生年については、祖父景仲・父景信と同じく、同史料の記載をそのまま信用することはできない。かつて長尾景春の生涯をまとめた「長尾景春論」（拙編『長尾景春』所収）などでは同史料における年齢記載を尊重していたが、本書ではそれらについてあらためて考え直しながら、叙述をすすめていきたい。

母が長尾頼景の娘とする所伝を尊重すると、父景信と頼景娘との婚姻は、頼景が越後上杉氏の家宰になってからと考えるのが妥当と思われる。長尾頼景は、宝徳二年（一四五〇）に越後国守護上杉房定によって家宰長尾邦景・実景父子が誅伐された後に、伯父邦景・従兄実景に代わって家宰に任じられた人物である。景信はすでにこの時、山内上杉氏家宰であった景仲の嫡子という立場にあったから、景信が頼景の娘を妻に迎えたのは両家が同じ家宰同士の関係となった、その後のこととみるのが妥当であろう。

仮に、その直後に婚姻があったとみても、景春の生まれは早くても宝徳三年と推測される。この場合、所伝よりも八歳ほど遅い誕生とみられる。この時、父の景信は三十歳頃のことになる。嫡子の誕生としては少し遅いようだが、長尾頼景の娘との婚姻ということを前提にすれば、そのように考えざるをえない。

景春に関する史料上の初見は、文正二年（応仁元年、一四六七）三月、連歌師宗祇《そうぎ》から連歌論書「吾妻問答《あづまもんどう》」を書写して与えられていることである。その奥書には、

于時文正第二丁亥三月日　宗祇在判

長尾孫四郎殿江

とある（景春一）。この時、宗祇は上杉方の本陣の五十子陣に滞在していたから、これによって景春も同陣に在陣していたことがわかる。ここでは仮名孫四郎でみえている。この仮名は、祖父景仲が継承した孫四郎家歴代のものであったから、この時点で景春が景信の嫡子に位置づけられていたことが確認できる。嘉吉三年生まれの場合には二十五歳となるが、実際の生年とみられる宝徳三年頃生まれの場合は十七歳前後である。

景春はその後、文明三年（一四七一）五月・九月に、室町幕府将軍足利義政から下野赤見《あかみ》城攻略と上野立林城合戦での戦功を賞された御内書を直接に与えられていて、そこでは「長尾四郎右衛門尉」と記されている（景春二・三）。この時、景春は父景信とともに下野・上野侵攻に参加したこと、父とは別に御内書を与えられていることから、すでに山内上杉軍で主将の一人を務め、政治的・軍事的に重要な役割を担うようになっていたことがわかる。

その間に、官途名四郎右衛門尉を称するようになったことも確認できる。これは、孫四郎家歴代のもので、当主が左衛門尉を称している時に嫡子が称する官途名であった。このことは、それまでに景春が景信の嫡子として、政治的にも重要な役割を果たす存在として確立していたことを示すものである。嘉吉三年生まれの場合は二十九歳となるが、実際の生年とみられる宝徳三年頃生まれの場合では、二十一歳前後のことになる。

景春の生年がいつであったかは、文明五年の父景信の死後の家宰職をめぐる政治関係を考えるうえでは、極めて重要な問題である。通説の嘉吉三年生まれの場合には三十一歳で、家宰職を担ううえで問題は生じないが、実際の生年とみられる宝徳三年頃生まれの場合は二十三歳前後であり、これでは家宰職を担うことは年齢的に難しい。しかも、叔父忠景の嫡子顕忠は、少なくとも初見の寛正二年（一四六一）に元服後であることを考えると、景春よりも数歳の年長という可能性すらある。

家宰職は長尾氏一族のなかで、家格もしくは政治的地位の高い人物が就任することからすると、景信死去の時点で、ただちに景春が推薦されるのは難しい状況にあった。しかし、景春の家系は少なくとも享徳の乱勃発以降、ほぼ二十年近くにわたって家宰職を歴任していた。そこでは家宰として、先に扇谷上杉氏における太田氏の場合でもみたように、傍輩に対する所領・所職の充行や安堵など、極めて強い影響力を行使してきたとみられる。極端な表現をすれば、山内上杉氏における所領・所職などの権益は、多くが長尾孫四郎家につらなる勢力に分配されてきていたと思われる。

しかしながら、家宰が交替すればそうした権益の分配が大きく変更されることは確実である。そうなれば孫四郎家との関係で、それらの権益を確保してきた傍輩や被官らは、その多くを手放さなければならなくなる。しかし、彼らはこれまで、それらの権益を含めて進退を維持してきたから、そうした事態は、彼らにとってまさに死活問題であった。そのため、孫四郎家に連なってきた傍輩・被官は、やがて景春の擁立をすすめていくことになり、それが景春の叛乱、すなわち長尾景春の乱の勃発をもたらすのであった。

上杉定正の登場

山内上杉氏家宰である長尾景信の死去は、上杉方の軍事行動に少なからぬ影響を与えたとみられ、それから半年後の文明五年（一四七三）十一月二十四日に、五十子陣は足利方による攻撃をうけるのであった（「古簡雑纂」北二〇八・「松陰私語」他）。上杉方の本陣であった五十子陣が直接、足利方から攻撃されたのはこれが最初であったが、この後にはみられないから、この時期いかに上杉方の軍事体制が動揺していたかがうかがえる。

この攻撃によって、扇谷上杉氏当主の上杉政真が戦死を遂げる。享年二十四もしくは二十二で、法名は満光院道光《まんこういんどうこう》といった（「上杉系図」）。政真には子がなく、その弟朝重もすでに死去していたようで、持朝の長男顕房から続く扇谷上杉氏の嫡流には後継者がいない状況であった。そのため、扇谷上杉氏では「一家の老臣ども評定して」、新たな当主に、故持朝の「三男」定正《さだまさ》が擁立されることとなった（「鎌倉大草紙」）。ただし、定正が三男であったかどうかは、もう少し具体的に検討しておく必要がある。

上杉持朝には、七男五女の子女があったことが確認されている。持朝が死去してから三十二年後の明応八年（一四九九）九月六日、持朝の嫡孫朝良によって鎌倉扇谷の健徳寺《けんとくじ》（始祖上杉顕定の建立）で

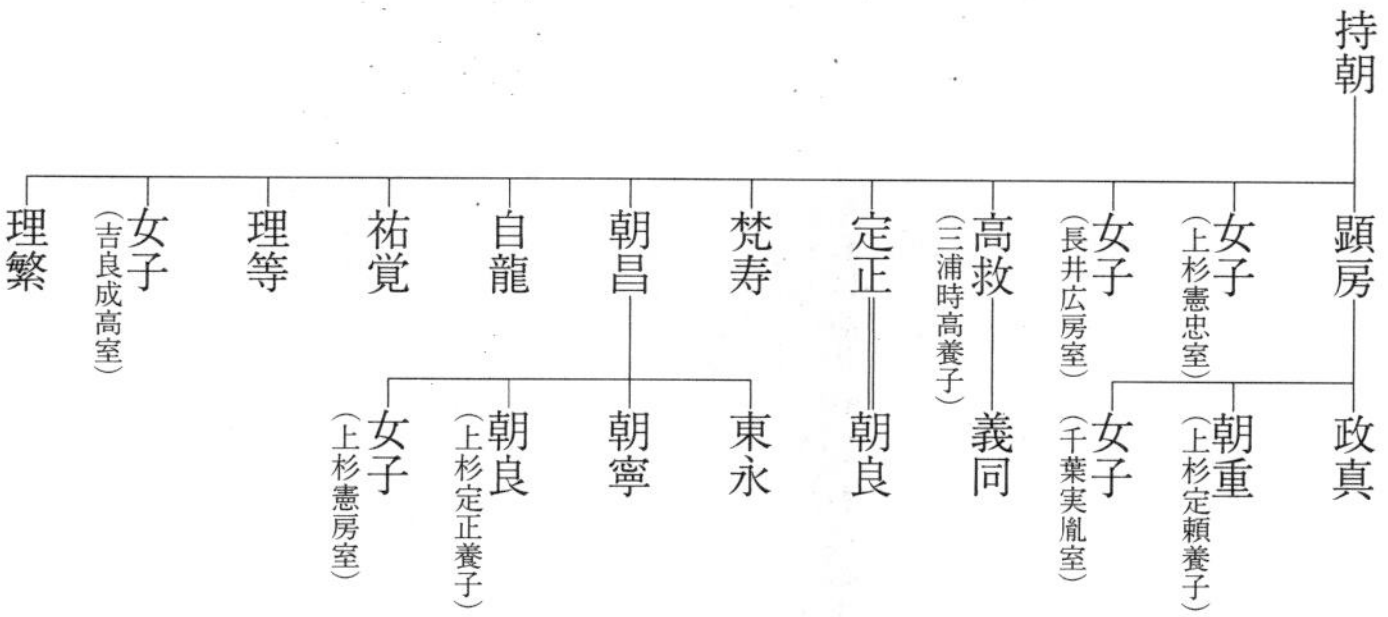

系図7　扇谷上杉氏略系図

三十三回忌法要が営まれた。その法要にあたり鎌倉建長寺の住持玉隠英璵《ぎょくいんえいよ》によって法語が作成されたが、そのなかに持朝には七男五女があったことがみえている（「玉隠和尚語録」北2一三二）。この七男五女というのは「上杉系図」の記載とも一致している。

持朝の七人の男子のうち、その時点では長男顕房・「三男」定正は、それぞれ扇谷上杉氏の家督を継承した存在であったが、三十三回忌の際にはともに亡く、さらに法語によればほかの二人の男子も早世しており、生存していたのは三人であった。すでに早世していた二人とは、「上杉系図」と照らし合わせると、鎌倉円覚寺僧の自竜《じりゅう》、喝食《かつじき》の祐覚《ゆうがく》にあたるとみられ、いずれも六男・七男として記載されている。

生存していたうちの最初の一人は仏門にあるというから、建長寺住持節翁中励《せつおうちゅうれい》の弟子で糟屋普済寺《ふさいじ》（開基は上杉藤成の父頼成か、藤成の建立か）・建長寺の住持となった叔彭梵寿《しゅくほうぼんじゅ》のことであろう。「上杉系図」では、四男として記載されている。

次の一人は、分脈してほかの大家を支えているというから、相模の有力国人である三浦時高の養子となり、その家督を継承した高救のことであろう。「上杉系図」では、次男として記載されている。その妻は駿河の有力国人の大森氏頼の娘であり（「三浦系図伝」北2三三〇）、その子が陸奥守道寸（義同）である。また、高救は出家して法名を不改軒道含《ふかいけんどうがん》と称している（「梅花無尽蔵」）。

最後の一人は、相模国東郡の大庭要害（藤沢市）を守備しているというから、朝昌のことであろう。朝昌は官途名「刑部少輔《ぎょうぶのしょう》」、のちに出家して法名「光迪《こうてき》」を称した（「聚古文書」北二六五）。持朝の嫡孫朝良の実父である。大庭要害を守備する以前は中郡七沢要害を守備した（「上杉系図」）。七沢要害は、のちに触れる長享の乱において、長享二年（一四八八）五月頃に山内上杉方によって攻略され、さらに明応三年頃に再興されたらしい。しかし、同五年初め頃に再び攻略されたようで、その後に大庭要害を守備するようになったとみられる。

「上杉系図」に朝昌を「初随応院」と記していて、朝昌は初めは僧となっていたことがわかる。長禄二年（一四五八）には、持朝の末男本東《ほんとう》喝食が京都鹿苑院の寮舎蔭凉軒《いんりょうけん》に居住していた（「蔭凉軒日録」北2六四）。朝昌の法名は「玄東日永《げんとうにちえい》」と伝えられ、「本東」と「玄東」と法名がよく似ていることから、この本東は朝昌の前身である可能性が高い。朝昌は、享徳の乱初期には蔭凉軒の喝食であったが、その後に何らかの理由によって還俗し、扇谷上杉氏の分国支配の一部を担うことになったようだ。

ちなみに、朝昌が守備した七沢要害と大庭要害は、それぞれ相模国中郡、東郡の重要拠点であったのため、それらを守備した朝昌は、扇谷上杉氏の両郡支配を実質的に担う極めて重要な役割を果たしていた。そのような政治的地位の高さ、扇谷上杉氏の分国支配での役割の大きさから、朝昌は扇谷上杉氏において極めて有力な一門衆の立場にあったと想定できる。のちに、兄定正の後継者に朝昌の子朝良が選ばれるのも、そうした背景によるのだろう。「上杉系図」（「続群書類従」巻一五四）によれば、朝昌は七十一歳で死去したという。兄定正との年齢差を考えると、およそ永正十年代頃の死去であったとみられる。

なお、法語には持朝の五人の女子について具体的な記述はないが、「上杉系図」によると、五女とは、関東管領山内上杉憲忠の妻、武蔵横山《よこやま》庄（東京都八王子市周辺）の領主・長井《ながい》大膳大夫《だいぜんのだいぶ》広房《ひろふさ》の妻、武蔵世田谷（東京都世田谷区）の領主・吉良三郎成高《しげたか》の妻、武蔵六浦庄《むつらのしょう》金沢《かねさわ》海岸尼寺《かいがんにじ》（横浜市金沢区）の理等《りとう》、比丘尼《びくに》の理繁蔵主《りはんぞうす》であったことが知られる。このうち、長井広房・吉良成高は扇谷上杉氏の分国に隣接する有力領主であるから、両氏との婚姻関係の形成は、扇谷上杉氏の分国支配、政治勢力の進展に重要な要素をなしたであろう。

上杉定正の立場

さて、持朝の男子のうち、生年が確認されるのは長男顕房と三男とされる定正のみで、顕房は永享七年（一四三五）生まれ、定正は先に触れたように文安三年（一四四六）生まれである。次男とみ

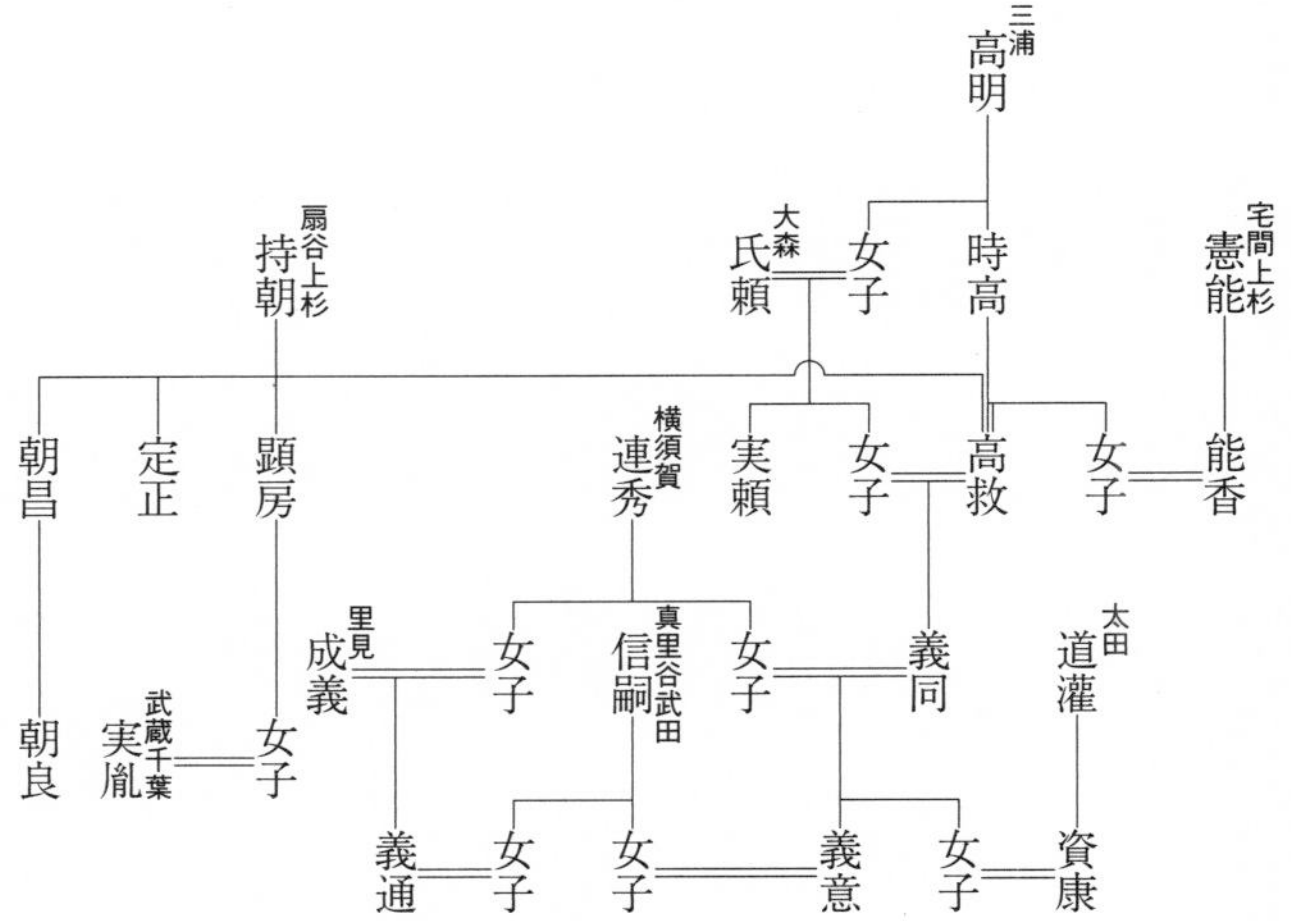

系図８　扇谷上杉氏と諸氏の関係略系図

なされるのが、三浦氏を継いだ高救（道含）である。宝徳二年（一四五〇）には元服して、三浦氏に養子入りしたと思われ、同三年もしくは享徳二年（一四五三）には嫡子義同（道寸）が生まれたとすれば、顕房とはほぼ同年齢くらいと推測できる（拙稿「関東動乱と三浦氏」）。

ところが、先の法語では高救よりも前に建長寺梵寿があげられていることから、高救より梵寿のほうが年長の可能性があり、その場合には、長男が顕房、次男が梵寿、三男が高救という順番になる。その下については、定正と朝昌の関係が、定正が兄、朝昌が弟とみられるだけで、早世したらしい自竜・祐覚を含めた順番は不明というほかない。そのようにみてくると、定正は持朝の四男と考えることができるかもしれない。

また、定正に関する史料はこれ以前はみられないが、仮名は五郎を称した可能性が高い。というのは、その後の定正の家系は、それまでの扇谷上杉氏が歴代の仮名を三郎にしてきたのに対し、仮名五郎を歴代の通称としており、それは定正に始まると考えられるからである。定正の家督を継承するのは朝昌の次男朝良であるが、その兄朝寧《ともやす》の家系は仮名「七郎」を通称としたようで、おそらくは定正と朝昌がそれぞれ仮名を五郎、七郎と称したと考えることができるであろう。

なお、そうであれば、寛正三年（一四六二）十一月九日付上杉治部少輔《じぶのしょう》（政憲《まさのり》）宛足利義政御内書写（「御内書案」北一七五）に、宛名への注記として「修理大夫入道（持朝）息五郎事也」がみられることが注意される。宛名人は、正しくは堀越公方足利政知の執事の犬懸上杉政憲である。その仮名は四郎で、この注記の「五郎」は、ひとまずは定正の養子朝良が同じ治部少輔を称したことからくる誤認とみられ、さらに持朝の子としているのは、養父定正との混同によるものであろう。

ただ、そこでの「修理大夫入道」という表現は持朝が生前の時とも思われ、その時期に朝良は誕生していない。もしかしたら当時、定正は治部少輔の官途名を称していたのかもしれない。養子朝良が同官途名を称したのも、そうであれば定正の初官を継承したものとなり、より理解しやすくなる。ただその場合、定正は十七歳で庶子という立場を考えれば、その年での官途名は難しいのではないか。もっとも、これらはあくまでも可能性であり、今後、新たな関係史料の出現を期待しておくほかはない。

いずれにせよ、扇谷上杉氏の家督は嫡流の断絶によって、庶子の定正に継承されることになった。

それは「一家の老臣ども」の評定によるというから、家宰の太田道真・道灌父子、その他の宿老の上田氏・三戸氏・萩野谷（荻野谷）氏らの協議、すなわち宿老層の合議によって決定されたとみられる。この時代、家政の重大事は宿老層の合議で決定されるのが慣例になっていて、これは「中央の儀」と称されている。

定正には兄に高救があったが、高救はすでに三浦氏という他家を継承していたから、扇谷上杉氏の一門衆のなかでは定正が最年長であったため、ここで定正を選定したのは至極妥当な判断ととらえられる。実際のところ、それまでほかの兄弟はすべて僧籍に入っていたことからすると、俗人の一門衆は定正しかいない状況になっていただろう。弟の朝昌が還俗した時期は明確ではないが、次男朝良が生まれたのは文明七年以前と推定され、その兄朝寧の存在を踏まえると、遅くても同五年頃の還俗になり、ちょうど定正による家督継承の時期にあたる。このことからすると、朝昌の還俗は定正の家督継承により、一門衆がまったくいなくなってしまうことから行われた可能性が考えられる。

この定正のもとで家宰を務めたのが太田道灌であり、「一家の老臣ども」の評定の中心には、太田道真・道灌父子があったことは間違いない。そして定正が家督を継承した頃から、道真は実権を道灌に譲ったらしく、以後は道灌が扇谷上杉氏を全面的に主導していくようになっていくのである。時に道灌は四十二歳、定正よりも十四歳の年長であった。

すでに、十年以上にわたって家宰職にあり、合戦においては扇谷上杉軍を指揮し、対外的にも山内上杉氏との政治交渉を担うなど、扇谷上杉氏の首脳として、それだけでなく上杉方全体でも中心人物の一人として存在していた。定正も、それまでは一門衆の立場にあったことで、事実上は道灌の政治・軍事指揮に従う立場にあった。それが、にわかに立場が逆転することになったのである。このあと、道灌は定正を当主として立てながら、扇谷上杉氏を主導していくことになるが、定正が政治的・軍事的に成長を遂げていったことで、両者の間に確執が生じることになるのであった。

「太田道灌」の誕生

文明五年（一四七三）十一月における扇谷上杉政真の戦死によって、太田道灌らを中心とした扇谷上杉氏の宿老たちは、後継の家督に定正を擁立した。その正確な時期は明確ではないが、遅くても翌六年初めには、定正による継承がなされていたと思われる。そしてこの後、定正は扇谷上杉氏当主として上杉方本陣の五十子陣に在陣し、それには道灌の父道真も同所している。道灌は家宰ではあったが、それ以前の役割である江戸城主の立場を継続して、扇谷上杉氏当主とは同所しないかたちを続けていた。むしろ父道真が、それゆえに家宰から引退したあとも、引き続き当主との同所を続けていたのかもしれない。

道灌の動向をみていくと、同六年六月十七日、本拠の江戸城で歌合を開催したことが知られる（「武州江戸城歌合」北2八五）。そこでは連歌師の心敬《しんけい》を判者（優劣の判定者）とし、室町幕府奉公衆出身と推測される平尹盛《たいらのただもり》という人物を講師にして、道灌のほか弟資忠・資常、叔父とみられる資俊、資忠の子資雄の太田氏一族、太田氏被官とみられる奥山好継《おくやまよしつぐ》（法名宗善《そうぜん》）、堀越公方足利氏奉公衆で武家歌人として著名な木《き》戸《ど》孝範《たかのり》、増上寺《ぞうじょうじ》音誉《おんよ》、珠阿《じゅあ》・快承《かいしょう》・卜巌《ぼくげん》・宗信《そうしん》・瑞泉坊《ずいせんぼう》・恵仲《けいちゅう》・長治《ちょうじ》といった十七人が参加している。

この歌合には、二つの重要な意味がある。一つは、道灌の出家に関する初見であることである。ここで道灌は、まさにその法名で和歌を詠んでいることから、それまでの間に出家して静勝軒道灌を称したことが確認できる。そしてこれ以降、発給文書の署名には「沙弥道灌」と記し、他者から送られてくる文書にも「太田左衛門大夫入道」と記されることになる。ちなみに道灌の発給文書は、すべて出家後のものしか確認されず、この年十二月に山内上杉氏宿老の寺尾礼春に宛てた書状を初見にして（「古簡雑纂」北二〇八）全部で一〇通が確認されるだけである。著名な存在のわりに、残存する発給文書の数量は少ないといえよう。

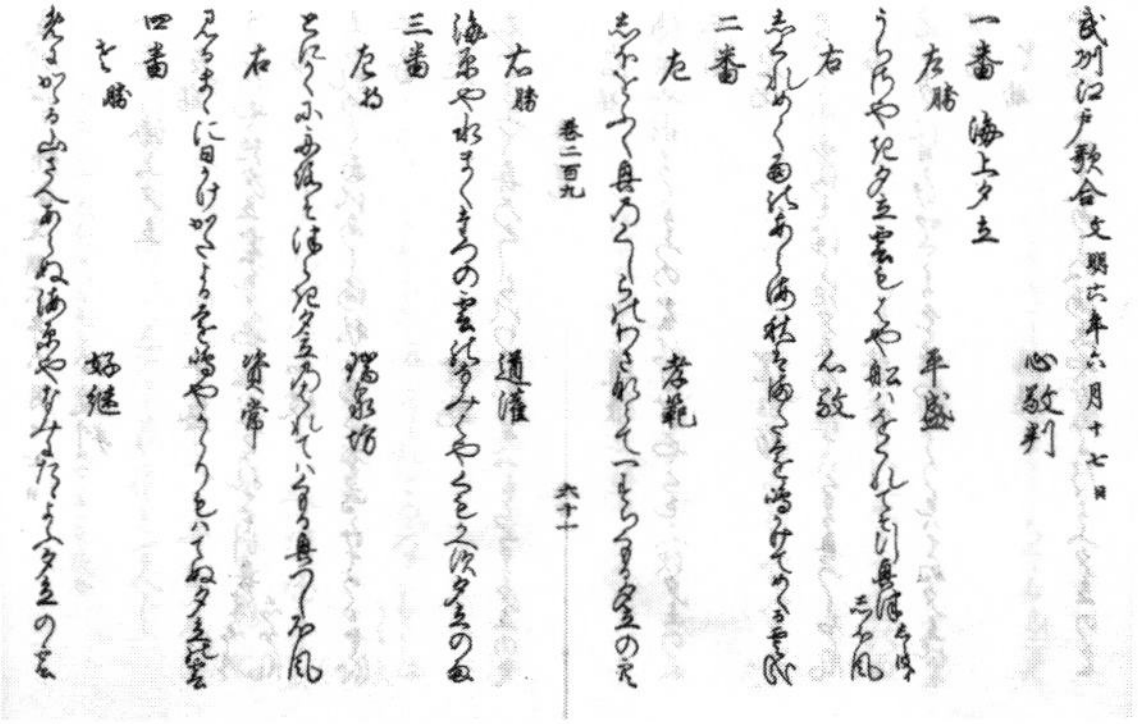
武州江戸歌合 文明六年六月十七日
心敬判
一番 海上夕立
左勝 平盛
右 心敬
二番
左 孝範
右勝 道灌
三番
左持 瑞泉坊
右 資常
四番
左勝 好継

武州江戸歌合　国立公文書館蔵

さてその出家であるが、正確な時期が明らかではないこともあり、その理由も不明である。文明六年のこととすれば、道灌は四十三歳になる。前年末に主人上杉政真が戦死しているので、一つにはそれを契機にしたことが推測される。おそらく道灌はその側にあったから、戦死をもたらした後悔や追悼の念によると考えられる。

もうひとつは、後に取り上げるこの年十二月の書状から知られる病気である。その書状には、この年は病気であったため、五十子陣にも参陣しなかったことがみえており、出陣ができないほどの病気に罹っていた可能性があり、出家は病気平癒を念じてのことと推測もできる。現在のところはこのような推測を示すだけにとどめるが、今後、新たな関係史料が出現して、より具体的に追究できるような状況が生まれることを期待しておく。

この歌合には、さらに重要な意味がもうひとつあって、道灌の文化的活動として確実に知られる最初のものにあたることである。道灌はこの時代、類い稀な文化人武将として名をはせていくが、具体的な活動についてはあまり史料が残されていない。そうしたなか、この歌合が時期が明確なものとして最初に確認できるものとなっている。ここで、この頃の活動についてみておくことにしたい。

時期は判明していないが、その歌合と同じ頃、同じく江戸城で行われたとみられる歌合があり、そこでは道灌のほか、俊賀《しゅんが》・老染《ろうせん》・秀治《しゅうじ》・卜巌・珠阿・藤原朝景《ふじわらともかげ》・平尹盛・頓阿《とんあ》・鎌田満助《かまたみつすけ》・増上寺音誉・大胡修茂《おおごのりしげ》・木戸孝範・山下長刹《やましたちょうせつ》・奥山好継ら十七人が参加している（井上宗雄「太田道灌等歌合」）。

先の歌合とは道灌のほか、卜巌・珠阿・平尹盛・増上寺音誉・木戸孝範・奥山好継の六人が一致して参加している。そのほかの人物では、大胡修茂・鎌田満助・山下長剁と、先の歌合の心敬は、これより四年前の文明二年正月十日に、太田道真が河越城で開催した河越千句に参加している（「河越千句」北2八七）。

これらの歌合参加者は、道真・道灌父子と文化的交流が深かった人々とみることができる。道真と道灌はともに、断片的ではあるが多くの和歌会・連歌会を開催していたことがうかがわれ（「雲玉和歌集」「老葉」「園塵」「十体和歌」「孝範集」北2九四～八など）、それはそうした人々との文化的交流の産物であったといえる。

なかでも木戸孝範は、この頃から江戸城に滞在して、道灌の客将のような存在になっていたとみられており、それは道灌がその才能を高く評価して招き寄せたものであったという（「雲玉和歌集」北2九四）。のちの長尾景春の乱の際にも江戸城に在城して、「兵儀」についで意見をうけたというから（「太田道灌状」）、道灌にとっての文化的・軍事的顧問のような役割を果たしたのであろう。

木戸孝範は、永享年間（一四二九～四一）初め頃の生まれと推定されるので、道灌よりも多少の年長であった。父は鎌倉府奉公衆の木戸範懐《のりやす》であったが、鎌倉公方足利持氏の反幕府への態度を諌めて自害した。そのため、孝範は将軍足利義教の命で上洛し、以後は幕府奉公衆として幕府に仕え、そのなかで文化的修養を積んで歌人としての頭角をあらわすようになったという。そして、長禄二年

（一四五八）に堀越公方足利政知の成立にともなってその奉公衆として伊豆に下向し、政知の元服の際には加冠役《かかんやく》を務めている。応仁元年頃に、いったん帰京して三河守に任じられ、その後に再び東国に下向してきた（小川剛生『武士はなぜ歌を詠むか』）。

さらには、堀越公方足利氏奉公衆となっていた東常縁、文明三年に伊豆三島でそれから古今伝授を受けた連歌師宗祇、河越千句・江戸城歌合に参加していた連歌師心敬、河越千句に参加していた連歌師兼載など、当代の著名な歌人と親密な交流を生み出していた。

龍穏寺本堂　埼玉県越生町

とりわけ父道真の連歌数寄は相当の域に達していたもので、のちに兼載《けんさい》・宗祇が編集した準勅撰の「新撰菟玖波集《しんせんつくばしゅう》」には、道真の句が二句入集されたほどであった。道真のそのような文化活動が知られるのは、文正元年（一四六六）に宗祇が初めて東国に下向したときのことで、その年の秋に道真の「山荘」に訪問をうけ、発句を呈されている（「萱草」）。なお、その「山荘」がどこにあたるのかは不明だが、河越城近くの屋敷か、あるいはのちに隠居所にしたと伝える越生郷龍穏寺（越生町）のことかもしれない。

いずれにしても道灌の文化的素養も、そのような道真がつくりだしていた文化的環境のなかで育まれたものであったに違いない。さらに道真・道灌が頻繁に著名な文化人を招いて、和歌会・連歌会を数多く開催したことで、当時の河越や江戸は関東での文化的中心地という様相になっていた。

道灌はまた、歌集の蒐集も行っていたことが知られる。和歌などの造詣を深めるためには、基本的な歌集の蒐集は必須となるが、道灌の場合、具体的な事例を知ることは史料の不足もあって簡単ではない。それでも「三十六人家集」「六条修理大夫集」などを所蔵していたことが知られ、前者については宗祇が書写して京都に進上し、室町幕府将軍足利義尚《よしひさ》（文明五年就任）がさらに書写したことが知られている（「再昌草」北2九七）。道灌の蔵書が、将軍家のそれへと展開しており、このこと自体、道灌の文化活動が当代一流となっていたことをうかがわせる。

第三章　長尾景春の乱への序曲

長尾景春の蠢動

景春は、文明五年（一四七三）に父景信の死去をうけて、ただちに家督を継承したであろう。それにともなって通称は以後、右衛門尉を称している（景春八・九ほか）。それまでの四郎右衛門尉から、当主に相応しく、そこから「四郎」を外している。ただ、それまでの歴代である景仲・景信は、当主になると「左衛門尉」を称していた。これは「右衛門尉」よりも一段高い地位で、長尾氏一族でも有力者しか称することができないものであった。孫四郎家の当主として、本来は「左衛門尉」に改称するのであろうが、主人上杉顕定からは認められず「右衛門尉」への改称だけが認められたと思われる。

こうしたところにも、景春の置かれた立場が十分なものではなかったことがみてとれる。しかも家宰職について自身には任命されず、叔父忠景の任命がすすめられつつあった。そのような状況に対し、景春とそれに連なる山内上杉氏の被官らは、上杉顕定や長尾忠景に強い反発をみせていくのである。その行動の内容について、『松陰私語』には次のようにみえている。

兹に因り景春述懐し、武・上・相の中の景春に同道の被官の者共において、尾張守（忠景）に対して鬱憤を含む者二、三千余、国家において蜂起充満す、五十子陣下に出入りの商人の往復の通路を指し塞ぎ、或いは路次にて戦い、或いは村里にて争い、家々門々鬩ぎ合う事其の際限を知らず、然る間越州（越後上杉定昌）陣・当国（上野岩松家純）陣難義の間、当方（岩松氏）より新田口計りこれを差し明けられ、其の余りの者は五十子陣下の粮道を絶たる、

その内容は、以下のようになる。景春は不満を抱き、武蔵・上野・相模の山内上杉方の武士で、景春に同道している者（傍輩にあたろう）や被官たちで、忠景（「尾張守」）に対して鬱憤を抱いているものは二、三〇〇〇人にものぼっている。上杉方への叛乱状態になり、上杉方の本陣五十子陣に出入りする商人の通行を通路を塞いでできないようにし、これを阻止しようとする上杉方との間で通路において武力衝突し、村・里の領有をめぐって相論が生じ、両勢力の小競り合いは際限がない状態になっていた。そのため、越後上杉勢・上野岩松勢にとっては兵糧の確保ができなくなり、困難な状態になったので、上野新田庄の岩松氏は新田口の通路を通れるようにしたが、それ以外の五十子陣へ通じる通路は塞がれたままで、兵糧も確保できない状態であった、というものである。

こうした状況がいつ頃から生じたのかは明確ではないが、景信死去から五ヶ月後の文明五年十一月には、古河公方足利方による五十子陣攻撃があったから、早くてもそれよりあとの文明六年頃からとみられる。こうした事態をうけて、両者の和解の仲介に乗り出したのが太田道灌であった。道灌の妻は景信の姉妹であり、道灌は孫四郎家とは「骨肉」の、すなわち親戚関係にあった。こうした親戚関係にあるものが紛争の仲介にあたることは、当時においては当然の慣習であった。

道灌による仲介の状況について最も詳しくみることができるのが「太田道灌状」であり、その六条目から八条目が該当する。「太田道灌状」については、すでに拙著『図説 太田道灌』で現代語訳を作成しているので、それに基づきながら利用していくことにしたい。

まず六条目では、五十子陣の難儀をうけて道灌が参陣しようとしたところ、景春から何回か使者が派遣され、参陣を取りやめるよう求めてきた。それを無視して、扇谷上杉氏宿老の上田上野介が在所する武蔵小川（埼玉県小川町）に到達すると、飯塚（同深谷市）に在陣していた景春が自ら訪れてきて、あらためて五十子陣への参陣を取りやめるよう要請してきた。景春は、主人上杉顕定とその実兄の越後上杉定昌を討ち取る計画をたてており、それに支障が生じるため、とその理由を述べたが、道灌はそれをも無視して五十子陣に参陣し、顕定・忠景らに景春謀叛を報告した。

しかし、顕定らは景春の行動を放置した。道灌はこのままでは帰陣できないと考えて、同陣に在陣していた父太田道真を通じて顕定に対し、和解の仲介を申し入れる。顕定からは、景春との親戚付き合いを断つことを条件にそれを認められた。そして山内上杉憲実の時の先例を踏まえ、山内・扇谷両上杉氏で起請文を交換して、道灌が和解の仲介に乗り出すことになった、とある。

このうち山内上杉憲実の時の先例による山内・扇谷両上杉氏での起請文交換というのは、後に取り上げる関連史料に、三十年以上前にあたることと記されているので、永享の乱や結城合戦の時のことか、そのあとの上杉憲実隠遁の時のことと推定される。

次いで七条目では、道灌は「景春元より器用無きため、傍輩・被官の狼藉人等逐日倍増せしむるの間」と、景春には器量がないため、その傍輩・被官のうちには狼藉人が日を追って増加している情勢を踏まえ、和解が順調にすすまない場合には景春を討伐することを進言した。しかし、忠景にはそのような考えはなく、道真もこの道灌の発言に立腹してしまう。忠景らは、引き続き説得していけば事態は収まると考えていた。

その後、景春は五十子陣を退去して鉢形城《はちがた》（埼玉県寄居町）を取り立てる。道灌は景春をこのまま放置すると一大事になるので、忠景を一時的に首脳から外してでも、いったん顕定は景春と和睦するようにと、道真に顕定らへ進言するよう求めたが、道真から顕定に言上されることはなかった、とある。

鉢形城跡遠景　埼玉県寄居町

そして八条目では、翌年（文明八年）三月から、道灌は駿河今川氏の内乱鎮圧のために駿河に出陣し、同年十月になって本拠の江戸城に帰陣した。その後、五十子陣に参陣しなかったが、それは十ヶ月にわたって道灌が和解の仲介にあたっているのに、忠景から何らの謝意もないので忠景に対して不満が生じた。駿河出陣の疲労もあって、江戸城に在城したまま五十子陣には参陣しなかった。そうしたところ、翌年（文明九年）正月に景春が五十子陣を攻撃し同陣は崩壊した、という経緯が記されている。

このうち、五十子陣の崩壊が文明九年であることはほかの史料からも確認でき、間違いないことなので、その前年という道灌の駿河出陣は文明八年のことになる。そうすると道灌の五十子陣参陣は、その前年の文明七年以前となる。また、景春が五十子陣を退去して鉢形城を取り立てたのも、それと同年である。ただし、これについては、「太田道灌状」を参考に作成された「鎌倉大草紙」では、道灌の駿河出陣中のこととし、『松陰私語』にも五十子陣崩壊の前年として記しており、文明八年の可能性が高い。そうすると「太田道灌状」の内容は、景春が五十子陣から退陣しそうな情勢をみて、道灌がそのように発言したのか、すでに退陣があったのかは、これだけで判断できない。

太田道灌による仲介とその失敗

「太田道灌状」には、道灌の五十子陣参陣にともなって、顕定・忠景と景春との関係を仲裁する状況がうかがわれるが、そのことに関わって重要な史料となるのが、十二月二十一日付で、道灌が山内上杉氏宿老の寺尾礼春に宛てた書状（「古簡雑纂」北二〇八）である。しかもこれは、右にみた「太田道灌状」のうち六条目後半から七条目前半の元になっている史料と思われる。このことからすると、「太田道灌状」というのは、そのような道灌の書状をとりまとめた性格のものであったのかもしれない。

この太田道灌書状は長文のため、ここではその内容について必要な部分を取り上げていくことにしたい。

山内上杉氏に生じている「雑説」の状況を道灌は詳しく知らなかったため、使者を派遣したところ、寺尾礼春から丁寧な返答があった。それによって家宰職には忠景が任命されたことを報され、家宰職の件が決着をみたことについて祝意を示している。忠景任命については以前からその動きがあり、道灌も報されていたことが記されているから、ようやく決着をみたことがわかる。

そのうえで道灌は、景春が武蔵国守護代に任命されるよう越後上杉定昌が働きかけしているかを尋ね、その実現を強く要請している。顕定の周辺での「雑説」のため、時間の猶予はないことを述べている。そしてその理由として、

彼の被官中覚悟無き人体等に候間、毎度慮外の子細申し出で候、今度の趣、誠に沙汰の限りに候哉、在陣し候わば、弥増進すべく候歟、然らば公私の御疑心たるべくのみに候間、速やかに下国の様御調法あるべく候、縦い兼日国事を仰せ出さるべく候御心底に候と雖も、彼の被官人等覚悟無き故、弥景春御意を違えらるべしと推察し奉り候、

と、景春の被官はあきらめの無い者たちなので、いつも無礼な内容のことを言っており、今回の申し出の内容も論外のものである。景春が五十子陣に在陣していると、そうした状況は増していくだろう。そうすると疑いがなくならないので、景春を退去させるようにし向けなければならない。あらかじめ武蔵国守護代に任命する心づもりをしても、被官らはあきらめが無いため、やがて景春は謀叛するで

あろう、と述べている。

これはちょうど「太田道灌状」七条目の前半部分に相当するとみられるが、その雰囲気はかなり違っている。ここの景春側からの申し出とは、景春からの要求内容のこととみなされる。具体的な内容は記されていないので不明だが、道灌もそれを論外としていることからすると、山内上杉氏の家宰職への任命の要求であったかもしれない。

その家宰職については、当初から忠景を後任候補としていたものの、任命まではかなりの時間がかかったことがうかがえる。少なくとも、景信死去直後ではなかったことがわかる。それに関連して景春の武蔵国守護代就任の件が出されているから、その背景に景春方の抵抗があり、調整に時間がかかっていたのであろう。同職への任命については、越後上杉定昌から働きかけられることになっていたらしいので、おそらく道灌は、定昌にその件の働きかけを要請していたのだろう。しかし実際には、それは実現していなかったようだ。

そして景春の被官らによって、五十子陣近辺で「雑説」が生じているというのは、先の『松陰私語』にみえていた、周辺の通路封鎖などを指していると推測される。それへの対応として道灌は、景春を五十子陣から退去させることを提案している。景春がいなくなれば、五十子陣周辺の状態も回復するとみていたのであろう。ところが「太田道灌状」では、景春の鉢形在城に強い危機感が示されていた。これについては『松陰私語』でも「武・上・相の諸家万民、一刻片時の安詮を得ず」とあり、鉢形在城によって戦乱勃発の情勢となったことがうかがわれる。このことからすると、道灌の思惑は大きな誤算であったことになる。

そのうえで道灌は、このままでは景春は謀叛を起こすだろうといいながら、それに続けて、「玉泉」(景信)の忠功を考慮して、いったんは堪忍し穏便な人事を行うのが山内上杉氏の繁栄のためなので、両者の和解を仲介したいと申し出ている。そして長尾忠景の心中は了解している、忠景からは同意を得ているので、実現は可能であると申し出ている。さらに続けて、古河公方足利成氏の宿老の簗田持助が古河城に参上して、味方を攻撃する準備をすすめている情報を示して、そのようなか味方でそれと無関係な事態が生じでもしたら、味方にとって凶事となるに違いない、と述べている。これはいうまでもなく長尾景春による謀叛を指していて、足利方との抗争の最中にあるからこそ、両者の和解の実現が重要であると主張している。

これからすると、景春への強硬な態度は、主人の上杉顕定の意向によるものであったことがうかがわれ、道灌もそれについて「今度の儀、専ら御総構様(上杉顕定)申し成し候か」と述べている。道灌はあらかじめ、長尾忠景に景春との和解を打診していたとみられ、「尾張守心中存知致し候」と、忠景の見解は承知していて、だから「相違有るべからず」と、和解は実現しうると見通していたことが知られる。そうすると、ここで両者の和解の仲介を申し出ているのは、まさに上杉顕定からの了解を得ることにあったことがわかる。道灌としては、すでに越後上杉定昌や一方の当事者である忠景には働きかけをすすめていて、最後に顕定からの了解を得られれば、事態を解決に導く目処をたてていたように思われる。

この書状は、いうまでもなく景春が五十子陣から退去する以前のもので、十二月二十一日付であるから、その年代は文明六年（一四七四）か七年のいずれかにあたる。また、ちょうど中間あたりに「去年の御礼等、当病に依り今に遅参し候、改年は押して参上を企つべく候」とあって、去年のことについての御礼のための参上は、今は病気のために遅れてしまっているが、年が改まったら無理にでも参上するつもりだ、と述べている。このことから道灌は、同年中は五十子陣に参陣していなかったこと、前年に山内上杉氏に対して御礼を必要とする何らかの件があったが、それを果たしていないことがわかる。そして翌年には参陣が予定されていたことがうかがえる。

そうすると「太田道灌状」にみえる道灌の五十子陣参陣は、この書状の翌年のことを記したものと思われ、それは道灌の駿河出陣の前年のことであるから、この書状の年代は文明六年、道灌の五十子陣参陣は同七年と推定できる。また、書状の最後の部分には「将た又動らき、当方との御間において慮外の雑説等申し成し候哉、口惜しき次第に候」とあって、扇谷上杉氏の軍事行動に関して上杉顕定から疑念を持たれていることを取り上げ、その疑念を晴らすため、三十年以上前の先例に倣って山内・扇谷両上杉氏で起請文を交換することを申し出ている。これは「太田道灌状」では六条目後半にみえている内容にあたる。ここからすると、「太田道灌状」の記載内容は必ずしも時間軸に沿ったものではないことがうかがわれる。

以上をもとにすれば、景信の死去から景春の鉢形城取り立てまでの経緯は次のようなものであったと考えられる。

忠景の家宰職就任はただちに実現せず、おそらく一年以上経った文明六年までずれこんで、ようやく実現をみた。それをうけて景春方の反発が強まり、五十子陣周辺の通路を塞いだりなどの抵抗が行われるようになった。道灌はその状況をうけて、あらかじめ越後上杉定昌や長尾忠景に働きかけて、両者の和解の斡旋をすすめたらしく、それが景春を武蔵国守護代に任じることであったと考えられる。山内上杉氏において家宰に次ぐ地位にあったのが武蔵国守護代であり、これまでに両職の兼帯はなかった。ところが、武蔵国守護代であった忠景が家宰に就任したことにより両職が兼帯される状況になっていた。道灌は、景春が同職に就くことで、その被官らの不満を和らげることができると考えたのであろう。

しかし、こうした道灌の行為は顕定からは不審をかったようで、扇谷上杉氏への不信を生じさせ、「雑説」が生じるまでになっていた。そのため道灌は、三十年以上前の先例をもとに、山内・扇谷両上杉氏で起請文の交換を行って、疑念の払拭に努めようとした。ただし、それで事態が解決できる情勢とは考えられなかったため、道灌はそのうえで景春自身を五十子陣から退去させることを図った。

文明七年になって、道灌は五十子陣に参陣しようとするが、景春はその抑止を図るとともに顕定打倒の意志を明かした。そこで景春は、道灌を味方に引き入れようとしたようだ。両者は叔父・甥の関係にあったから、景春としては味方になってくれると踏んでいたのかもしれない。だが、道灌はこれを無視して五十子陣に参陣し、顕定・忠景に景春謀叛の意志があることを報告するが、顕定らは取り合わなかった。

そのため道灌は、父道真を通じて両者の和睦仲介に乗り出すことを申し出るが、これは再度の申し入れということになろう。顕定からは、景春との親戚付き合いを停止することを条件に認められることとなった。しかし、景春方の行動は沈静化する様子がなく、ますます過激になっていったため、和解が順調にすすまなかった場合には景春討伐を進言するが、長尾忠景はその考えを採用せず、父道真も強く否定した。忠景は、折あるごとに景春に対して説得を続ければ、何とかなると考えていたらしい。

文明八年になって、道灌は駿河に出陣する。その間に、景春は五十子陣から退去して鉢形城を取り立て在城した。これは五十子陣からの敗退とみられたから、すなわち政治的失脚ということになる。道灌書状をもとに考えると、これは道灌の進言の結果になるので、このことによって顕定らにとっては問題の解決と映った可能性がある。しかし、「太田道灌状」や『松陰私語』では、その評価とは逆に戦乱勃発は必須の情勢になった、とうけとめられていたことがみえている。いずれが妥当なのか、あるいは受け止めた立場による違いなのか、ここで確定はできないが、いずれにしろ道灌による仲裁は失敗に終わった。景春が上杉方勢力のなかで失脚したことは、紛れもない事実となってしまった。

駿河今川氏の内訌への介入

道灌の文明六年（一四七四）における動向は、先に触れた江戸城歌合しか知られない。また、先に取り上げた同年十二月二十一日付で、山内上杉氏宿老の寺尾礼春に宛てた書状（「古簡雑纂」北二〇八）では、道灌は前年のことについて、御礼のために五十子陣に参陣して山内上杉顕定に挨拶しなければならないが、この年は「病気」のため実現できないので、来年は必ず参上すると述べていた。だが、歌合を開催していたことから、病気というのを言葉通りに受け止めることはできないかもしれない。むしろ、何らかの事情により参陣を差し控えていたとも考えられる。

先にみたように、その間、道灌は越後上杉定昌や長尾忠景に働きかけて、上杉顕定と長尾景春の和解への取り組みをすすめていたから、顕定のもとに参陣するのは、顕定からの許可を得る段階になってからと考えていたのかもしれない。その申し出にともなって顕定からは、扇谷上杉氏の軍事行動について疑念を持たれるものとなっているが、それは道灌が五十子陣に参陣していないことが、扇谷上杉氏全体の動向として評価されたのかもしれない。

当主の定正と前家宰の父道真は、すでに五十子陣に在陣していたと考えられるが、あるいは政真死去にともなう服喪のために、本拠の河越城に帰陣していたのかもしれない。その場合、前年のことの御礼というのが、定正の家督継承を認められたことだとすれば、それからしばらく参陣がなかったことになり、だとすれば顕定が扇谷上杉氏の動向に疑念を持つのも無理はなく、それを払拭するために両氏であらためて起請文を交換する事態となるのも納得できるように思う。そうであれば、「病気」というのは、定正のことであろうか。そして翌文明七年、定正・道真と道灌は、揃って五十子陣に参陣したという経緯であったのかもしれない。

このようなことからすると、道灌書状の解釈、それと「太田道灌状」の内容とを整合的に解釈することには高度な理解が必要である。ここでの解釈も、現段階でいずれかに確定することはできない。ともかくも、太田道灌が文明七年に久しぶりに五十子陣へ参陣したこと、その際にはすでに、主人の上杉定正と父の太田道真も同陣に参陣していたことは確実であろう。そこで道灌は、あらためて上杉顕定と長尾景春との和解の斡旋を申し出るのであるが、顕定から真剣な対応を獲得することはできなかったことも間違いないであろう。

結局、道灌は両者の和解の仲介に失敗し、江戸城に帰陣することになる。そのうえで、翌八年になると、駿河今川氏の内訌への対応として、駿河に出陣するのであった（「太田道灌状」「鎌倉大草紙」）。今川氏の内訌とは、文明八年二月十九日に駿河の今川義忠《よしただ》が出陣していた遠江で戦死してしまい、その嫡子の竜王丸《たつおうまる》（のち氏親《うじちか》）はわずか四歳であった。そのため、今川氏の家中では義忠の従弟のなかで最年長の、すでに三十歳近くになっていた今川小鹿範満を当主に擁立する動きがみられ、両勢力による抗争が展開されたのであった。

これをうけて道灌は、三月には今川小鹿範満支援のため江戸城を出陣し、駿河へ向けて相模に進軍している。相模における扇谷上杉氏の本拠であった糟屋館などで、軍勢を整えたりしていたのであろう、その数は三〇〇騎であったという（「今川記」『続群書類従』所収）。これはいうまでもなく、扇谷上杉氏としての軍事行動であるから、扇谷上杉氏はこの内訌に、範満支持としていち早く行動したものとなる。

　扇谷上杉氏が範満支持へと舵を切ったのは、それが扇谷上杉氏の血統を引く親類にあたっていたからであった。範満の父範頼《のりより》は、その父の今川範政《のりまさ》の四男で末男であったが、母は扇谷上杉氏定の娘で、持定・持朝の姉妹にあたっていた。すなわち、持朝の子である定正にとっては、範満は従兄弟の子という関係であった。おそらく範満支持勢力から、その親類関係をもとに支援の要請があり、定正はただちに範満支持を決定し、それをうけ道灌の駿河への出陣になったと思われる。

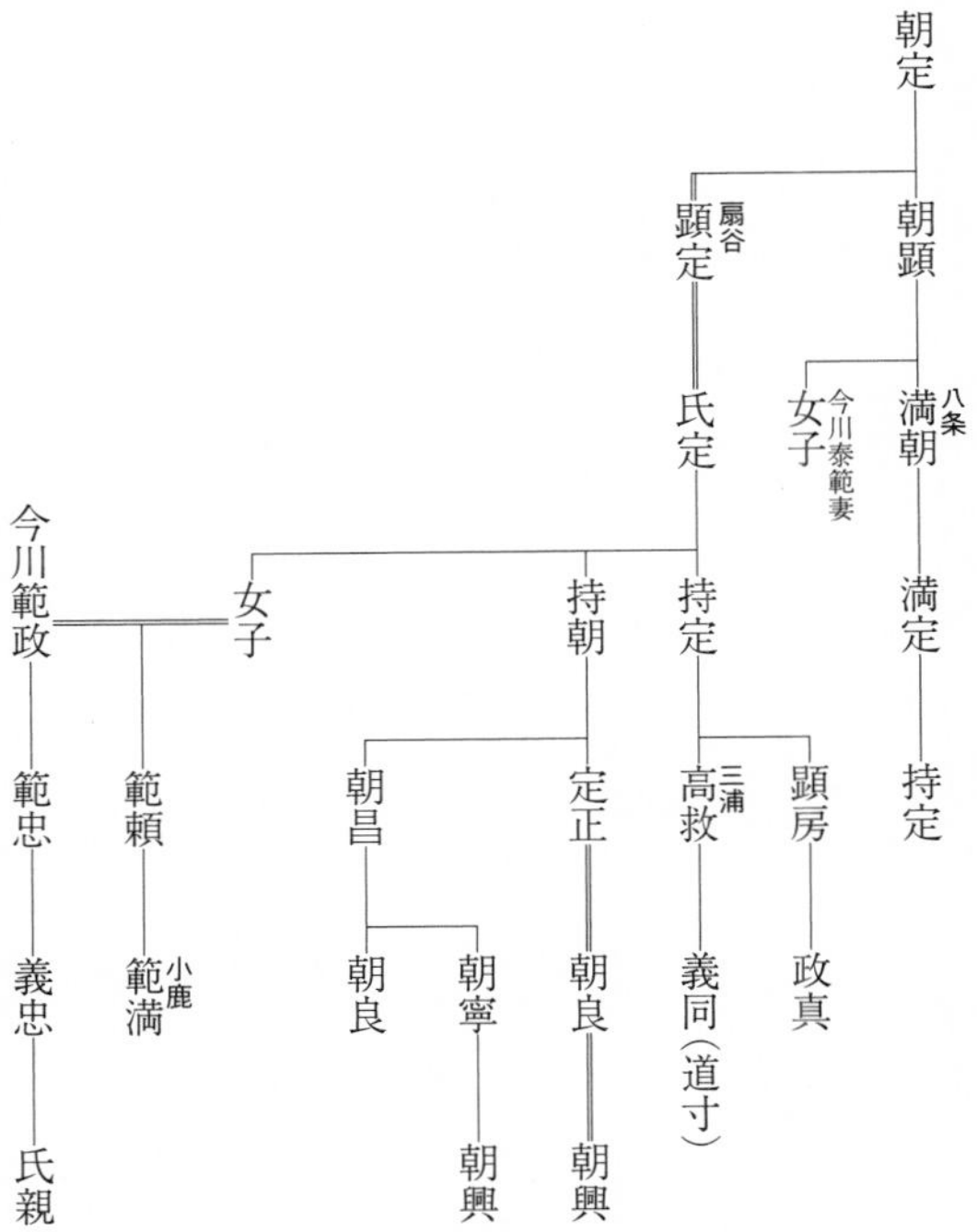

系図９　扇谷上杉氏・今川氏関係略系図

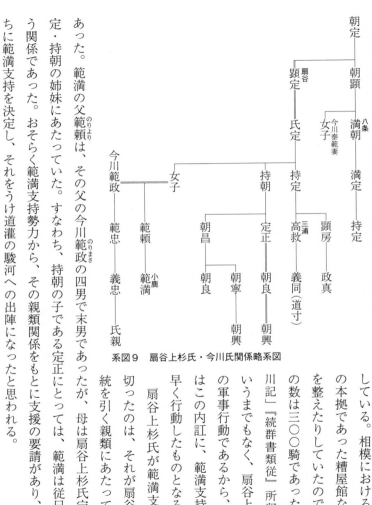

道灌は三月には相模に進軍しているが、足柄峠を越えて駿河に進軍するのは、それから三ヶ月後の六月であった。道灌は三ヶ月ほど相模に在陣しているが、その理由は明確ではない。ただし、駿河進軍の際には、伊豆の堀越公方足利政知の軍勢も範満支持のために、その執事上杉政憲を大将にした軍勢が出陣して、道灌とともに今川氏の本拠であった駿河駿府（静岡市葵区）に進軍している。そこから考えると、堀越公方足利氏との連携を成立させるためであったと思われる。

堀越公方足利氏の勢力は駿河東部の駿東《すんとう》郡にもおよんでいて、同郡北部の御厨地域を領国化し国衆化していた大森氏は、堀越公方足利氏の政治勢力を構成する存在であった。道灌が相模から駿河に進軍する際、足柄峠を越えると御厨に進むことになるが、その地域は大森氏の領国であったから、それを従えている堀越公方足利氏との連携は不可欠であった。堀越公方足利氏にしても、隣国の駿河での内訌は、都合のよいものではなかったことはいうまでもない。

駿河今川氏は享徳の乱勃発時、その当主は義忠の父範忠《のりただ》であったが、室町幕府から両上杉氏への支援を命じられて関東に進軍するなど、幕府方の有力な軍事力を担っていた。乱勃発当初の康正元年（一四五五）、相模での合戦に敗北した扇谷上杉持朝は伊豆三島に後退したが、その相模への復帰は、この今川軍の関東進軍にともなうものであった。そして今川軍は、足利成氏方から鎌倉を奪回し、以後、しばらくは鎌倉の守備を担うのであった。

ところが、寛正元年（一四六〇）正月になると範忠以下の今川軍のほとんどは帰国し、駿河国人の狩野介とその被官らのみが残留するものとなっている（「香蔵院珍祐記録」）。同二年三月に、今川氏の家督は、病態であったとみられる範忠から嫡子義忠に交替され、範忠は同年五月に死去している。相模に在陣を続けていた駿河国人としては、同年十二月まで狩野介《かのうのすけ》と葛山《かづらやま》遠江守《とおとうみのかみ》の存在が確認されるものの（「足利家御内書案」北一七八～九）、その後の動向は確認されておらず、鎌倉から後退して帰陣したのではないかと思われる。

それとほぼ同時期、将軍足利義政は今川義忠に、関東への出陣を命じる御内書を出しているが（「御内書案」戦今六）、実際にこの時に義忠が関東に出陣したかどうかは確認されていない。同四年十一月には、遠江今川氏の嫡流にあたる堀越今川範将《のりまさ》にも同様の出陣を命じる御内書が出されているが（「御内書案」戦今七、あるいはこれも義忠宛かもしれない）、これについても実際の出陣は確認されない。その頃から駿河・遠江両今川氏は、遠江の所領支配をめぐって同国守護の斯波《しば》氏と抗争を行うようになっていたらしい。今川範将は駿河の義忠所領で戦死し、同六年に遺領は幕府に没収されてその御料所とされ、駿河国人の狩野介に請け取りが命じられるというように（「親元日記」戦今一六）、今川義忠は遠江今川氏所領をめぐって斯波氏や狩野介らと対立するようになっている。

寛正六年十二月八日、義忠は再び足利義政から関東への出陣を命じられるが、そこには「度々仰せらるるの処、今に遅々」とあるので、義忠はそれまで数度にわたって出陣命令をうけていたが、実行していなかったことがわかる（「御内書案」戦今二一）。それに対して、義忠にとって最年長の従兄弟であった今川小鹿範満は、足利義政からの関東への出陣命令をうけて堀越公方足利政知の執事・上杉政憲に従って関東に出陣しており、翌文正元年（一五六〇）六月三日に、そのことを足利義政から直接に賞されている（「御内書案」戦今二五）。この出陣は、先にも取り上げた上杉政憲による五十子陣着陣にあたる。

ここに範満と堀越公方足利氏との密接な関係をみることができ、義忠死去後の内訌にあたって、堀越公方足利氏が範満支援にあたる背景を知ることができる。堀越公方足利氏にとって、関東出陣に協力しなかった義忠の系統ではなく、実際に同陣する関係をもった範満を支援するのは極めて順当な選択であった。ここに堀越公方足利氏と扇谷上杉氏は、ともに範満支援の立場で一致し、範満への軍事支援を行うにいたったのであろう。

道灌の江戸城帰陣と逼塞

太田道灌と上杉政憲は、ともに三〇〇騎ずつの軍勢を率いて駿府に進軍し、狐《きつね》ケ崎《がさき》・八幡山《やはたやま》に在陣して両勢力に仲裁を働きかけたという。実際に範満は、文明八年（一四七六）六月から八月にかけて竜王丸方との抗争を展開していて、安部山《あべやま》の国人伊東《いとう》氏に戦功を賞しているから（「伊東文書」戦今四三〜四）、両勢力は激しい抗争を展開していたことがうかがえる。太田道灌・上杉政憲の軍事力をもってしても、敵対勢力の鎮圧が容易にはすすまなかった状況がわかるが、九月末になってようやく範満の勝利が確定し、それにともなって範満が今川氏の家督を継承することになる。

これをうけて道灌と上杉政憲は帰陣したとみられ、道灌は九月末に堀越公方足利氏の本拠である北条御所（静岡県伊豆の国市）に参向して事態の結果を報告し、そのうえで十月に本拠の江戸城に帰陣している。三月に江戸城を出てから、足かけ八ヶ月にもわたる長期の出陣であった。道灌の出陣は範満支援という立場ではあったが、内乱の鎮圧が目的であった。今川氏は有力な幕府方勢力であり、内乱が続くと堀越公方勢力や上杉方の軍事行動にも影響が出かねなかったためであろう。

ところが八ヶ月にわたる出陣の期間、内乱の鎮圧という難題の解決にあたっていたにもかかわらず、山内上杉氏の家宰の長尾忠景からは、一度も道灌への連絡はなかったという。そもそも道灌は、「太田道灌状」では、それまでの十ヶ月にわたって上杉顕定と長尾景春の和睦の仲介を務めていたと述べている。これが江戸城帰陣の十月までのことを指すなら、その仲介の役割はこの年正月から始めたものとなるが、その間の八ヶ月は駿河の戦陣にあったため、その表現は妥当ではないように思われる。そうであれば、仲介に尽力していたのは駿河に出陣するまでの十ヶ月とみられ、その場合には前年の六月頃からのことになり、時期的には整合する。

この仲介というのは、道灌が上杉顕定から了解をとって、景春との親戚付き合いを停止することとの引き換えに取り組んだものであったから、道灌が五十子陣の顕定のもとに参陣した時からのことであろう。そうであれば、道灌のその年の五十子参陣は六月であった可能性が想定できる。その間に道灌は、まさに十ヶ月にわたって顕定と景春との和解の仲介を働きかけたが、成果をあげることはできず、先にもみたように、道灌はついに景春討伐を進言するも忠景は取り合わず、忠景は説得を続けることで事態の解決を図ろうとしたのであった。

結局、道灌は駿河進軍のために仲介から手を引くことになるが、そうした状況のなかで、景春は五十子陣から退去し、鉢形城を構築して在城することになる。なお、先にも触れたように「太田道灌状」では、それを駿河出陣以前ともとれるように記し、「鎌倉大草紙」では駿河出陣中のことと記して一致していないようにもとれるが、『松陰私語』は景春蜂起の前年のことと記しており、道灌の駿河出陣中のこととみてよいであろう。仲介役の道灌が不在になったことで、景春もついに顕定との和解をあきらめ、五十子陣から退去したと考えられる。

このときに景春が、その後の行動についてどのように考えていたのかは不明である。実際には、顕定に対して叛乱を起こすことにはなるが、それは数ヶ月先のことになるから、鉢形城の構築の時点でただちに叛乱を企図していたわけでなかったと思われる。ひとまず、顕定・忠景とは政治的にも地理的にも距離をとって、あらたな政治交渉の展開を模索しようとしたのかもしれない。

他方の道灌は、駿河在陣中に忠景から連絡が無かったことから、自身の仲介行為はまったく評価されなかったと認識したようである。おそらくは出陣中に景春が五十子陣から退去したこと、鉢形城を構築したことについても、忠景からは連絡されなかったのであろう。これについて道灌は、親疎を論ぜずに、すなわち景春との親戚付き合いを停止してまで仲介に尽力したにもかかわらず、さして時間が経過していないうちにその恩を忘れたような行為であるとして、そうした忠景の行為に完全に臍を曲げるのであった。そして駿河出陣の疲労を理由にして、帰陣後も五十子陣に参陣することなく、江戸城に引きこもるのであった。

ところが、この道灌の行動が結果的に長尾景春の乱の勃発をもたらすものとなった。しかも、道灌がこの乱を平定する立役者となることを可能にする前提となったのであった。その意味では、この後の道灌の活躍は、偶然の結果がもたらしたものであったということになる。

忠景方の攻勢

長尾景春が五十子陣から退去したことについて、上杉顕定と長尾忠景は政治的な勝利と認識したのではないか。それまでは『松陰私語』でみたように、二、三〇〇〇人の兵力で五十子陣周辺の通路を封鎖して同陣を兵糧攻めにしたり、その通路や所領をめぐって両勢力の間で小競り合いが生じていたが、少なくともそうした事態がみられなくなったことで、そのように認識したのではないか、と考えられる。

顕定と忠景は、五十子陣の存立が確保されたと認識し、景春は政治的に失脚したと思われたとしても不思議ではない。これについて『松陰私語』では、叛乱必至ととらえていたことからすると、周囲の政治勢力のなかに、事態がこれで解決すると思っていなかった者もいたことがわかる。そしてこの景春の五十子陣退去をうけて、忠景と景春の間にあった所領をめぐる相論にも、大きな変化が生じるのである。

両者の所領をめぐる相論に、家宰領と推定される武蔵柴郷（横浜市金沢区）の引き渡しをめぐる問題があった。これはまた、所領における当知行の実態をみるうえでも興味深い内容である。以下、簡単にその内容を触れておきたい。

柴郷は、家宰職が管轄する家宰領とみられ、忠景の家宰職就任にともない景春から忠景に引き渡されるべきものであった。ところが、景春の中間一人が在郷を続けていたため、同郷は忠景方への年貢納入を拒否していた。忠景は、文明八年（一四七六）の十一月二十四日と十二月九日付で、鎌倉円覚寺の塔頭で菩提寺にあたる雲頂庵《うんちょうあん》住持の久甫淳長《きゅうほじゅんちょう》に宛てて書状を出していて（「雲頂庵文書」北二〇九・二一〇）、そこに柴郷への対応の内容が記されている。

忠景は、柴郷の問題について、自身が任命した代官に被官の力者（労働に従事する下人）を副えて入部させることとし、そうすれば相手は一人にすぎないから、為す術なく退去するであろうこと、それでも相手が軍勢を派遣してきたら、合戦する意向を示している。柴郷に対しても、景春方への年貢納入を認めないこと、その場合には二重成し（双方に年貢を納入すること）となることも覚悟するよう強い態度を示している。ただ、相手は一人にすぎないから、事を荒立てたくはないという意向も示している。

また、合戦に備えてであろう、近辺の山内上杉氏被官への対策として、扇谷上杉氏の太田道真に働きかけを依頼しようとしている。柴郷は扇谷上杉氏の勢力圏内にあったため、そこでは同家が地域の安全保障を担う存在であったことによる。これは享徳の乱の展開を通じて形成された状況といえ、やがてはそれが領域権力（戦国大名・国衆）の展開につながるものとなる。ここでは、傍輩・被官への行動規制すら、主家よりも地域の有力者のほうが優越していたという状況にあったことを確認しておきたい。

相手は一人だけといいながらも、実際には合戦に発展しかねないことを想定しているが、これは当時の合戦の在り方に関わっている。いざ武力行使となれば親類・縁者に加勢が求められ、たちまちに集団化する。この場合は、力者派遣の結果として景春の中間は同郷から退去し、鉢形城に帰っている。景春の中間は、武力による抵抗を断念したのであるが、これは周辺の山内上杉氏被官に対してあらかじめ行っていた、太田道真を介しての働きかけが功を奏したといえるかもしれない。

そして、ここで鉢形城に退去しているということは、すでに景春が同城に在城していた時期のことであることがわかる。このことから、これらの事態が文明八年であると確認でき、その後に起きる景春による五十子陣攻撃の直前のことであったことがわかる。両勢力の間では、景春の叛乱直前までこのような紛争が続けられていたとみられる。忠景の家宰職就任から二年も経っていながら、所領の領有をめぐる紛争は容易には解決されなかったこと、同様のことが、それこそ上杉方の勢力圏全域で繰りひろげられていたとみられる。

むしろ、忠景方が強気の態度に出たことで景春方の当知行が排除されることになり、それが直後に叛乱を具体化させてしまったと考えられる。ここでは被官が在郷することによって当知行が確保され、それはほかへの年貢納入を拒否することであったこと、新たな知行者が当知行を実現するためには、前知行者の被官を退去させることが必要であったことが示されている。それが当時の所領支配の実態だった。

そのうえで注目しておきたいのは、景春が叛乱蜂起に至る背景である。先にみた『松陰私語』「太田道灌状」などには、いずれも景春の傍輩・被官の行動があげられていた。『松陰私語』では、景春の傍輩・被官で忠景に不満を持つ者が二、三〇〇〇人にもおよび、彼らが通路封鎖や所領紛争を引き起こしているといっていた。「太田道灌状」では、景春はそれら被官らを制御する能力に欠けるため、被官らの狼藉行為は増すばかりだといっていた。いずれも上杉方の視点に立っての発言であるが、言葉を換えれば、主人の政治行動はそれら被官の要求をうけて決定されるものであり、その要求とは彼らの進退維持にあり、それを遂げることが主人の器量ということになる。

このことは、家宰職の職務が傍輩の進退維持にあり、そのために他家との徹底的な交渉を行ったことと同じ論理にある。先に取り上げたように、長尾景信と太田道灌とは義兄弟の間柄にもかかわらず、それぞれ山内上杉氏・扇谷上杉氏の家宰として、互いの傍輩の進退などをめぐって激しい交渉を繰りひろげていたが、この景春の行動原理も、それとまったく同じものであった。

景春の家系である長尾孫四郎家は、先にも触れたように祖父景仲の時から、それこそ享徳の乱勃発から二十年にわたって家宰職を務めていた。そこには家宰領をはじめ多くの権益があり、それらを傍輩・被官に配分していたとみなされる。そうした孫四郎家に従っていた傍輩・被官が二、三〇〇〇人にものぼっていたが、家宰職の交替によって彼らは権益の多くを手放さなければならなくなる。彼らにとっては、まさに死活問題であった。景春の武蔵守護代補任は、その代償の補填としての性格にあったのであろうが、上杉顕定はそれすら承認することはなかった。

そしてこの柴郷の事例にみられたように、彼らは強制的に、次第に権益から排除されていったと思われる。彼らが進退を維持するためには、その回復を図らなければならないが、それが政治交渉によって遂げられなければ、相手方を排除するには実力行使以外になくなる。そうして景春は、ついにここに至って叛乱を選択した。この点からすれば、景春は傍輩・被官にとって、まさに主人としての責務を果たす、器量ある主人として評価されたであろう。

忠景の所領支配

忠景と景春との柴郷の領有をめぐる動きに関わって、同時期に展開されていた忠景の相模東郡金井《かない》郷・武蔵久良岐郡神奈川郷・同小机保《こづくえのほ》（横浜市港北区）に対する所領支配の状況を取り上げることにしたい。この時期に武家領主が行った所領支配の実態を伝える史料は多くはないが、忠景の場合は、それをよく伝える稀有な事例となっている。ここから、当時における武家領主の所領支配の実情をうかがうことができる。

現在の小机周辺。上部の森は小机城跡　横浜市港北区

関連する史料は、柴郷の状況を伝えていた二通の忠景の書状（「雲頂庵文書」北二〇九・二一〇）、それと同日付の書状四通の（「雲頂庵文書」群一八四六～八・一八五〇）、あわせて六通である。いずれも雲頂庵住持の久甫淳長に宛てたもので、文明八年（一四七六）の十一月二十四日付のものが四通、十二月九日付のものが二通となっている。久甫淳長は、それらの所領の年貢催促人を務めており、それらの書状は、忠景がそれらの所領支配について、淳長に指示を出しているものになる。

小机保に関わるのは、十一月二十四日付のうち一通のみである（群一八四六）。年貢納入を催促したところ、現地代官とみられる成田三河入道から、今年は皆損であると嘆願があった。その連絡に対して、すでにほかの諸公事を免除しているうえ、一昨年に在郷した時に、作柄に関係なく毎年夫銭《ぶせん》（夫役を銭納するもの）と合わせて一二〇貫文を納入することを取り決めているからと、作柄を問わず徴収するよう指示している。

これによれば、忠景は一昨年の文明六年に小机保に在郷し、以後の年貢納入について取り決めたことが知られる。そして作柄に関係なく、年貢・夫銭で合わせて一二〇貫文の納入という、いわば定額制に取り決めた。成田三河入道とは、おそらく現地に在郷する被官で、年貢納入の責任者の立場にあった、現地代官のような存在とみなされる。

しかし、今年については年貢納入がなされておらず、それは皆損であったためとみられるが、すでに忠景はそれに対して、年貢・夫銭以外の諸公事については免除の対応をとっていたことがわかる。忠景なりに配慮していたのである。ところが成田は、皆損を理由に年貢の免除を申請してきたため、年貢催促を依頼した淳長に、規定通りの徴収を指示しているものとなる。

次に、金井郷についてみることにしたい。それに関わるのは、別の十一月二十四日付の書状一通と（群一八四七）、十二月九日付のもの二通である（北二二一〇・群一八五〇）。ここでは「石代」、現物の穀物を提供させたことへの代金の精算が問題になっている。

忠景は、妻（「局」）の自家用の穀物を、神奈川郷の住人とみなされる奥山式部丞《おくやましきぶのじょう》・小和田《おわだ》に用意をさせていて、その支払いを金井郷の年貢からあてることになっていた。奥山からは用立てた分の勘定状が忠景に送られ、それが金井郷の年貢催促人を務めていたとみられる淳長に送られ、淳長から奥山・小和田に費用を下行する仕組みになっていたと推測できる。

これに関して忠景は、「局」から用立てさせた分のリスト（「注文」）を提出させ、間違いを訂正していたり、奥山式部丞から提出された勘定状については、用立てた分が多くなっていて（「余分」）、これについて奥山から翌年分からの繰り上げ分（「取越」）と主張されたが、認めないとして、それに基づいて精算（「勘定」）することを淳長に指示している。また、金井郷の年貢にも少し未進があることも指摘して、そのことを認識しておくことを指示している。これをみると、忠景は村落からの納入年貢、用立て分の注文や勘定状の内容について精査していたこと、すなわち、それらの帳簿内容を把握し、誤りを指摘しうる能力を身に付けていたことがわかる。有力大名の宿老クラスの実務能力の高さをうかがわせるものといえよう。

最後に、神奈川郷についてみることにしたい。六通の文書のなかで、最も多くの分量があてられているのが、この神奈川郷に関することである。ここで、同郷を「当所」と記していることからすると、忠景はこの時、久甫淳長を神奈川郷に在所させていたとみられる。また後の時期となるが、忠景の妻は「神奈川上様」と称されていることからすると、同郷には妻が居住していた可能性も考えられる（「雲頂庵文書」群一八七二）。内容はかなり多岐にわたっており、ここですべてを取り上げるのは難しいため、主要なことについて取り上げることにしたい。

関銭は毎年一万疋（一〇〇貫文）を納入することになっていて、同郷から減免の申請があったが、これを却下して額面通りの徴収を指示している。地子銭を免除しているものにはその旨の判物を出しており、所持していないものからは規定通りに徴収するよう指示している。正金という人物から申請のあった麻口役銭・畠年貢の免除について、麻口役銭は徴収し、畠年貢については免除するとしている。また、年貢については必ず徴収するよう指示している。なお、麻口役銭とは、神奈川郷での麻商売に賦課される租税とみられている（盛本昌広『中世南関東の港湾都市と流通』）。

神奈川郷には二年前から代官が不在だったようで、その時に忠景は在所して、有力住人の奥山式部丞との間で、奥山が代官同様に年貢・諸役の徴収に尽力することを取り決めたらしい。ところが、奥山はこの三年間では関銭と浦方年貢だけの納入にとどまり、地子銭については催促すらしていないという状況にあったという。そこで忠景は、代官を必ず任命するとの意向を淳長に伝えたうえで、今回は地子銭などについて、規定通りに徴収するように指示している。

これらから、忠景の所領支配の実態をかなり具体的に認識することができる。忠景はこの時、山内上杉氏の家宰職という、関東武家権力においてはトップクラスの存在であった。そこでの大きな特徴は、所領の有力住人や現地代官からさまざまな納入免除の申請が出されたり、実際の納入は数年にわたってみられないなど、支配には多くの困難が生じていたということである。しかも神奈川郷については、二年前から代官すら任命していない状況にあった。所領の有力住人のなかには被官となっているものもいたが、かといってそれらが強力な支配の担い手になっていたかというとそうではなく、むしろ現地側の立場でさまざまな免除を申請していたことがわかる。

これまで、忠景のような武家領主による所領支配については、「在地領主制」と概念化されてきた。そこでは自身が在村していない所領についても、被官などを在村させ、それを通じて百姓に対する強力な支配を実現していたと考えられてきた。しかしそうした考えは、この事例をみただけでも成立しないことがわかるだろう。これまでの通説的な学説は、武家領主を「在地領主」と定義して、その領主制を「在地領主制」と定義してきたが、実際には、そのような領主制は存在しなかったのである。

武家領主による所領支配も、ここでみてきた事例をはじめ、先にみた太田道灌の寺社領支配の事例や、直前にみた忠景と景春とによる柴郷支配の事例のいずれをとっても、支配は現地の村落との関係で成り立っており、それに対して代官や年貢催促人を派遣したり、現地住人の有力者を被官化してそうした業務を請け負わせたり補佐させるなどして、実現されていたのであった。その性格は、寺社による所領支配と何ら変わるところはなかったとみなされよう。

ここに室町時代においては、武家領主にしろ寺社領主にしろ、支配の性格は同質のもので、いずれも領主の在地性などは存在しなかったといえる。そして支配は、所領現地の村落との関係に基づいて実現されるものであった。したがって、室町時代の領主制に関し、武家領主と寺社領主とに性格の違いを設定する「荘園制論」や、武家領主の支配に在地性を設定する「在地領主制論」といった、戦後当初からの通説的な学説は、実態にそぐわない幻想であったことがわかるであろう。

第四章　長尾景春の乱の展開

長尾景春の謀叛

長尾景春は、上杉顕定・長尾忠景による政治的圧迫、すなわち所領権益などからの排除の動向をうけ、それらの実力による回復を図るべく、文明九年（一四七七）正月十八日、ついに武力蜂起した。上杉方の本陣である五十子陣を攻撃して崩壊させ、在陣していた主人の山内上杉顕定と家宰の長尾忠景、扇谷上杉定正、その前家宰の太田道真、越後上杉氏の嫡子上杉定昌など上杉方首脳は、ことごとく東上野に逃れることとなった。

「長尾景春の乱」の勃発である。この後、景春は武蔵で上杉方への敵対行動を展開し、そのなかで古河公方足利成氏に従うかたちをとった。そのため当初、この叛乱は足利方と上杉方との抗争の一環として展開されていくが、同十年に両勢力の和睦が成立すると、景春は足利方・上杉方双方に敵対するかたちとなる。だが、やがて足利成氏が和睦条件を履行しない上杉方に不満を募らせ、再び景春支援に動くようになるものの、上杉方の攻勢により同十二年に景春は武蔵から没落するのである。

景春の叛乱については、これで収束したととらえられることが多い。鎮圧にあたった太田道灌もそのような認識であったように思われる。実際はその後も、景春による敵対行動は継続されていくが、上杉方を危機的状況に陥れた武蔵における大規模な叛乱、という意味からすると、武蔵からの没落が一つの画期をなしたとみることはできるであろう。

その過程について詳しく記しているのが、「太田道灌状」である。太田道灌が文明十四年の十一月二十八日付で、山内上杉顕定の側近家臣とみなされる高瀬民部少輔《たかせみんぶのしょう》に宛てて出した書状である。景春の叛乱の兆しが見え始めた文明七年からの景春への対応の状況と、同九年から同十二年にわたる戦乱における自身の行動と功績を列挙して、顕定への要求内容や不満をとりまとめたものである。前欠であるが、残存部分だけでも三十九ヶ条にのぼる、きわめて長文の書状である。

この書状の年代について、これまでは一様に文明十二年に比定されてきた。明確な理由はわからないが、おそらく内容のうち最も遅いのが、同年六月の景春の武蔵秩父郡からの没落になっているからだろう。著者自身も、これまではその通説に依拠してきた。

ところが、本文をよくみてみると、五条目の秩父在陣について「去々年」と記されている。秩父陣は同十二年であることは明らかで、それを前々年としていることから、書状の年代は二年後の文明十四年とみるのが適切と考えられる。それゆえ本書では、この書状の年代を文明十四年とみる。

ちなみに、書状が出された日にちの前日、室町幕府と足利成氏の和睦（「都鄙和睦」）が正式決定されており、そのような情勢のなかで作成された書状であったことになる。そのことについては、次章で取り上げてみたい。

もっとも、この書状の原本は伝来されておらず、江戸時代の写本のみが伝わっている。そのなかでは長崎県島原市の島原松平文庫所蔵の写本が、最も良質とみなされており、多くの史料集で同本を採録している。ただし、写本しか存在しないこと、書状としては類例のない三十九ヶ条以上にもおよぶ極めて長文であることなどから、原史料の存在を疑う見解や、複数の書状を合体させたものではないかとする推測が示されることもあった。

しかし、文体は当時のものとみなしてよく、全体のまとまりにも不自然なところは見受けられない。文学的な修辞がみられることには後世の加筆も想定されるが、基本的な内容は十分に信用できる。したがって、今後、原本の一部をなすようなものが発見されない限り、現時点で「太田道灌状」については、当時からその状態で存在していたとみなすのが適切であろう。いずれにしても、「太田道灌状」が長尾景春の乱の経緯を明らかにする基本史料であることに変わりはない。そのため、このあとも本書状の内容をもとに景春の乱の経緯をたどっていきたい。

上杉勢力の分裂

景春による五十子陣攻撃に際して、上杉方の首脳で唯一、同陣に在陣していなかったのが扇谷上杉氏家宰の太田道灌であった。前年の駿河からの帰陣後、上杉顕定・長尾忠景への不満から本拠の江戸城にとどまっていたのであるが、それによりこの事態に巻き込まれることなくすんでいた。あるいは、景春は親戚関係にあった道灌が不在のため、五十子陣攻撃を実行したともいえようか。

この事態をうけて道灌は、すぐに景春に使者を派遣して、主人定正・父道真が行を共にしているから攻撃しないよう申し入れている。それにより景春から攻撃はなく、上杉勢は利根川を越えて、山内上杉勢は那波庄《なばのしょう》阿内《あうち》（群馬県伊勢崎市）、扇谷上杉勢は細井《ほそい》（前橋市）、越後勢は北上野の白井城にそれぞれ陣を移した。

それをうけて景春から、道灌のもとに使者が派遣されてきた。景春には傍輩にあたる大石石見守と宝相寺、それに景春被官の吉里宮内左衛門尉が付き添ってきた。このうち大石石見守は宿老の一人であるとともに、下総葛西城（東京都葛飾区）の城主で葛西御厨の支配にあたっていた人物である。葛西城から江戸城に赴いてきたのであろうし、景春の使者を務めていることから、すでに景春に味方する立場をとっていたことがわかる。

景春からは、これまでの山内上杉家にみられた一連の事態について意見を求められた。それに対して道灌は、五十子陣を崩壊させたからには鉢形城を出て他国に退去し、上杉顕定に赦免を請うなら道灌が尽力すること、他国に退去できないのであれば相模道志《どうし》（山梨県道志村）の禅寺に蟄居し、扇谷上杉家を通じて赦免を訴訟すれば尽力する、と返答した。すでに叛乱を起こしている以上、退去して恭順の姿勢を示し顕定に赦免を請うほかはない、という意見であった。当然ながら、景春側は拒否した。

その一方で道灌は、上杉顕定に対し使者を送って扇谷上杉勢の帰国の取り計らいを求め、そのうえ

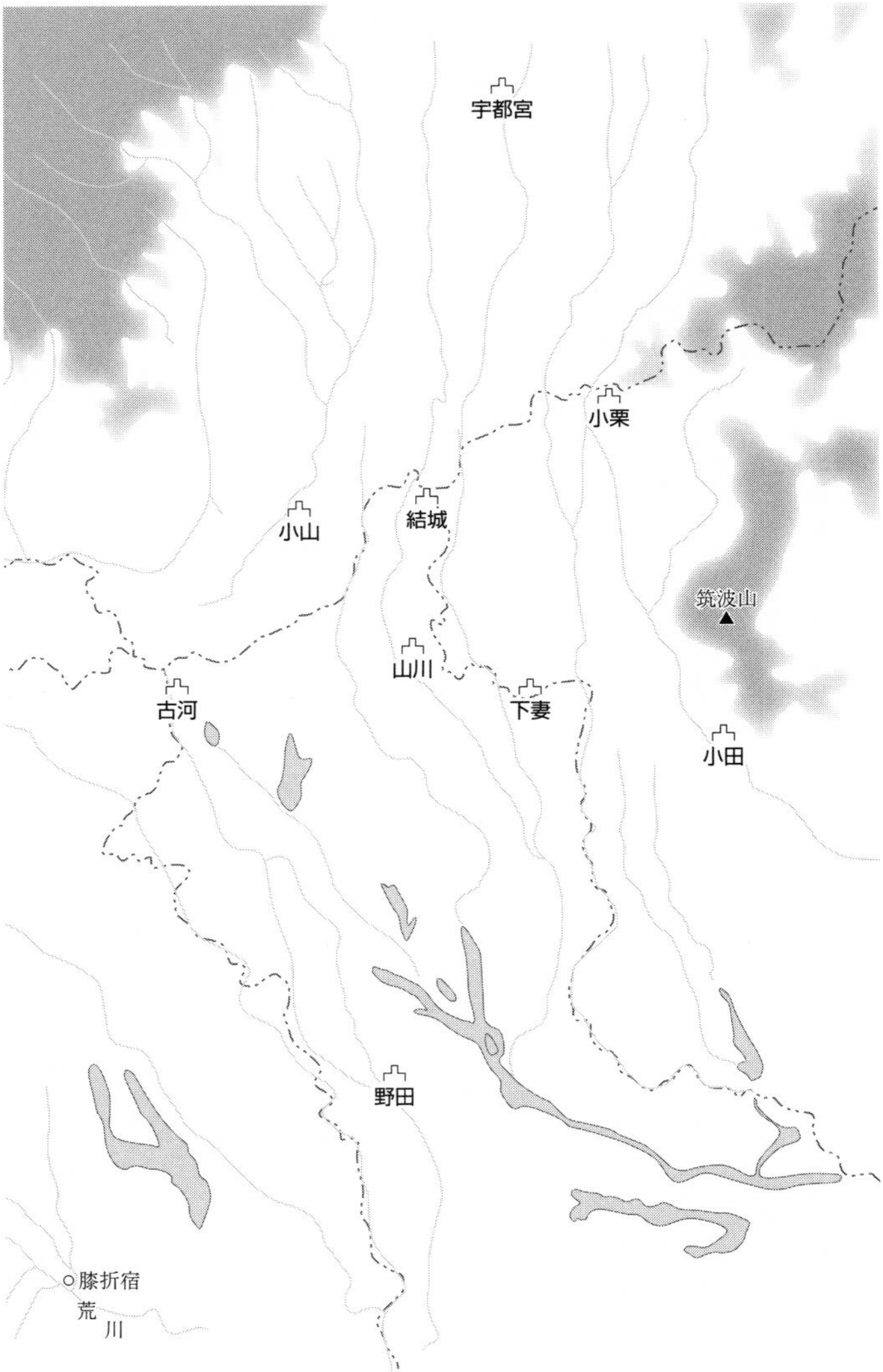
宇都宮
小栗
結城
小山
筑波山
山川
古河
下妻
小田
野田
膝折宿
荒川

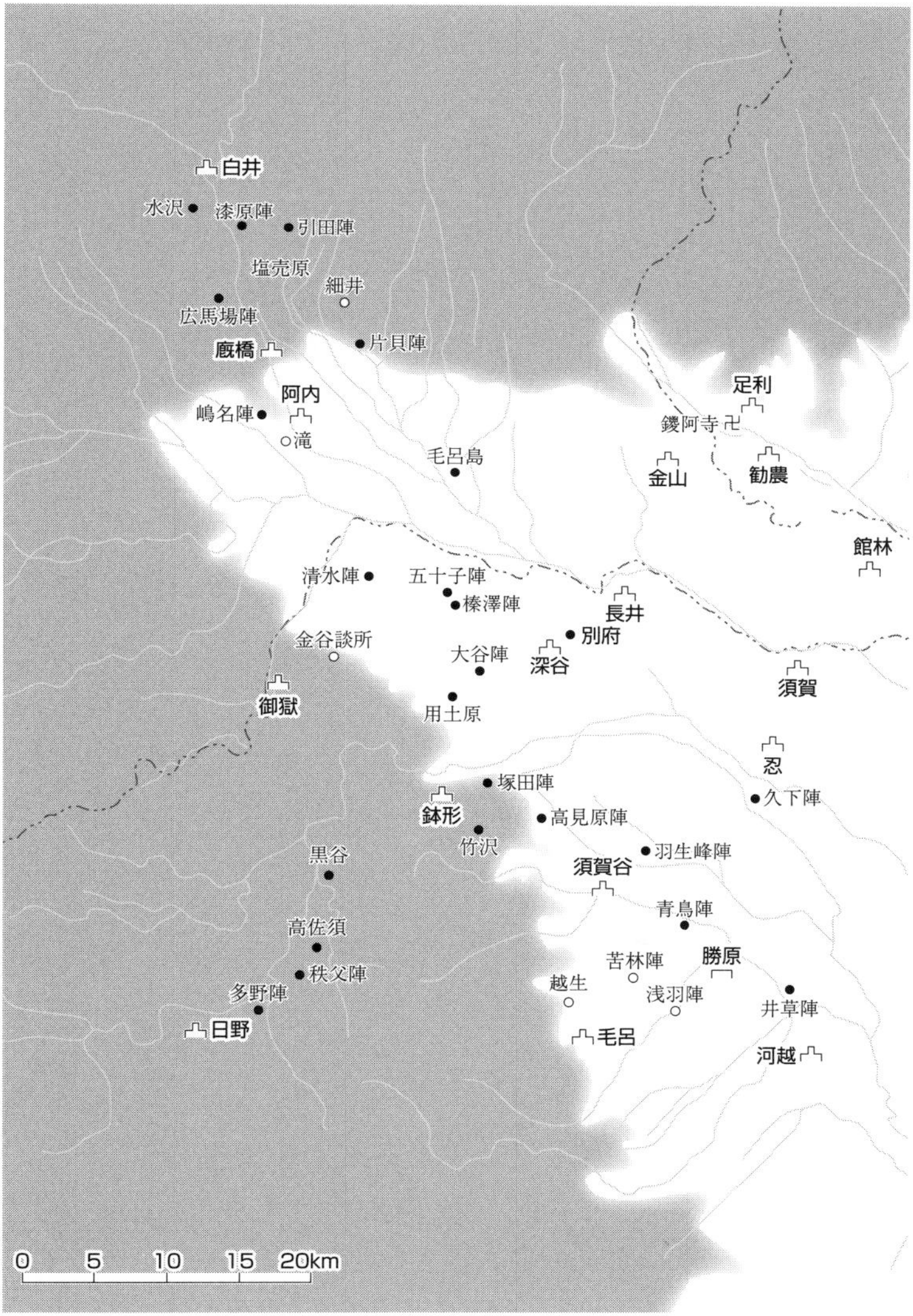

図４　長尾景春の乱関係図１　勝守すみ『長尾氏の研究』（名著出版、1978年）所載の図をもとに作成

で戦乱の回避と顕定の復帰に尽力することを提案した。二月にも、梵種という僧侶とみなされる人物を使者に同様の提案をしたが、顕定からはついに景春とは断交するとの返事がもたらされた。こうして道灌による和解の周旋は失敗に帰したのであった。これをうけてであろう、景春は味方する勢力に働きかけ、各地での蜂起を促したとみられ、景春とその与同勢力による蜂起が行われていった。

景春に味方したのは、山内上杉氏の宿老では下野足利勧農城（栃木県足利市）の長尾六郎房清、武蔵二宮《にのみや》城（東京都あきる野市）の大石駿河守憲仲《のりなか》、下総葛西城の大石石見守があった。山内上杉氏の宿老としては、長尾氏と大石氏が代表的存在であった。そのうち長尾氏は、景春の孫四郎家、忠景の尾張守家、房清の但馬守家の三家が有力であったが、そのうちの但馬守家が景春に味方し、三家のうち二家が景春方となった。大石氏には、柏《かしわ》城（埼玉県志木市）を本拠にしていたと推測される惣領家の遠江守家、葛西城の石見守家、その分家と推測される二宮城の駿河守家の三家が有力であったが、そのうちの石見守家と駿河守家が景春に味方し、ここでも三家のうち二家が景春方になっている。

そのほかの山内上杉氏の被官や与力勢力についてみていくと、武蔵では豊島郡に大きな勢力を持っていた豊島勘解由左衛門尉・平右衛門尉兄弟、同郡赤塚郷の千葉実胤、入西郡毛呂《もろ》郷（埼玉県毛呂山町）の毛呂三河守、横山庄の長井広房などがあり、相模では、中郡小沢《こさわ》城（神奈川県愛川町）の金子掃部助《かもんのすけ》、本間氏・海老名氏、西郡小田原城（神奈川県小田原市）の大森成頼、景春の被官で中郡溝呂《みぞろ》木《ぎ》城（神奈川県厚木市）の溝呂木氏、小磯《こいそ》城（神奈川県大磯町）の越後五郎四郎などがあった。また、上野では上州一揆旗頭の長野為業《ながのためなり》などがあり、さらに甲斐郡内の加藤氏らがあった。これだけでも上杉勢力を二分するほどの勢力であったが、さらに古河公方足利成氏、下総千葉氏も景春に味方していき、上杉方はまさに崩壊の危機に陥った。

道灌の進軍開始

こうした状況をうけて、道灌は本格的に景春の追討をすすめていくこととなった。しかも、上杉方の有力者で武蔵に在国していたのは、まさに道灌一人だけという状況であった。そのため、以後における景春の乱の鎮圧は、道灌を中心にすすめられていくことになる。道灌はそれにあたって、顕定に対し、景春方からの降参者について進退を保証することを求め、その証文を獲得している。敵対者であっても、降伏すればその進退を維持することで景春からの離叛を誘い、一刻も早く平定をすすめるためとみられる。あるいは、いずれも同じ上杉方として旧知の関係にあったことから、滅亡させるには忍びないと思っていたのかもしれない。

道灌にとって当面の課題となったのは、江戸城近所の石神井城・練馬城で蜂起した豊島氏兄弟の存在、相模における扇谷上杉氏の拠点糟屋・七沢要害の近所となる溝呂木城・小磯城・小沢城で蜂起した景春の傍輩・被官の存在であった。特に石神井・練馬両城によって、江戸城と河越城との連絡が遮断されたため、道灌はまず石神井・練馬両城の攻略を図り、相模の扇谷勢を呼び寄せて三月十四日の攻撃を計画した。ところが、大雨による多摩川の増水によって相模勢が来られなくなったため、道灌の計画は変更を余儀なくされた。

そこで道灌は、扇谷上杉氏の宿老の一人であった上田入道、弟の資忠、関東上杉氏一族で扇谷上杉氏の姻戚であった宅間上杉憲能（子の朝長《ともなが》は小山田上杉朝重の養子か）・嫡子憲清《のりきよ》・同次男能香《よしか》父子三人らを河越城に派遣して同城を守備させ、また、武蔵勢の一部を相模勢への加勢として派遣した。なお、そのうち宅間上杉憲能はこののちも河越城の守備にあたり続け、憲清・能香は上野にいる上杉定正に合流していくことになる。そして相模勢は、相模の景春方攻略にあたり、三月十八日に溝呂木城・小磯城を攻略し、そのまま続いて小沢城の攻略をすすめていった。

一方の道灌は、手元の軍勢が少数であったため扇谷上杉氏一族の上杉朝昌（当主定正の弟）と相模三浦郡の三浦道含（上杉定正の兄）、扇谷上杉氏と姻戚関係にある武蔵石浜郷の千葉自胤（実胤の弟）、同世田谷領（東京都世田谷区）の吉良成高（上杉定正の姉妹婿）、駿河御厨（御殿場市ほか）の大森実頼（姉妹は三浦道含の妻、成頼の従兄弟）らを江戸城に呼び寄せ、その守備にあたらせた。また、江戸城には道灌の文芸仲間の木戸孝範も在城していた。

これに対して景春方は、武蔵南西部の横山庄に在陣していた景春被官の吉里《よしさと》宮内《くない》左衛《さえ》門尉《もんのじょう》らが小沢城の支援に向かい、府中（東京都府中市）に陣を取り、小山田庄（東京都町田市）に侵攻した。小机城（横浜市港北区）に在陣していた景春被官の矢野兵庫助らは、河越城を攻撃するため同城に向かって、入西郡苦林《にがばやし》（埼玉県毛呂山町）に陣を張った。

ここから、景春の被官等が横山庄や小机保の占領を遂げていたことがわかる。横山庄の領主は長井広房で上杉定正の姉妹婿であったが、この時は景春に味方していた。小山田庄は扇谷上杉氏一族の小山田上杉朝長の所領であった。景春方は小山田上杉氏への攻撃を展開していたとみることができる。小机保は、それまでは長尾忠景の所領であったから、景春方はそれを実力で経略していたものと思われる。あるいは、山内上杉氏の家宰職に付属する家宰領で、景春から忠景に引き渡されていたところ、景春方が奪還したものであったかもしれない。

矢野氏の進軍をうけると資忠らの河越在城衆は、四月十日に同城から討って出て、敵勢を両陣の中間にあたる勝原《すぐろはら》（埼玉県坂戸市周辺）におびき出し、合戦して勝利した。これをうけて道灌も、豊島氏を攻略するために江戸城を出陣した。それまで江戸城に在城していた上杉朝昌・千葉自胤・大森実頼、さらに蕨渋川義堯の家宰とみなされる板倉美濃守らも従軍し、以後も道灌の動向に従っている。そのほか、三浦道含は相模に帰国して景春方との間で転戦し、渋川義堯も相模や鎌倉で景春方と交戦し、吉良成高や木戸孝範は江戸城の守備を続けた。

そして道灌は、同十三日に豊島平右衛門尉の練馬城を攻撃したうえ、江戸城に引き返すところで石神井・練馬両城から追撃があったため、江古田原《えごたはら》（東京都中野区）で迎撃し、平右衛門尉を討ち取るなど勝利した。そのまま豊島勘解由左衛門尉の石神井城攻めをすすめ、十八日に降伏させた。しかし、勘解由左衛門尉は石神井城を破却せず、降伏は偽りと明らかになったため、道灌は二十八日に同城を攻撃して外曲輪の攻略を果たすと、勘解由左衛門尉はその夜に没落していった。勘解由左衛門が降伏してきた十八日には、相模勢も小沢城の攻略に成功している。

こうして道灌は、三月下旬から武蔵南部・相模における景春方攻略のための軍事行動を展開し、四月までにそれらの勢力の攻略を遂げた。そこには弟資忠だけでなく、扇谷上杉氏一族の朝昌・三浦道含、扇谷上杉氏姻戚の宅間上杉憲能・吉良成高・大森実頼、江戸城近所の渋川義尭・千葉自胤、扇谷上杉氏宿老の上田入道らに対して、事実上、軍事指揮していることが注目される。もちろんそれは、道灌が扇谷上杉氏の家宰であり、そこでの軍事行動は上杉方総帥である上杉顕定の承認を得てのものであったから、それらは道灌の軍事指揮に従ったのであった。しかしそのことの継続が、道灌の政治的主導性を生み出していくことになっていく。

道灌の北武蔵進軍と上野への後退

道灌は、江戸城・河越城近辺や相模における景春方の攻略を遂げると、上野に退陣していた上杉方首脳を救出して五十子陣を再興するため、北武蔵に進軍した。これに対して、景春は鉢形城を出陣、上野勢を率いて五十子・梅沢《うめざわ》（埼玉県本庄市）に向かって陣を張った。上杉顕定からは長尾忠景の軍勢が派遣され、神流川を越えて清水《しみず》（埼玉県上里町）まで進軍してきた。忠景からは、梅沢要害を攻めるのは困難である、との意見があった。

それに対して道灌は、次郎丸という場所から攻め上って、鉢形城と五十子・梅沢要害の間に軍勢を入れるかたちで威圧すれば、景春は平原に打ち出てくるであろうから、次郎丸と五十子・梅沢要害の間で合戦すべきだ、と考えた。そして五月八日、道灌は忠景には相談しないで、次郎丸に軍を進めた。すると、忠景も陣所を払って次郎丸に出陣してきた。これにあたって上杉顕定は、忠景のもとに幕府軍であることを示す御旗を遣わしている。

道灌らが進軍すると、景春勢は道灌の予想通り出撃してきたため、道灌は用土原《ようどはら》（埼玉県寄居町）まで進軍してから転進し、針谷原《はりがやはら》（埼玉県深谷市）で景春勢を迎撃し、大勝利をおさめた。しかしこの合戦で、山内上杉氏宿老で大石遠江守家の当主であった大石源左衛門尉（房重《ふさしげ》か）が戦死し、景春方では上州一揆旗頭の長野為業が戦死している。双方ともに有力者の戦死がみられるので、激戦であったことがわかる。その日付については、「太田道灌状」は十四日としているが、『松陰私語』では八日とあるので、こちらが適切とみられる。なお同史料は、その結果として山内上杉氏は鉢形城に拠点を移し、扇谷上杉氏は江戸城に帰陣したと記しているが、これは翌年との混同である。

敗北した景春は、五十子南方の富田《とみだ》（埼玉県本庄市）に陣を取った。対して上杉勢は、四方田《しほうでん》（埼玉県本庄市）・甘粕原《あまがすはら》（埼玉県美里町）に陣を布いて対峙したという（「鎌倉大草紙」）。合戦での敗北により、危機に陥った景春は、古河公方足利成氏に支援を要請するのであった。ここまでの景春の行為は、単なる主人上杉顕定への叛乱にすぎなかったが、事ここに至り、顕定への対抗のため足利成氏に属することを選択したのである。

こうした情勢をうけてとみられるが、七月になって上野新田庄の金山城（群馬県太田市）の岩松家《いえ》純《ずみ》が、上杉方から離叛して足利方へと立場を転換した。岩松家純は、それまで上杉方として五十子陣に在陣していたが、正月の同陣崩壊によって本拠の金山城に在城するようになっていた。そして上杉方の劣勢をうけてであろう、古河公方足利成氏に味方することにして、護持僧の松陰を古河城に派遣し、足利成氏から赦免を獲得したのである。これをうけて成氏は、上野への出陣を決定する。

ところが、これに家純の嫡子明純《あきずみ》は同意せず、金山城から少し離れた場所に在陣を続けた。家純は七月二十三日、金山城で神水三ヶ条の誓約を行い、嫡子明純を義絶すること、宿老の横瀬《よこせ》国繁《くにしげ》を代官（いわゆる家宰、陣代）に任じて家政を委ねることを取り決めた。義絶された明純は、この後は山内上杉氏の陣中に加わることになる。かたや足利成氏は、長尾景春や岩松家純らの要請をうけて、東上野に進軍してきた。その軍勢は、下総結城氏・下野那須氏・上野岩松氏や奉公衆の佐々木氏などをはじめとした、八千騎という大軍であった（『松陰私語』）。

これをうけて上杉方では、成氏の軍勢には対抗できないとして、武蔵清水まで進めていた上杉顕定の陣を後退させることを相談した。顕定・定正をそれぞれ別にして、河越城・江戸城に後退させるとか、顕定は上野へ、定正は河越城へ後退させるとかの考えが出されたが、道灌は上杉方の首脳を揃って上野に後退させることを提案し、容れられるものとなったらしい。こうして上杉顕定らは、北上野における越後上杉氏の拠点となっていた白井城に後退した。

上杉方と足利成氏との和睦

対して、足利成氏は上野中央部に進み、利根川をも越えて滝・島名《しまな》（群馬県高崎市）に陣を布いてきた。この間、上杉方は白井城に在城を続けていたものの、それでは埒が明かないとして、九月二十七日に白井城を出陣して片貝《かたかい》（前橋市）まで進んだ。道灌はそれとは別に、それよりも北方に位置する荒《あら》巻《まき》・引田《ひきだ》（前橋市）に軍を進めた。これは足利勢を二分させようとする考えによるものであった。

すると足利成氏は、道灌の予測通りに結城・那須・佐々木・横瀬らの軍勢に、長尾景春と同房清の軍勢を加えた大軍を派遣してきた。あらかじめ予測していたことであったため、道灌は塩売原《しおうりはら》（前橋市）に攻め上って、引田を前にして陣取って待ち構えた。顕定が天子の御旗を掲げれば、その時に景春らの足利方に攻めかかろうと考えていたが、顕定に対して慎重な意見を述べるものがいたらしく、合戦におよぶことはなかったという。しかしそれでも、十一月十四日に景春らの足利方は退陣した。これをうけて道灌は、追撃して細井（前橋市）の用水堀辺りで合戦しようと考えたが、本軍から出陣してきた長尾忠景の到着が遅れ、それを待っていたことで機を逸してしまった。

十二月二十三日になって、足利成氏は一気に決着を付けようと滝陣を出陣、北上して翌日に府中

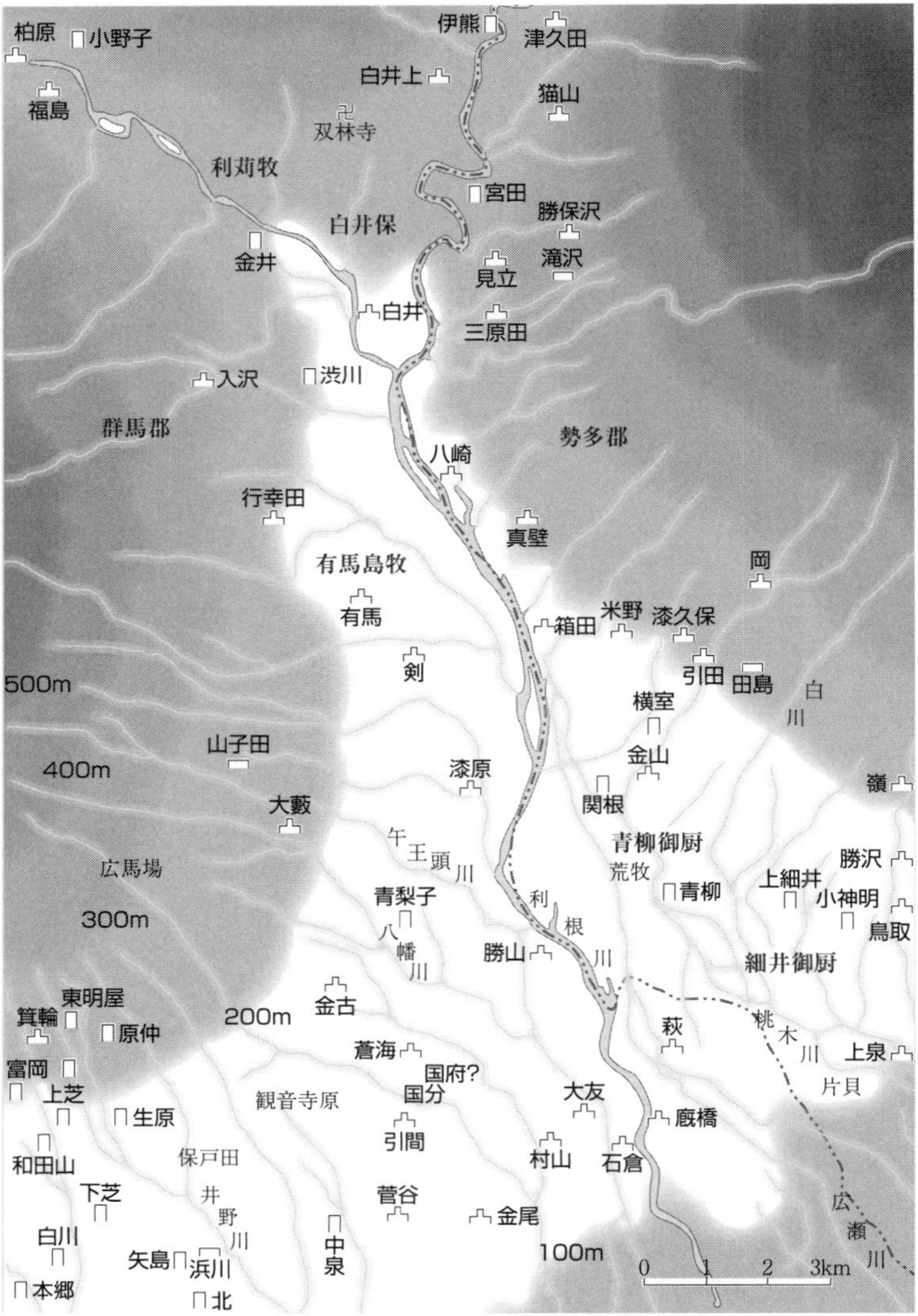

図５　長尾景春の乱関係図２　勝守すみ『長尾氏の研究』（名著出版、1978 年）所載の図をもとに作成

観音寺原《かんのんじはら》（群馬県高崎市）を通って広馬場《ひろばば》（同椿東村）に陣を布いてきた。これをうけて上杉勢も、二十七日に片貝から移動して利根川を越え、漆原《うるしばら》（群馬県吉岡町）に陣を移し、太田道真の軍勢を保戸田《ほどた》（同高崎市）に派遣するとともに、本軍は水沢《みずさわ》（同渋川市）・白岩《しらいわ》（同高崎市）を廻って広馬場に出た。この時、道灌は国分《こくぶ》（高崎市）に出て背後から攻撃すれば勝利は間違いない、と主張して国分に進軍する作戦を提案したが、越後上杉勢から白井城を背にして合戦するのが良く、そうでなければ同意しない、と反対されて、道灌の作戦は退けられてしまっている。そうして両軍はわずか二里を挟んで対陣した。しかしながら、いざ決戦を期したその日、俄に大雪が降ったため、決戦は回避された。

これによって両軍では和睦の気運が高まり、明けて文明十年正月一日、上杉顕定は被官の長井左衛門尉（憲康の父か）と寺尾上野介（憲明の子か）を使者として、古河公方足利氏宿老の簗田持助《やなだもちすけ》のもとに派遣し、足利成氏と室町幕府との和解を仲介することを条件に和睦をもちかけた。足利方は逡巡したようであったが、結果として翌二日に和睦が成立し、その日のうちに足利成氏は退陣して峰林陣《みねばやしじん》に移動した。四日には結城氏・宇都宮氏らの軍勢が陣を引き払い、五日には足利方の軍勢はすべて、留守所要害をはじめとした陣所を自焼して引き払い、足利成氏も上野から退陣して武蔵成田（埼玉県行田市）まで引き上げている（『松陰私語』）。足利方の軍勢の退陣にあたっての様子は、「前代未聞」といわれるほど慌ただしいものであったようだ。

これをうけて太田道真は、白井双林寺に在陣していた上杉顕定を訪れて和睦成立を報告している。

ところが顕定は、ただちには納得しなかった。そのため足利成氏が決めたことであるから、それを裏切るようなことはないと説得している。ここで顕定が問題にしたのは景春のことのようで、道真は、足利方との和睦と景春の問題とは別問題であるとして、景春については山内上杉氏の領内で討ち取ればよく、足利成氏との和睦を実現させるのがよい、と説得している。そうして白井に在陣していた顕定は、倉賀野《くらがの》（群馬県高崎市）まで進軍してきて、上杉勢は同所に陣を移した。

道灌は豊島氏を滅ぼす

道灌が上野に転戦している間、江戸城の近所では、再び豊島勘解由左衛門尉が蜂起して、江戸城に対する対の城として、今度は豊島郡平塚城（東京都北区）を取り立てて、またも河越城と江戸城の連絡を遮断していた。上杉定正や太田道灌らの扇谷上杉勢も、倉賀野陣に在陣していたものの帰国することにし、文明十年（一四七八）正月二十四日に倉賀野陣を出て河越城に帰陣した。上杉定正や太田道真は河越城に在城することにし、太田道灌は翌二十五日、平塚城攻撃を図って進軍し、膝折宿《ひざおりしゅく》（埼玉県朝霞市）に着陣した。すると豊島勘解由左衛門尉は、抵抗をみせることなく平塚城から没落して、おそらく足立郡を経由して、荏原郡丸子《まりこ》（神奈川県川崎市）に逃れた。

道灌は足立郡まで追撃したが、逃してしまった。そのため、いったん江戸城に帰城したうえで、ただちに豊島勘解由左衛門尉の追撃をすすめ、翌日には丸子に着陣している。豊島勘解由左衛門尉はさらに後退し、景春方の拠点となっていた小机城に逃れた。同城には、当初は景春被官の矢野兵庫助が在城していたが、先に河越城攻めのために出陣していたから、この時に城主となっていたのは成田氏であったらしい（「家伝史料」『史籍雑纂三』所収）。かつて長尾忠景が小机保を支配していた際に、その現地代官として成田三河入道がみえていたが、おそらくは同人か、その子にあたる存在であろう。景春の叛乱によって、景春に味方したと推測される。

これに対して道灌は、さらに追撃して二十八日には小机城近くまで陣を進めている。なお「太田道灌状」では、小机城攻めの着陣を二月六日としているが、同月九日付の足利成氏書状（「小山氏文書」戦古一七六）では、正月二十八日のこととしているので、こちらが妥当だろう。二月六日というのは、さらに小机城に接近して陣取りした日にちにあたるのかもしれない。このとき道灌は、二月付で久良岐郡平子郷寶生寺《ほうしょうじ》（横浜市南区）に、軍勢の乱暴狼藉の禁止を保障する禁制を与えている（「宝生寺文書」北二二六）。

足利成氏は、上杉方との和睦をうけて武蔵成田に在陣したが、上杉方との停戦が完全に成立したわけではなかったようである。和睦はあくまでも、上野からの退陣についてであったとみなされる。河越城に帰城した上杉定正は、吉見《よしみ》方面（埼玉県吉見町）に出陣して足利方への軍事行動を展開していた。また、太田道灌の小机城攻めをうけて、それへの支援のため足利成氏に従って成田に退陣していたと思われれる長尾景春が、二月七日に板屋に進軍している。

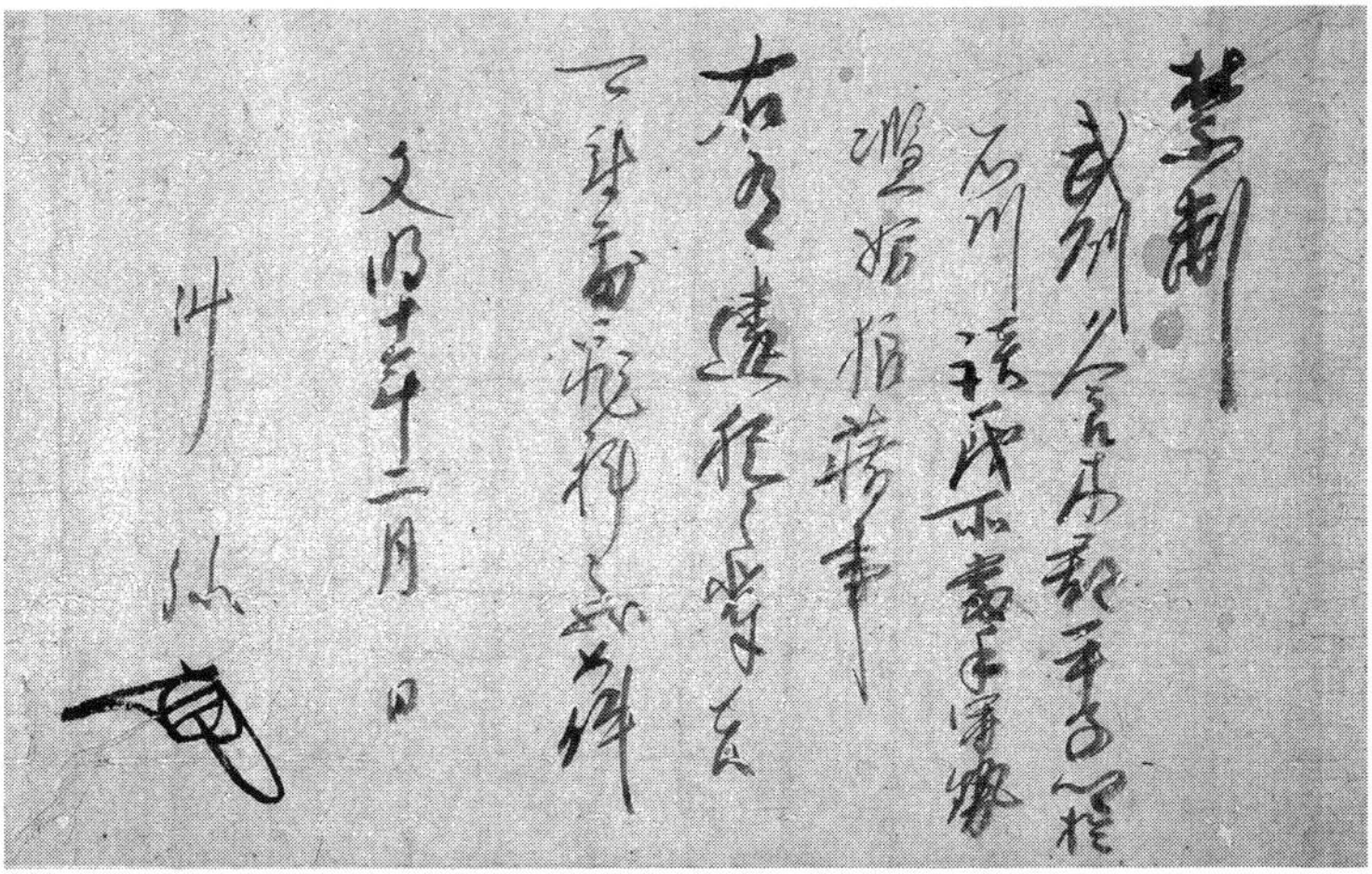

太田道灌禁制　横浜市南区・寶生寺蔵　画像提供：神奈川県立歴史博物館

そして、景春に味方する下総千葉輔胤が、数日のうちに出陣してくる情勢となっていた。しかし成氏が率いる軍勢は少数になっているとして、成氏は九日に下野小山梅犬丸《うめいぬまる》（のち成長《しげなが》）に軍勢の派遣を要請している（前掲「小山氏文書」）。

景春が進軍した板屋の場所は明確ではないが、「太田道灌状」では、この時に景春は浅羽《あさば》（埼玉県坂戸市）に進軍したと記しているので、これは同所にあたるのだろう。景春の浅羽への進軍は、それが河越城の近くにあたるため上杉定正への牽制とみなされる。そして被官の吉里宮内左衛門尉の軍勢を大石憲仲の武蔵二宮城に派遣、さらにそこから小机城の支援に向かわせようとした。なお、その近所となる横山庄の長井広房は、顕定が白井城に在城している時に、すでに景春から上杉方に転じてきていた。そのため、二宮城が景春方の最前線になっていたと考えられる。

二月二十八日になって、倉賀野陣にいた上杉顕定が大塚《おおつか》（群馬県藤岡市）まで陣を進めてきていた。これについて、足利成氏は武蔵児玉郡安保《あぼ》郷（埼玉県上里町）の安保氏泰《うじやす》から連絡を受けたことに対して、状況を報告するよう求めている（「安保文書写」戦古二〇七）。続けて三月三日、成氏は同じく安保氏泰から、上杉勢から攻撃をうけたがこれを撃退したという連絡に対して、顕定が倉賀野に陣を移した状況についての報告を求めている（「安保文書写」戦古一七二）。

安保氏泰はこのとき足利方の立場であったから、顕定から攻撃をうけていたとすれば、いまだ双方の抗争が続いていたことがわかる。和睦は、あくまでも足利成氏と上杉勢の退陣のためで、その配下の勢力同士の抗争におよぶものではなかったことがわかる。ここでは、足利方の安保氏と上杉方の勢力との抗争が続いていて、倉賀野陣にいた顕定は味方への支援をはたらき、大塚まで進軍して安保氏を攻撃したが敗北したため、再び倉賀野陣へ戻ったことが知られる。

さて、河越城の扇谷上杉勢は景春勢から圧力をうけていたことに対し、三月十日に景春の浅羽陣を攻撃した。景春はこれに敗れ、足利成氏が在陣する成田陣にいったん退陣したが、そこに千葉輔胤の軍勢が進軍してきたため、今度はそれをともなって河越城に向けて進軍、羽生峰《はねおみね》（埼玉県滑川町）に着陣した。ちなみにこの「羽生」を太田庄羽生（埼玉県羽生市）にあてるものもあるが、正しくは比企郡「羽尾」にあてられる。この景春の再度の進軍をうけて、道灌は河越城への支援のため三月十九日、小机陣から弟資忠の軍勢を河越城に向けて派遣した。そして二十日、上杉定正は河越城を出陣し羽生陣に向けて進軍した。すると、景春勢は戦わずして成田陣に退陣した。

こうして景春は、小机城に対する支援を実現することはできなかった。道灌は小机城攻撃に専念できるようになり、ついに四月十日に攻略を遂げた。そして同時に、豊島氏を滅ぼすものとなった。先にみたように、豊島氏は石神井郷から平塚郷などにかけて、豊島郡に多くの所領を有する同郡で最大の領主であったが、その滅亡にともなって所領はすべて扇谷上杉氏が没収するものとなった。その多くは、実際に江戸城主として江戸城周辺の支配を管轄していた、道灌の所領となるのであった。

先に江戸氏の所領を獲得し、今また豊島氏の所領を獲得したことで、扇谷上杉氏は江戸城周辺地域で多くの所領を有することになった。しかも、その多くは道灌の所領となったから、道灌こそが江戸城周辺地域では名実ともに最大の領主となるのであった。

この頃には、下総葛西城の大石石見守も降伏していたとみられる。それにともなって、石見守のもとに移っていた武蔵千葉実胤も進退に窮まり、美濃に没落してしまう。これによって分裂していた武蔵千葉氏は、道灌と親しい関係にあった弟の自胤によって統一された。すでに吉良氏・宅間上杉氏・渋川氏も扇谷上杉氏の軍事指揮に従っていたし、大石石見守もこののち、扇谷上杉氏との関係を強めていくから、景春の乱の制圧を通じて江戸城周辺地域は、完全に扇谷上杉氏の勢力によって占められることになった。

相模の制圧と小田原城の大森氏攻略

道灌は小机城を攻略すると、続けて武蔵南部の制圧を図った。すでに相模でも、金子掃部助が再び小沢城に蜂起し、東郡磯部城（神奈川県相模原市）でも景春方が蜂起していた。扇谷上杉勢のなかからは、相模は扇谷上杉氏の分国であるから、そちらの制圧を優先すべきとの意見も出されたが、道灌は武蔵を制圧して上杉顕定を武蔵に迎え入れることを優先すべきと判断して、大石憲仲が在城する二宮城の攻略にあたった。城主大石憲仲は、戦わずして降伏した。この二宮大石氏の降伏を知って、相模の景春方の磯部城も降伏、小沢城も落城し、それらの景春方は奥三保《おくさんぼう》（津久井地域）に後退した。

道灌は、二宮城攻略後は北進して村山《むらやま》（東京都武蔵村山市）に陣を進める一方、弟の資忠・六郎（資常か）の軍勢それぞれを二方面から奥三保へ進軍させた。奥三保には、相模の景春方として本来は古河公方足利氏の直臣であった本間近江守・海老名左衛門尉、甲斐郡内上野原《うえのはら》（山梨県上野原市）の有力領主の加藤氏、武蔵国境の武士らが在陣していた。それらの景春方は太田資忠・六郎の進軍をうけて、四月十四日に資忠らの軍勢に攻め寄せたが、搦《から》め手において資忠勢が奮戦し、これを撃退した。景春方では海老名左衛門尉が戦死している。

この勝報はその日の夜に、村山に在陣していた道灌にもたらされ、これをうけて道灌は未明に出陣して甲斐郡内に進軍した。おそらく先の敗戦で、景春方は奥三保からさらに加藤氏の在所まで後退したのであろう。道灌は、すかさずそれを追撃したということになる。そして加藤氏の本拠（上野原か）

を攻略し、後退する敵勢をさらに追撃して鶴河《つるかわ》（山梨県上野原市）をはじめ周辺を放火、敵方を鎮圧した。これによって、相模の景春方についても制圧を遂げたという。

この時のこととみられるのが、西郡小田原城の大森伊豆守成頼《しげより》（氏頼の兄憲頼の子）の攻略である。これは「太田家記」に同年のこととしてみえるだけだが、それによれば、大森氏の惣領家にあたる小田原大森氏をこの時に攻略したことになる。具体的な時期は記されていないが、その後、道灌の動向が確認できるのは二ヶ月後の六月からなので、これはその間であった可能性が高い。

大森氏は小田原城を本拠にする惣領家と、駿河御厨を本拠にする庶家があった。惣領家の成頼は、その実名に足利成氏から偏諱をうけているように、もともと足利方であったようで、この時は景春に味方していたと考えられる。一方の庶流家の氏頼・実頼父子は上杉方の立場をとっていて、実頼は前年から道灌に従軍しており、この時の奥三保攻めにも参加していた。「太田道灌状」にも、「大森信濃守（実頼）の事は、父子兄弟の間相分かれて最初より御方致し」と記されていて、この景春の乱において大森氏一族が分裂していたことが確認できる。

道灌方による小田原城攻撃の具体的な状況は明確でないが、成頼は退去して箱根山《はこねやま》に逃れたという。これによって成頼は滅亡し、かわって庶家の実頼が惣領家の地位に取って代わり、小田原城に入ってその本拠とする。これにより大森氏は、駿河御厨と相模西郡を領国とする有力な国衆と化していくことになる。

一方、この間、上杉定正はそのまま景春との対陣を続けていた。戦況が膠着し双方とも身動きがとれない状態になっていたらしい。道灌は六月二十五日に、江戸城の鎮守社として城内に平河天満宮《ひらかわてんまんぐう》を建立して、その日に落成を遂げている（「太田家記」北二一八）。これからすると、道灌はそれまでに相模から江戸城に帰陣して、同社の建立を遂げたのであろう。

その後、上杉定正救援のために出陣して、いったん河越城に入ったうえで、定正を河越城に帰陣させるため、七月上旬に河越城から出陣して井草《いぐさ》（埼玉県川島町）に着陣した。次いで、十三日に青鳥《おおどり》（埼玉県東松山市）に進み、十七日に荒川を越えて、景春の拠点であった鉢形城と足利成氏が在陣する成田陣の間に陣を取った。

山内上杉氏においても、景春方の切り崩しをすすめていたことが知られる。すなわち、六月十五日には上野の長野左衛門五郎が帰属したことについて、長尾忠景がそれを取り次いだ傍輩の落合孫三郎に、上杉顕定からそのことの承認を得たことを伝えている。七月十三日には、忠景は同じく落合孫三郎に忠信への功賞として、兄孫次郎の遺領を相続することを顕定が承認したと伝えている（「落合文書」『（長野市立博物館）博物館だより』九二号・一〇三号）。

長野左衛門五郎については明確ではないが、仮名から「左衛門尉」の子と推測されることから、おそらく、景春方として前年の針谷原合戦で戦死した上州一揆大将の長野左衛門尉為業の子（顕業《あきなり》もしくは業尚《なりなお》か）と推定される。これによって、このときに有力な景春方であった長野氏が、山内上杉氏に帰参したことが知られる。山内上杉氏が足利成氏との和睦を機に、景春への攻勢に転じている状況がうかがえる。

景春は鉢形城から後退、顕定の本陣となる

ここにきて足利成氏は、上杉方との和睦を優先して景春の切り捨てを図り、太田道灌が成田陣に進軍してきた七月十七日の夜中、宿老簗田中務大輔成助（持助の子）を道灌のもとに使者として派遣し、「上野で成氏と顕定の申し合わせによって主従御統一になったにもかかわらず、景春が成氏の近辺にいるため困っており、すぐにそれを撃退するように」という内容を伝えている。すなわち成氏は、顕定との和睦によって古河城に帰還したかったが、景春が近所に在陣しているためにそれが行えないとして、道灌に景春への攻撃を要請したのであった。

正月の和睦をうけて、成氏は上野から成田陣まで後退していたが、依然として上杉方と足利方の抗争は継続されていた。そのため、成氏も上杉方を「敵」と表現していたように、それとの敵対姿勢を決して崩すことはなかったし、実際にも上杉定正との対峙も続いていた。ところが、道灌が相模から武蔵南部の景春方勢力の鎮圧を果たし、定正支援のために近所まで進軍してきたことで、形勢の不利を悟ったのか、上杉方との和睦を尊重する態度をとって道灌に景春攻撃を要請したとみなされる。

この足利成氏の要請に、道灌は応じることとした。すぐさま翌十八日未明に出撃して、景春の陣所を攻撃した。景春は敗北して逃亡した。詳細は不明だが、のちの行動からみると秩父郡に逃れたとみられる。このときの秩父郡は、景春の叔父で出雲守家を継承していた景明の勢力下に置かれていたようで、おそらくはそれを頼ったのではないか。また同時に、景春が蜂起の拠点としていた鉢形城も落城したと思われる。

その翌日の十九日、足利成氏宿老の簗田成助《しげすけ》は武蔵別府《べっぷ》三河守《みかわのかみ》宗幸《むねゆき》に書状を送って、千葉輔胤と長尾景春の軍事行動の報告をうけたことについて、景春の軍事行動の内容、すなわち景春が敗退したことで成氏が古河城に帰還できるようになったことを「満足である」と伝えている（「別符文書」景春一一）。そして二十三日、成氏はようやく利根川を越えて、古河城への帰陣を遂げるのであった（『松陰私語』）。

これらの情勢をうけて上杉定正は森腰《もりこし》という地に在陣、また、道灌は足利成氏が在陣していた成田陣に在陣し、上杉顕定が上野から武蔵榛沢《はんざわ》郡に到着するのを待った。ここで上杉方は、顕定の在所をどこにするかで議論があったが、道灌は鉢形城を推薦した。その理由は、顕定の本陣は大将である顕定だけがいて防備が不十分であれば意味がなく、鉢形城は、祗候する人々が付き添い続けることができ、しかも武蔵・上野を統治する場所として重要なところであるというものであった。長尾忠景ら何人かは納得しなかったが、最終的には道灌の意見が容れられて、顕定は同城を本陣とすることになった。こうして景春の本拠であった鉢形城は、上杉方の本陣へと姿を替えた。ここに景春の叛乱は、上杉方の勝利で大勢は決したといってよい。

金山城の岩松家純を訪問

このときのこととみられるのが、道灌の上野金山城（群馬県太田市）訪問である。道灌が武蔵別府（埼玉県熊谷市）に在陣していたときというから、これは成田在陣を指すと考えられる。金山城の岩松家純は足利成氏の古河帰還に尽力していた。成氏と上杉方との和睦が本格化することにより、岩松氏では上杉方との親交を回復する必要が生じていたとみられる。

岩松家純から家宰横瀬国繁を陣所に派遣されて書状や進物が贈られ、また、道灌は国繁と談合した。道灌はそれに返礼し、金山城を訪問することになった。同城には三日滞在し、岩松家純と歌道や軍学について談義しているし、松陰とも軍学について談義している。そのうえで道灌は、金山城について「近比名城」と、当代における名城であると褒めている。

道灌が帰陣するに際しては、国繁が今井大橋の向かいまで見送り、国繁の嫡子横瀬成繁《なりしげ》から間々《まま》田《だ》（埼玉県熊谷市）舟橋まで見送られている。さらに横瀬成繁は中間一人だけをともなって道灌の陣まで供奉したというから、これは道灌が帰陣するまでの安全を保障する行為とみなされる。道灌はこの金山城訪問で、山内上杉氏が岩松氏を攻撃しないよう取り決めたらしく、これに岩松氏は大いに感謝し、直後に行われる道灌の下総攻めには、二〇〇騎の軍勢を派遣してくることになる（『松陰私語』）。

下総千葉氏の追討

道灌はその後、景春の有力与党であった下総千葉氏の追討を図った。千葉輔胤は、文明十年（一四七八）の三月から七月にかけて、景春支援のため景春のもとに出陣してきていたが、景春の敗北にともなって輔胤も帰陣したようだ。そのため道灌は、続いてその追討をすすめようとした。もっともこの千葉氏は、道灌にとって江戸城東方での対峙勢力で、そもそも江戸城自体がこの千葉氏への対抗を理由の一つとして構築されたものであった。さらに道灌は、本来は千葉氏の嫡流筋にあたっていたが、享徳の乱初期に同氏から武蔵に追いやられていた武蔵千葉自胤を庇護していたから、これは千葉氏嫡流家の復活を図ったものでもあった。

道灌は千葉氏追討について上杉顕定・同定正に提案し、両者から足利成氏に申し入れてもらって了承を得ている。そのためこの千葉氏攻めは、足利成氏と上杉方双方の承認を得てのものであり、名目的には成氏による追討という体裁がとられたのであった。千葉氏は成氏と幕府との和睦には反対する立場をとっていた。それは幕府方の千葉氏として武蔵千葉氏が存在しており、和睦が実現すると自己の存立の保証が得られないと考えていたからだろう。

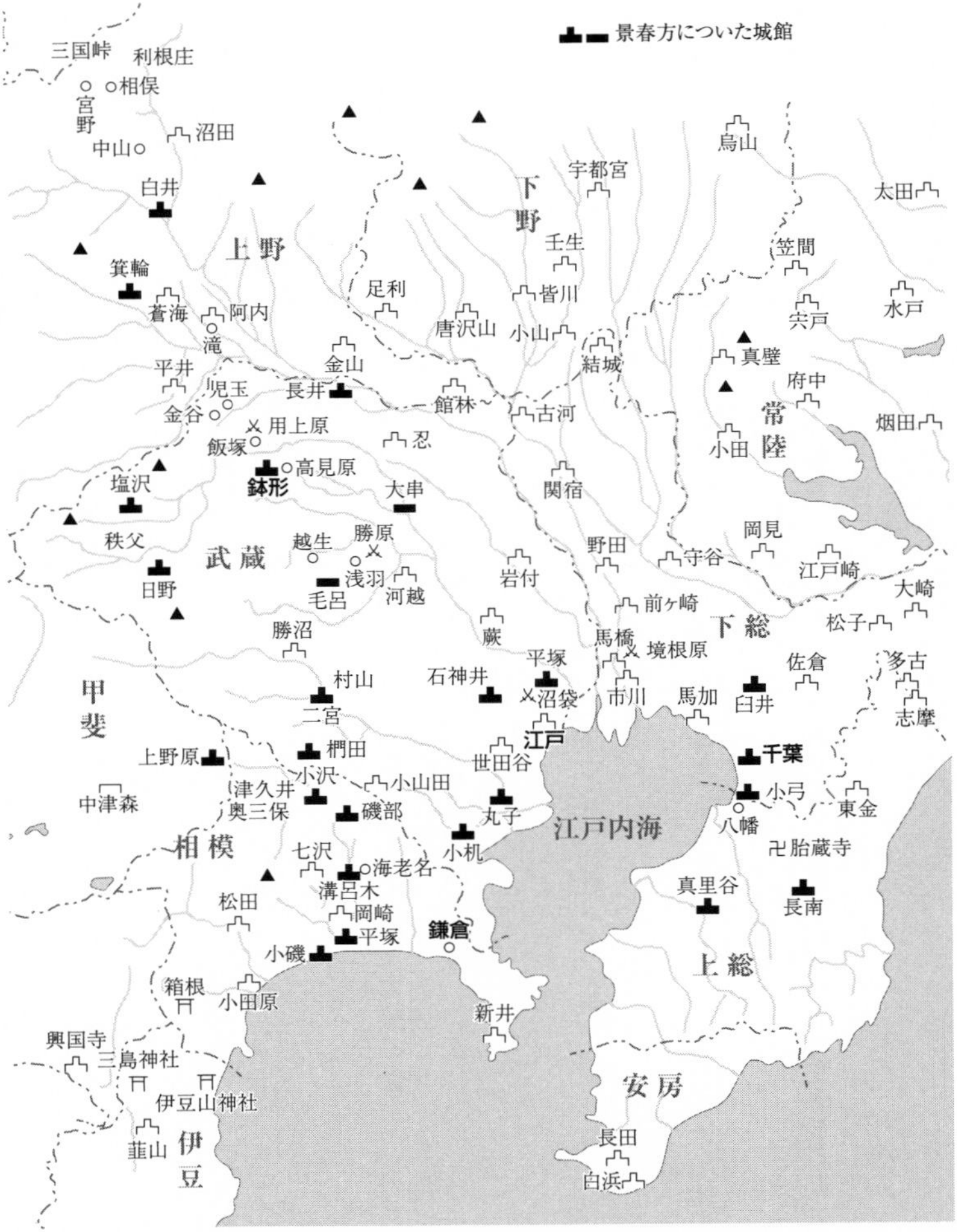

図6　長尾景春の乱関係図3　勝守すみ『長尾氏の研究』（名著出版、1978年）所載の図をもとに作成

しかし成氏としては、上杉方に幕府との和睦仲介を要請するにあたり、反対する勢力の存在は好ましくなく、そのために追討を了承したと思われる。もっとも、実際に進攻した上杉勢の主力は、道灌率いる扇谷上杉勢と武蔵千葉自胤の軍勢であった。そのため、これについて扇谷上杉氏の都合によるものとする見解も出されたらしく、それに対して道灌は、景春の台頭を防止するためであると主張したようである。

道灌が実際に下総に侵攻したのは、十二月に入ってからであった。江戸城から出陣して、隅田川を越えて下総葛西に入り、続いて大井川を越えて下総葛東郡に入って国府台《こうのだい》（千葉県市川市）に陣を取った。千葉孝胤《のりたね》（輔胤の嫡子）は、本拠千葉平山城を出陣して境根原《さかいねはら》（千葉県柏市）まで進軍してきた。道灌も軍を進めて十日に同地で合戦となり、これに勝利した。この合戦に関しては弟資忠の書状があり、鎌倉黄梅院に合戦での勝利と、敵兵数百人を討ち取ったことを報せている（「黄梅院文書」北二一〇）。ちなみに、これは資忠の唯一の発給文書となっている。

この境根原合戦に関しては、翌文明十一年（一四七九）正月八日付で、足利成氏から武蔵安保氏泰に感状が出されている（「安保文書」戦古一七九）。安保氏泰は成氏に従う存在であり、それが同合戦に参加して戦功をあげていることから、道灌が率いる軍勢には古河公方足利氏配下の軍勢も派遣されていたことがわかる。さらに三月付で、成氏の宿老簗田持助が下総香取《かとり》郡の香取社（千葉県香取市）に奉書禁制を出している（「楓軒文書纂」戦房二四〇）。簗田持助までが従軍していたとは判断できないが、禁制を足利成氏が出していることから、この軍事行動が名目的に成氏により行われたものであったことが認識できる。

臼井城攻めと弟資忠の討ち死に

さて、境根原合戦に敗北した千葉孝胤は、後退して臼井城（千葉県佐倉市）に籠もったため、道灌は正月に進軍し、十八日から臼井城を攻撃した（「鎌倉大草紙」）。しかし、容易に攻略できず長陣になってしまったため、道灌はいったん帰陣して上杉顕定に天子の御旗を掲げての出陣を要請した。この軍事行動が幕府軍としてのものであることを示して、敵方の戦意を低下させ戦況の打開を狙ったものであろう。その間、弟資忠・千葉自胤が大将となって攻撃を続けたが、依然として攻略できなかった。

しかし、顕定の出陣はなかったため道灌は帰国し、それに際して軍勢を二手に分け、弟資忠に臼井城攻撃を続けさせ、千葉自胤には両総における千葉孝胤方の攻略に向かわせた。そして七月五日、下総飯沼《いいぬま》（千葉県銚子市）の海上《うなかみ》備中守《びっちゅうのかみ》師胤《もろたね》、上総長南《ちょうなん》（同長南町）の上総介《かずさのすけ》、同真里谷《まりやつ》（同木更津市）の武田《たけだ》三河守《みかわのかみ》清嗣《きよつぐ》らが降伏、自胤に帰服した。武田清嗣は嫡子信嗣《のぶつぐ》を本拠に残して、自身は武蔵に出仕してくるものとなった。こうして千葉自胤は、本拠千葉の回復はならなかったものの両総の勢力の多くを従えることとなった。

これをうけて道灌は、長期の在陣にわたったため、資忠の軍勢をいったん帰陣させることにして、資忠は同十五日から退陣を始めた。すると城内から千葉勢が討って出てきたため、資忠は取って返して反撃し、そのまま攻め返して同城を攻略した。しかしこの合戦で、弟資忠、中納言某・佐藤五郎兵衛・桂縫殿介《かつらぬいのすけ》ら五十三人の、道灌の親類・傍輩・被官が戦死してしまった（「鎌倉大草紙」）。おそらく、資忠の子資雄も同様であったとみられる。資忠は臼井城の攻略を果たしたものの、自身は戦死を遂げてしまったのであった。年齢は不明だが、道灌が四十八歳であることから四十歳代半ばくらいと推測される。

そして臼井城は、千葉自胤の管轄とされたようだ。敗北した千葉孝胤は本拠の千葉に後退したが、上杉勢も長陣のため追撃を諦めて帰陣した。千葉自胤も臼井城には代官を置いて、自身は本拠石浜城に帰陣した（「鎌倉大草紙」）。こうして道灌による千葉氏追討は臼井城の攻略を果たし、千葉方であった海上氏・長南上総介・真里谷武田氏を服属させるという成果をおさめるものとなった。

その後、道灌は江戸城に足利成氏の弟熊野堂守実《くまのどうしゅじつ》を迎えた。正確な時期は明確ではないが、「太田道灌状」では、臼井城攻略とその後の長尾景春の再蜂起の間に記されており、とりあえずは臼井城攻略後のこととみなされる。これは成氏が、室町幕府との和睦斡旋を上杉方に求めるにあたり、守実が自らその証人を務めることを申し出て、和睦仲介が捗らないため道灌のもとに乗り込んできたものらしい。

千葉氏攻めでの成氏の協力は大きく、そのため道灌は成氏から、上杉方が幕府との和解仲介に取り組むことへの働きかけを強く求められたようだ。道灌は否応なくそれに協力する立場に置かれることになった。しかし、このことは上杉顕定・長尾忠景から不興を買ったようで、その後に守実が顕定に使者を派遣しても返事もなく、道灌は面目を潰すものとなっていて、「口惜しい」と強く不満を募らせるのであった。

ここでの成氏から道灌への要請は、上杉顕定・同定正へ直接、幕府との仲介への取り組みを開始するよう働きかけを求めるものであった。ただし、成氏は道灌と同時に、越後に帰国していた上杉房定にも働きかけをしている。七月十一日付で、房定に「八幡大菩薩」への照覧を誓約した書状を送っている（「蜷川文書」戦古一八二）。

なお、この文書の年代は、これまで同十二年に推定されることが多かったが、現在では文明十一年であることが確定されている（杉山一弥「応仁・文明期「都鄙和睦」の交渉と締結」拙編『足利成氏とその時代』所収）。そこで成氏は、前年から室町幕府に対して野心のないことを言上しているものの、いまだ取り次がれていないことをうけて、幕府との和解への仲介を依頼するものとなっている。

これをみると成氏は、すでに前年の時点で幕府への働きかけを行っていたことがうかがえるが、将軍家までは取り次がれてはいなかったことが知られる。そのため上杉顕定・同定正に影響力を持っていた、上杉方の有力者であった房定に直接、幕府への取り成しを要請したものと思われる。もっとも房定は、これにはしばらく反応しなかった。

再び景春の蜂起

ところが、文明十一年（一四七九）九月になると、景春が再び武蔵で蜂起した。傍輩の長井六郎憲康《のりやす》（左衛門尉の子か）を誘い、まずその本拠に入った。長井憲康の本拠は明確でないが、その後の状況から推測すると、おそらくは児玉郡御嶽《みたけ》城（埼玉県神川町）と思われる。そのうえで景春は、さらに秩父《ちちぶ》（埼玉県秩父市周辺）に入った。

この状況をうけて長尾忠景は、先に秩父を攻略すれば「長井の城」は自ずと敗退するであろう、「長井の城」を攻撃した場合、どの軍勢で秩父を攻略するのか、として秩父攻略を優先することを主張した。これに対して道灌は、秩父と「長井の城」とどちらが攻略するのが簡単であろうか、攻略しやすいほうから攻めるのが得策と主張した。結果として道灌の意見が容れられ、「長井の城」から攻めることになった。

足利成氏も景春が長井憲康の本拠に籠もったことをうけて、閏九月二十四日付で別符宗幸に送った書状では、上杉顕定が景春への攻撃を行った際には協力して軍事行動することを命じるとともに、崎西郡忍城（埼玉県行田市）の守備を心配し、城主成田下総守と相談するように命じている（「別符文書」景春一二二）。成田下総守も成氏に従う存在であり、この頃、景春方の勢力によってその本拠の忍城の維持が脅かされるような状態が生じていたことがうかがえる。

ちなみにこの成田氏は、先に小机城の城主であった成田氏とは別人であるが、同族ではあったとみられる。享徳の乱当初は山内上杉氏に従っていたが、景春の叛乱にともなって景春に味方した可能性が高い。おそらくは、景春が没落した際に足利成氏に従うようになったのだろう（拙稿「戦国期成田氏の系譜と動向」）。

その四日後にあたる閏九月二十八日、景春は下野足利庄鑁阿寺に書状を送っている（「鑁阿寺文書」景春一三）。景春が「長井の城」に移ったことにともない鑁阿寺から挨拶があり、それに返事したもので、景春の発給文書としては初見のものである。景春の発給文書は、本文書をはじめとして八通が残されている。なお、足利庄を支配する長尾房清は、景春の叛乱時から景春に味方していたが、足利成氏と上杉方との和睦成立後の動向は明確ではない。しかし、ここで領内の鑁阿寺から景春に挨拶が行われていることからすると、依然として景春に味方していたことがうかがえる。

さて、道灌は「長井の城」攻略のため、十一月二十八日に江戸城を出陣した。当初、十二月十日に金谷談所（埼玉県本庄市）への着陣を予定していた。「長井の城」攻略のため同地に在陣しようとしていたことからみて、「長井の城」は、同所の山頂に位置した御嶽城とみて間違いないように思われる。ところが、足利方の成田下総守の忍城で不穏な動きがあったとされ、成田氏を支援するために翌二十九日、久下《くげ》（埼玉県熊谷市）に陣を取った。これによって忍城の状況もおさまったため、道灌は長井氏の御嶽城攻めに向かうことになる。

明けて文明十二年（一四八〇）正月四日、景春は児玉郡に進軍してきた。長井氏への支援のためとみられる。そのため道灌は六日、上杉顕定が在城する鉢形城近くの塚田（埼玉県寄居町）に進んで、そこで味方軍勢を招集した。鉢形城では、顕定が天子の御旗を立てて景春方を威圧した。また、上杉定正も河越城を出陣して、大谷《おおたに》（埼玉県深谷市）に陣を取った。そして十三日に沓懸《くつかけ》（埼玉県深谷市）に進んだところ、景春が飯塚（埼玉県深谷市）に転進してきた。それをうけて定正は、同陣へ夜襲をかけようとしたが、景春はその日の夜のうちに後退した。続いて景春は、二十日になって越生（埼玉県越生町）に進軍してきた。ちょうど同地の龍穏寺に太田道真が滞在しており、そのため道真が出撃して迎撃にあたり、景春はこれに敗北してしまい、再び秩父に後退していった。

ここで景春は、長井氏の支援を行おうとしたのだが、上杉定正や太田道真の行動に阻まれるものとなった。ただ、軍事的にはそのような事態となったが、景春は外交による支援をすすめていた。具体的には、上野岩松氏を味方に誘う働きかけをおこなっていた。二十七日付で、長井憲康が岩松氏一族の西谷右馬頭《にしのやうまのかみ》に宛てた書状に、景春から横瀬国繁・成繁父子に宛てた書状を送ったことを伝えて、横瀬駿河守と相談して、景春に味方してくれるよう要請している（「武家書簡」景春一四）。

続いて二月六日付で、景春自身が西谷右馬頭に書状を送っている。これは、西谷から長井憲康へ送られた返事をうけて景春が書状を出し、それに対して、西谷の被官とみられる矢野右京進《うきょうのじょう》から返事が送られてきたことをうけて再度、書状を送ったものになる。おそらく、長井憲康が西谷に書状を出したあとに、西谷と景春との間でそのような書状のやりとりが行われていたものと思われる。

西谷からは色よい返事がおくられてきたらしいが、横瀬四郎という人物にも働きかけをしたものの、これはうまくいっていないことを伝えられたことについて、さらなる働きかけを要請している。そして長井氏の御嶽城に対して、敵方が二度にわたって攻撃してきたが長井勢は撃退し、敵方に数百人の戦死者・負傷者を出したことを伝えている。そのうえで今回の協力に対して、景春は「生前忘れ奉るべからず候」と、最大限の感謝の意を表している（「武家書簡」景春一五）。

これによって、その日までに上杉方の御嶽城攻めが、二度にわたって行われていたことがわかるとともに、長井勢はそれを撃退していたことが知られる。同城に対しては、道灌をはじめ山内上杉氏からも宿老の大石氏（源左衛門尉の弟信濃守定重であろう）が派遣されてきて、攻撃にあたっていた。しかし、攻略は簡単にはいかなかったことがうかがえる。そして景春は、岩松氏の一門・被官に味方化を働きかけていて、相応の手応えを得ていた様子もうかがえる。

結局は、道灌と大石氏は同城の攻略を遂げるが、時期は明確ではない。その後の動向が知られるのは五月になってからで、その間であることは確実である。

都鄙和睦への取り組み

そうしたなか景春は、足利成氏による室町幕府との和睦交渉に関わりをみせている。すなわち、文明十二年（一四八〇）二月二十五日、成氏は幕府管領家の細川政元に宛てて書状を出し、幕府への野心はないことを数年におよんで言上しているが、いまだ取り次がれていない、そこへ上杉顕定・同定正が和睦の仲介を申し出てきたので任せていたが、「一両年」にわたって対応してこないので、今回は長尾景春をかつての関東管領山内上杉長棟（憲実）の名代として、和睦のことを取り次ぎさせることにしたと述べて、和睦への尽力を要請している（「蜷川文書」景春一六）。

同日付で、景春はその副状を細川氏被官の小笠原備後守に宛てて出しており、「古河様」足利成氏が和睦の実現を図る御書を出したことを伝えて、京都大徳寺《だいとくじ》の以浩《いこう》長老が在京しているのでそれに交渉役を依頼したこと、和睦実現に尽力してもらいたいことについて、細川政元への披露を要請している（「蜷川文書」景春一七）。なお、景春が細川政元被官の小笠原宛で副状を出しているのは、景春の身分が細川政元へ直接、書状を送ることができなかったことによろう。

これらから、足利成氏は景春を取り次ぎにして幕府への和睦の働きかけを行ったことがわかる。成氏はすでに前年七月、越後上杉房定に同様のことを働きかけていたが、房定からまったく反応が得られなかったため、今度は景春を通じて交渉に取り組もうとしたのだろう。ここで景春が選ばれたのは、景春がかつて上杉方の中心的な存在であったことから、その人脈を頼ろうとしたと推測される。少なくとも、細川氏被官へ直接、書状を出すことができる関係にあったことがわかる。

とはいえ、景春は成氏の書状と自身の副状を直接、細川政元《ほそかわまさもと》に届けることはできなかった。そのため、景春は堀越公方足利政知の執事の上杉政憲、それに匹敵する地位にあったと推測される沙弥信《しゃみしん》照《しょう》という人物に仲介を依頼している。上杉政憲と沙弥信照は、ともに三月二十日付で細川政元に宛てて書状を出して、足利成氏が幕府との和睦を望んでいること、景春がその取り次ぎにあたること、大徳寺以浩が交渉役にあたること、和睦成立に尽力を依頼することなどを伝えている(「蜷川文書」景春一八・一九)。

ここで注目されるのは、堀越公方足利氏の上杉政憲が仲介にあたっていることであろう。景春との関係からすれば、かつては同じ上杉方であり、ともに有力者として交流はあったであろうから、両者のつながりは不思議ではない。しかしながら、今回の要請は堀越公方足利氏にとって、鎌倉公方の地位をめぐって対立する関係にある足利成氏の、幕府との和睦に関わるものであったから、いわば敵対者への便宜を図ることになる。常識的に考えれば手助けするとは考えがたいが、実際にはそうしている。景春と上杉政憲との関係がそれほど深いものであったのか、上杉政憲に何らかの意図があってのことか、皆目見当もつかないが、そのような政治関係が展開されたことは事実であった。

とはいえ、それらの文書もすぐに幕府中枢に取り次がれたわけではなかった。これらの文書が幕府中枢に取り次がれるのは、こののちの十月八日付で成氏が、同月二十一日付で成氏の弟で鶴岡八幡宮若宮別当(雪下殿)であった尊倣が、それぞれ大徳寺以浩に宛てて幕府との交渉の開始を催促する書状とともに(「蜷川文書」景春二〇・二一)、翌同十三年七月まで待たねばならなかった。成氏の要請は、まったく実現の目処が立たない状況にあったとみられる。

景春の武蔵からの没落

上杉方では、長井氏の御嶽城の攻略を遂げると、上杉顕定は景春の秩父における拠点となっていた日野要害（埼玉県秩父市）の攻略をすすめることにした。そして同所に向けて鉢形城を出陣し、大森（所在地不明）に陣を布いた。ところが、ここで足利成氏が態度を豹変させて景春支援に動いた。たび重なる和睦仲介の要請に上杉方が一向に応えないことに苛立ったためと思われる。「太田道灌状」にみえていた、江戸城を訪問してきた熊野堂守実が和睦への取り組みを要請する成氏の意向を、無量寿寺を使者として顕定の秩父陣に申し入れたことに対し、顕定が返事すらしなかったというのは、このときのことであろう。

これに関しては文明十二年（一四八〇）と推定される四月四日付で、太田道灌が足利成氏の奉公衆の梶原能登《かじわらのと》入道《にゅうどう》に宛てた書状がある（「古簡雑纂」北二二九）。誤写とみられる部分が多く、必ずしも十分に文意をとることはできないが、およそ以下のようなことが記されている。すなわち、成氏の幕府への言上の取り成しについて、「両屋形」（顕定・定正）から「熊野堂殿様」守実へ宛てて、「罰文帳」（起請文）で、妨害する人がいるために進んでいないことを返事したこと、成氏の御料所や近習衆の所領については別紙の書状で返事すること、それはとても重大な事柄であり、天皇からの赦免を取りなさねばならず、それがさまざまな事情から進展していない、と伝えたらしい。

これからすると、熊野堂守実からの申し入れはこれ以前のことであったとみなされ、そしてこのときには、それへの返事が一応は出されたことがうかがえる。「太田道灌状」では、返事すらなかったように記されているが、十分な返事ではなかったため、そのように表現されたとも考えられる。そのうえで道灌は、上杉方では、取り成しをすすめるにあたっての障害として、下総結城氏広の宿老・多賀谷入道《たがやにゅうどう》の存在をあげていて、それが妨害の立場をとっており、その存在を容認している以上、上杉方の諸家の疑念はなくならないことを伝えている。ここからすると、上杉方ではそのように和睦に反対する存在について、排除することを求めたと思われる。

成氏が上杉方への態度を変化させたのは、あるいは、この返事をうけてのことであったかもしれない。そして、道灌は成氏が景春支援に動いたことで、顕定が在陣する大森陣に参陣する。顕定には日野要害攻略は後回しにして、まずは武蔵国内の平定が先決であると進言したが、顕定はこれを聞き入れなかった。それならばと、道灌と山内上杉氏宿老の大石氏が、扇谷上杉氏の勢力圏の比企郡竹沢《たけざわ》か高見《たかみ》あたり（埼玉県小川町）に出陣して、顕定は大山に紛れるようにして陣取りし、浦山《うらやま》川を前に天子の御旗を森に隠れるようにして掲げて、秩父郡多野陣《たのじん》（埼玉県秩父市）の軍勢を支援して、かりに武蔵中央部で戦況が悪化した場合には、顕定は出陣して浦山川の陣所には旗本衆を配備し、多野陣衆を移動させ高見在陣衆を峠に上げて山中を守備すればよい、と進言した。しかし、これについても顕定は聞き入れなかった。

道灌としては、武蔵中央部の安定を優先して考えているが、これはいうまでもなく、扇谷上杉氏の勢力圏であり、その維持を優先していたとみなされる。対して顕定は、景春の討滅を優先させていたのであった。道灌としては顕定の判断に従わざるをえず、父太田道真を顕定のもとに派遣して、顕定に従軍させることにした。そうして五月十三日に秩父に向けて出陣し、大石氏両人も翌日に秩父に出陣した。どうやら、道灌らの扇谷上杉氏勢と大石氏はすでに高見陣に在陣していたとみられ、そこから父道真と大石氏の軍勢を顕定のもとに派遣したのだろう。

ところがその後、東上野で足利方の蜂起がみられ、武蔵における扇谷上杉氏勢力圏の状況も心配になったため、道灌はいったん江戸城に帰陣して、防備について在城衆に指示を出したあと、二日後に高見陣に戻った。江戸での在城衆には、終始、道灌に協力していた吉良成高や木戸孝範らがいた。道灌は同陣で、一時的に帰陣していた軍勢をあらためて招集した。足利成氏は東上野から利根川を越えて武蔵に進軍してくると予想したが、足利方はそうしないで、むしろ退陣していった。

そこで道灌は長尾忠景と相談して、こちらから利根川を越えて新田庄に進軍することを相談した。これによって忠景は秩父陣に進軍していなかったことがわかる。忠景は鉢形城に在城して留守を守っていたようだ。

当初、忠景はこの意見に同意していたが、自身は鉢形城から出陣することができないと断っている。おそらく、顕定に打診したところ許可されなかったのであろう。そのため道灌は、六月十三日に秩父の顕定のもとに参陣して了解を得ようとした。道灌は利根川渡河の際には、忠景の嫡子孫五郎顕忠を同陣させようと考えていたようで、その許可も求めようと思ったとみられる。

道灌は顕定のもとに出仕すると、顕定からは逆に、日野要害攻略を命じられる。そこで道灌はいろいろと手を尽くして敵方の調略を行った。毛呂三河守を敵城から出城させて上杉方に帰順させたり、景春方から帰参した武蔵国人の大串弥七郎《おおくしやしちろう》の情報をもとに高佐須《たかさす》城（埼玉県秩父市）の攻略を遂げたことなどであった。そうして同二十四日に、日野要害の攻略を遂げるのである（「源姓太田氏系図」）。ただ敗北した景春は、その後は武蔵での活動がみられないため、武蔵から没落したとみなされる。もっしその後は、上野で活動をみせているので、景春自身はまだ没落したわけではなかったようだ。もっとも黒谷（埼玉県秩父市）において、景春の叔父で秩父郡に勢力を展開していたと思われる長尾出雲守景明が戦死している。景春が秩父郡を拠点にしたのは、この叔父の存在があったとみられるから、その戦死により景明の勢力も没落したと推測される。また、秩父郡西方の高佐須城も落城しており、これらによって景春の勢力は、秩父郡から没落したものとみなされる。

これまで景春の叛乱は、この日野要害の落城をもって、基本的には終息をみたとされることが多い。しかし実際には、この後も景春の抵抗活動は継続されていることが明らかになっており、景春の叛乱はいまだ続いている。とはいえ、武蔵での叛乱活動はこの秩父郡からの没落で終息をみたことは間違いない。その後は上野や下総での戦乱がみられる。景春の叛乱は、武蔵に置かれていた上杉方の本陣の五十子陣を崩壊させたことから開始された。そこから考えれば、景春の武蔵からの没落はその大きな画期とみることは可能であろう。

こうして文明九年から足かけ四年にわたって展開した長尾景春の乱は、道灌の華々しい活躍によって、景春の武蔵からの没落という結果を得て鎮圧を果たしたかたちになる。しかし、逆に、山内上杉氏と扇谷上杉氏との間に大きな溝が生じることになった。相模・武蔵南部の武家のほとんどは、扇谷上杉氏に従うようになった。また、道灌は乱平定の過程で多くの景春方を降伏させており、そのたびに山内上杉氏への帰参の取り成しにあたっていたが、上杉顕定・長尾忠景から充分な対応を得られないでいた。それによって、山内上杉氏に対して大いに不満を抱くようになり、逆に山内上杉氏からは扇谷上杉氏、ことに道灌への不審が示されることとなり、それが新たな政治関係を生み出していくことになるが、それは少し先のことになる。

景春の叛乱への評価

ここまでみてきたように、長尾景春の叛乱は、文明九年から同十二年まで足かけ四年にもわたったものであり、しかも景春には多くの傍輩・被官が与同し、それには地域を代表する勢力も少なくなく、まさに上杉氏勢力を二分するほどのものであった。この叛乱がいかに深刻なものであったかがわかろう。そのため、この叛乱への評価についても、室町時代から戦国時代への転換を示すものとして重視されてきた。そのためここで、少し堅苦しい内容とはなるが、これについての先行研究における評価のうち、代表的なものについてみてみたい。

まずは、室町時代の上杉氏・長尾氏に関する本格的研究として、現在も不動の位置を占めているのが勝守すみ氏の研究である（同著『長尾氏の研究』『太田道灌』）。長尾景春や太田道灌の勢力台頭は、中小領主層との緊密な関係の形成によるものであったが、彼らを被官化して「地域的封建体制」（領域権力化を意味するのであろう）を確立し、上杉氏の権力構造を解体するまでにはいたっていない、と評価している。そして中小領主層の糾合は家宰職に基づくものととらえ、そのため同職の問題が叛乱の原因となっていること、その背景には「白井長尾氏」（長尾孫四郎家のこと）の勢力拡大や上野国人との関係などをめぐり、ほかの山内上杉氏の有力者との間に対立があったこと、叛乱後に景春が古河公方足利成氏に従っていることについても、立場の正当化のためであったこと、などを指摘している。領主層の組織化、家宰職の機能、山内上杉氏内部における対立、古河公方足利氏への従属など、叛乱の評価をすすめていくうえで重要な論点が、すでに提示されたものとなっている。

次に、景春の乱について初めて本格的に評価した峰岸純夫氏の見解をみていこう（同著『中世の東国』『享徳の乱』）。ここでは、上杉氏の在り方を旧体制としての守護領国体制ととらえ、「直接生産者（農民）と支配下の村落において階級関係の接点」に立つ「国人・一揆」が、従来の支配体制では収奪できない状況になっていたことを基底に想定し、景春や道灌は彼らを結集する存在として位置付け、その叛乱は、「守護領国体制」を打破して戦国大名への指向性を見せた「下剋上」であり、新しい時代を構築するための過程の産物として評価している。そしてその敗北は、景春による戦国大名化の破産であり、そこに旧体制の強さをみて、戦国大名の成立を他国から進出してきた伊勢宗瑞に委ねている。

次に、旧体制と評価された古河公方足利氏の存在理由を追究することで、戦国時代における関東政治史研究を確立した佐藤博信氏の見解をみていこう（同著『古河公方足利氏の研究』）。佐藤氏は上杉氏勢力内部の矛盾に注目し、上杉顕定の家督相続時から内部対立が生じており、それが長尾景信の死去を契機に「一気に爆発し」、景春の叛乱はその矛盾の止揚を図ったものととらえている。しかし、その行為の正当性を、古河公方足利氏に従ってそれに求めているところに、「本質的には室町期的色彩の濃いもの」と、旧来の政治秩序に規定されたものとして位置付けている。

最後に最も近年、景春の乱について本格的に検討した加茂下仁氏の見解をみていこう（「長尾景春の反乱の意義」拙編『長尾景春』所収）。景春の勢力は、武蔵・上野の領主層を統率したもので、これを新たな権力編成が展開していたものととらえ、その叛乱は、彼らにとっても鎌倉府―上杉氏体制からの自立を図るもので、戦国大名化への「最初の試み」と評価している。

景春の「下剋上」の性格

これらの先行研究において示されている見解は、いくつかの論点にまとめることができるが、ここ

ではとくに以下の点について、現在の研究状況を踏まえあらためて検討していくことにしたい。具体的には、

①景春とその叛乱に与同した傍輩・被官との関係が形成される背景、要因の問題。そこにおける家宰職の機能。

②景春の権力編成や、その叛乱の展開を、戦国時代における領域権力（戦国大名・国衆）の形成と関連させてどのように理解をしていくかという問題。

について取り上げることにしたい。

①の問題について、傍輩・被官との関係形成の背景に、長尾孫四郎家が二代にわたって務めてきた山内上杉氏家宰職があったことは間違いない。問題は、家宰職をもとにしたどのような役割が、彼らとの関係を形成したのか、それをどのように理解するかに設定される。先行研究では、個々の領主層の存立維持に関わるものととらえ、それを支配下の村落・百姓との収取関係の問題、とくに村落・百姓による領主層の収奪への抵抗に求め、領主の存立のためにより強力な支配体制の構築が求められていた、ととらえている。しかしそこにおける家宰職の機能については、充分に明らかにされているとは言い難く、そのため、具体的にどのように作用するのかについて明確な位置付けはみられていない。

これについては、先にも少し触れたように、家宰職の主要な役割の一つに傍輩の進退維持があった。室町時代後期から展開をみた家宰職については、すでに著者が検討しているところであり（拙著『中

近世移行期の大名権力と村落』）、それに基づいて述べれば、家宰とは主家の被官（家宰にとっては傍輩）の統率者、主家の家務の統括者、主家の分国支配の代行者という存在であった。したがって、その存在は、基本的には主家と一体的なものとしてとらえられる。そして、傍輩の進退維持において主要な役割となったのが、他家との諸権益をめぐる紛争の解決である。

とりわけ享徳の乱以降は、戦争の恒常化によって個々の領主は進退維持のためさまざまな紛争を生じさせており、その解決のために上級権力との関係の密接化（与力化、被官化など）が展開されたととらえられる。南関東において、それら領主を統合していったのが山内・扇谷両上杉氏であり、家宰は両者の結節点に位置していた。さらに当該期においても、社会関係は特定の取り次ぎ関係をもとにしていたから、そうした領主と主家との関係は家宰を通じて維持されるもので、またそうした取り次ぎ関係は容易に主従関係にも転化しうるものであった。景春の乱で、景仲・景信以来の関係を形成していた領主が与同したのは、このような理由に基づいたものであった。仮に景春が叛乱に勝利すれば、与同した傍輩とは主従関係に転化したであろう。

②の問題は、①の問題をうけてのものとなる。先行研究の多くは、景春と傍輩・被官との関係について、一元的な主従関係の形成に展開していくことを想定し、叛乱段階ではそれは遂げられておらず、そのことを叛乱が失敗して「下剋上」が達成できなかったことの要因の一つとしてとらえている。しかし、今みたように、景春と傍輩との関係は、前代以来の家宰職に基づく取り次ぎ関係を通じて形成、

維持されたものであった。そしてその取り次ぎ関係は、主家そのものが存在しなくなれば容易に主従関係に転化するととらえられる。したがって問題は、その後の戦国時代における領域権力の形成という事態との関連となる。その形成は、一円的支配領域＝領国と一元的な主従関係による家来組織＝家中の形成に対応するものであった。山内・扇谷両上杉氏については、享徳の乱の展開のなかで、まさにその過程にあった段階ととらえられる。

これに関しても、先に少し触れているように、両上杉氏の間にはそれぞれの勢力圏が形成されつつあり、他方の勢力圏のなかでは、自家の傍輩・被官に対する行動規制についても、地域権力者のほうが優越しているという実態があった。両上杉氏外部には、例えば上野新田領を形成した岩松氏などのように領域権力化の展開を明確に認められ、内部でも下野足利庄に入部して足利領を形成した足利長尾氏などのように、その展開をうかがうことができる。

足利長尾氏歴代墓所　栃木県足利市・長林寺境内

そして、享徳の乱のあとに両上杉氏の間で展開された長享の乱（一四八七～一五〇五）を通じて、両上杉氏内部においてもそれが決定的になる。相模三浦郡の三浦氏、西郡の大森氏、武蔵由井《ゆい》領の大石氏、勝沼《かつぬま》領の三田《みた》氏、忍領の成田氏、上野新田領の岩松氏、下野足利領の足利長尾氏などといった存在をあげることができる。

しかし、景春そのものは山内上杉氏権力の中枢を構成する存在であり、特定の本拠を中心に領国形成を展開していくような立場にはなかった。仮に、叛乱後も鉢形城への在城を維持できたならば、同城を本拠にした領国形成の展開もあったであろうし、勝利したならば、実質的に山内上杉氏に取って代わるようにして、その勢力圏を領国化していくこともありえただろう。

また、叛乱は、山内上杉氏との関係からいえば、「叛乱」であり、それは「下剋上」と表現されるが、実際には山内上杉氏から離叛し、古河公方足利氏に従うというかたちをとっている。そして古河公方足利氏のなかでの位置は、「長棟（上杉憲実）名代」、すなわち関東管領上杉氏の代官という立場であった。したがって景春の叛乱は、ほかの越後上杉氏や上野新田岩松氏などでみられるような「下剋上」とは政治的な在り方は異なっており、それらとまったく同列にとらえることはできない。

それではどのように理解することができるのか。それについては、その後の景春の動向を明らかにしたうえで、本書の最後に述べることにしたい。

第五章　都鄙和睦の成立から太田道灌誅殺へ

都鄙和睦交渉の展開

文明十年（一四七八）正月に、山内上杉顕定を首領とする上杉方は、室町幕府との和睦への仲介を条件に足利成氏と和睦を結んだが、その後、景春の乱の平定に追われていたこともあり、一向にその動きをみせなかった。なお、この成氏と幕府との和睦は、「都」（幕府）と「鄙」（成氏）との和睦という意味で、「都鄙和睦」と称されている。

成氏はそのため、同十一年七月に、上杉方の有力者の一人であった越後上杉房定に幕府への仲介を要請したものの、まったく反応を得られず、同十二年二月には長尾景春から堀越公方足利氏を通じて、幕府との交渉を展開しようとしたが、これも機能しない状態であった。そして四月までのうちに、太田道灌のもとに弟の熊野堂守実を派遣し、守実から顕定・定正に幕府への言上の取り成しを要請したものの、顕定からは事実上、無視されるかたちとなっていた。

このような状態であったため、成氏は同年五月に入って上杉方との和睦を破棄し、景春支援のための軍事行動を展開するようになる。しかし、六月には景春が武蔵から没落してしまった。それをうけて成氏は、再び顕定への働きかけを図ったとみられ、七月二十一日付で東上野国人の赤堀《あかほり》左馬助《さまのすけ》に、「一両年」におよんで顕定が幕府との和睦の仲介にあたると申上してきたので、それを了承したこと、それにより不安に思わなくてよいことを伝えている（「赤堀文書」戦古一七八）。

ちなみに同文書の年代については、これまで文明十年に比定されることが多いが、「一両年」とあるので、この同十二年に比定するのが妥当と思われる。そうするとこの時期、ちょうど景春が武蔵から没落した直後にあたるので、東上野で軍事行動を展開しつつも、あらためて顕定との交渉をすすめようとしていたことがうかがえる。

次いで八月になると、成氏は下総への進軍を図っている。これについては八月十六日付で、太田道灌が上野岩松氏の宿老の沼尻但馬守《ぬまじりたじまのかみ》に宛てた書状のなかに、成氏による下総への「御調儀」が近く行われることがみえている（「保阪潤治氏所蔵文書」北二一九）。この文書の年代についても、これまでは文明十年に比定されることが多く、道灌の下総出陣に関わるものとみられてきた。だが、文中には長井六郎憲康の進退が保証され、その連絡をうけ次第に顕定に出仕することになっているとみえている。長井憲康が道灌の攻撃によって降伏したのはこの年のことで、その進退の取り成しについて道灌が関わっているのは、まさに道灌がその降伏を取り持ったことによるのだろう。したがって、同文書の年代は、文明十二年とみるのが妥当になる。

この進退問題については、同年と推定される七月二十六日付で、長尾忠景の宿老の矢野安芸守憲信《あきのかみのりのぶ》が長井憲康に宛てた書状がある（「島田文書」埼五九三）。これまで年代は比定されてこなかった文書であるが、内容から同年のものとみてよいとみなされる。かつて長井憲康が知行していた尾園式部《おぞのしきぶの》進《じょう》の所領は、憲康が景春に味方したために武蔵国人の久下左近将監に与えられてしまっていることを伝えたうえで、本領の長井庄については要望通りに知行が承認される見通しであることを示している。さらに、忠景の側が確保する下地・年貢分について連絡することを述べているので、長井庄の知行は一円ではなく、そのなかから忠景の側が取得する分が設けられていたことがうかがえる。

長井憲康は、道灌の取り成しにより上杉方に帰参したものの、そこでの所領確保は、山内上杉氏家宰の長尾忠景の差配をうけるものであったことがわかる。しかも、その尽力への見返りとしてか、忠景が取得する得分が設けられていたことがうかがえる。おそらくは、こうしたものが家宰であることにともなって生じる得分であったとみなされる。

さて、この年に成氏が下総に進軍したことについては、ほかの史料にも記されているので確かである（「赤城神社年代記録」『修験道史料集Ⅰ』所収）。ただ、具体的な動向は不明なため、どのような事態であったのかはわからない。しかし、下総への進軍ということからすると、千葉氏への攻撃であったと推測される。千葉氏は、かねてから成氏と幕府との和睦には反対していたから、それを追討するものであった可能性が高い。

幕府との和睦の仲介を上杉方に要請していくにあたって、反対する勢力を放置することなく追討することで、上杉方に対して和睦実現への強い意向を示そうとするものであったのかもしれない。先に上杉方からは、和睦反対の多賀谷入道の容認について非難されていたことをあわせ考えると、この場合もそうしたことへの対応とみることができるかもしれない。

都鄙和睦交渉の進展

しかし、上杉方による取り成しが開始されることはなかった。そのため、成氏は文明十二年（一四八〇）十月八日、弟の雪下殿尊倣《ゆきのしたどのそんじょう》も同月二十一日に、かつて景春を通じて交渉役を依頼していた大徳寺以浩に書状を出し、それまでの書状を細川政元に確実に届けて幕府との交渉開始の実現を促している（「蜷川文書」景春二〇・二一）。さらに成氏は、同月二十三日付で細川政元とその有力一族の細川右馬頭政国にそれぞれ書状を出し、景春から大徳寺以浩を通じて幕府に私曲の無い旨を言上していることを伝え、それへの返事を求めている（「蜷川文書」景春二二・二三）。

ここに成氏は、細川氏の有力一族で幕府重臣でもあった細川典廐《てんきゅう》家の政国を、新たな交渉先に加えている。それまでは景春を通じて交渉開始を図っていたが、おそらく景春には京都政界への政治力がなく、しかもこの年六月には武蔵から没落していたから現実的な働きかけも無理であり、そのルートでは埒が明かない状況にあったため、事態を打開しようとしたものであろう。

それへの交渉は、成氏にとっては近臣であり、有力大名であった結城氏広《うじひろ》に取り次がせることになったが、実際に実現されるのは、それから四ヶ月以上も経った翌同十三年三月五日のことであった。その日に氏広は、ようやく細川政元・同政国それぞれに、成氏から両者宛の書状の副状を出している（『蜷川家文書〈大日本古文書〉』一一〇号）。氏広による取り次ぎが、なぜ、これほど時間がかかったのかはわからないが、そもそも氏広は京都政界への政治力が小さく、さらに取り次いでくれるルートの構築に時間がかかったのかもしれない。しかし、それらが幕府中枢に取り次がれるのは、それまでの景春を通じて送られた書状と同じく、同十三年七月のことになるのであった。

和睦交渉の進展は、これまでとは異なる経路からみられた。文明十二年十月五日に越後上杉房定が、細川政元と同政国それぞれに宛てて書状を出し、前年七月に成氏から送られた書状を、その使僧の徳林西堂に預けて送り、和睦の要請を行っていた（『蜷川家文書』一〇七号）。成氏から房定に送られた先の書状は、実際には五ヶ月ほどあとの十二月に房定のもとにもたらされたが、それを房定は十ヶ月が経ってから、ようやく細川政元のもとに送ったということになる。その際、仲介先として細川政国を選択しているのである。成氏が政国を新たな交渉先に加えるのは、その二十日ほどあとであることをみると、あるいは、房定から連絡をうけてのものであったかもしれない。

文明十三年七月十九日に、成氏が上杉房定に宛てた同十一年七月の書状をはじめ、成氏が幕府との和睦を求めるそれまでの書状群は、揃って細川政国の手から幕府中枢に取り次がれるのである。そして成氏に対しては、最後に副状を出してきた結城氏広に宛てて、幕府との和睦を求める成氏の書状などを取り次いだことを伝えるとともに、その交渉には上杉房定を介在させることを指示している（『蜷川家文書』一一一号)。こうして、同十三年七月になって成氏と幕府との和睦交渉がようやく開始されることになる。

景春による憲房の擁立

しかし、成氏と幕府の交渉は一向にはかどらなかったようである。具体的な経過は不明だが、交渉の成果があらわれるまでには、まだ一年以上の時間がかかるのであった。その間の関東での政治動向として注目されるのは、文明十三年(一四八一)四月に、景春の活動が確認できることである。その前年六月に、上杉方の攻勢をうけて武蔵秩父郡から没落し、その後の動向は不明であったが、一年近く経ってのこのときになって、ようやくその活動の状況が確認される。しかも、そこで注目されるのは、景春は主人として山内上杉氏一族の憲房を擁立していることである。

この年に比定される四月十五日、景春は下野足利庄鑁阿寺に書状を出して、「当陣」の祈祷を「屋形」から依頼されたことを伝え、合戦が思い通りの結果となったら所領を「新寄進」(あらためての寄進)する意向を伝えている(「鑁阿寺文書」景春四)。「当陣」とあるので、景春はこのとき軍事行動を展開していたことがわかり、前年の秩父からの没落は、あくまでも武蔵からの没落であったことがわかる。そして何よりも注目されるのが、その行動が「屋形」を仰いでいることである。

この「屋形」は、それから十三日後に出された四月二十八日付の上杉憲房書状があるが、同日付で景春の副状があることで（「鑁阿寺文書」山内三〇・景春五）、憲房であることがわかる。そこでは、鑁阿寺から祈祷が行われたことをうけた憲房が、それに礼を述べ、景春はそれを憲房に報告したことと、「新寄進」を行うことを伝えている。このように景春は、憲房の副状を出している。

憲房は山内上杉氏の一族で、前代房顕の弟で僧の周晟《しゅうせい》の長男にあたる。応仁元年（一四六七）の生まれで、この時は十五歳にすぎなかった。おそらく、元服直後くらいであっただろう。しかもこのとき、当主顕定に子がいなかったので、山内上杉氏一族のなかでは顕定に次ぐ立場にあったとみられ、そのため仮名は、当主の通称である四郎に続くものとして五郎を称している。その憲房が、景春の主人として位置しているということは、景春が顕定に対抗する山内上杉氏当主として擁立したことにほかならない。

それまで景春は、山内上杉氏への叛乱行動において顕定に対抗する当主を擁立することはなく、古河公方足利成氏を頼ることで、その行動を足利方と上杉方の抗争の枠組みで展開してきた。ところが、秩父からの没落後は顕定に対抗する山内上杉氏当主を擁立するという体裁をとった。景春にとっては、大きな戦略の変化とみることができるであろう。

もっとも叛乱当初、憲房は十一歳で、いまだ元服するにいたらない年齢であったから、擁立しようにもできない状況にあった。そうすると景春は、当初から足利成氏だけを頼る恰好を選んだのではなく、顕定に対抗するうえではそうせざるをえなかった、という捉え方も可能であろう。

景春の叛乱は、山内上杉氏における自らの権益の回復を図ってのものであったから、まさに山内上杉氏の枠組みのなかでの事態であった。山内上杉氏の家政は、当主顕定・家宰忠景によって管掌されていたことへの対抗として、多くの傍輩を動員して武力叛乱におよんだということからすると、本来は顕定に対抗する当主を擁立し、景春がその家宰に位置するという在り方をとるのが、最も自然なかたちになる。秩父から没落後にもかかわらず、ここで景春がそのような形態をとっていることからすると、これこそが景春の想定した在り方であったと思える。憲房の成長があって、ようやくそれを実現することができたということかもしれない。

ちなみに、憲房が景春のそのような意向に同意した理由はわからない。何しろこれが、憲房の動向として確認できる最初のものであるから、それ以前にどのような立場にあったのかは不明である。景春の擁立に応えていることからすると、そもそも長尾孫四郎家と親密な関係にあったのかもしれない。また、このとき憲房と景春がどこに在陣していたのかは明らかでないが、戦乱状況が続いていたのは上野であること、下野鑁阿寺に影響力をおよぼしていることなどからすると、おそらくは東上野か下野あたりであったろうか。

ここで憲房・景春が鑁阿寺に祈祷を依頼し、それに応えてもらっているように、一定の影響力を持っていたことがわかる。足利庄は、景春に味方していた足利長尾房清の支配下にあった。房清が顕定に帰参した事実は確認されていないことからすると、依然として景春に味方していたとみることもできる。そうであれば、憲房と景春はこの長尾房清の支援のもと、上野で軍事行動を展開したのかもしれない。

その後、景春は、足利長尾氏支配下にあった足利庄利保《かかぼ》（栃木県足利市）に在所したことが知られるので、あるいは、このときからのことであろうか。その後において、憲房を支える長尾氏一族として、この足利長尾氏の存在があることからすると、両者の密接な関係はこのとき形成されたのかもしれない。

都鄙和睦の決定

上杉方ではこのように、文明十三年（一四八一）四月には、長尾景春が上杉憲房を擁立して、顕定・忠景に対抗するようになっていた。ただ、その後の状況は明らかではない。関連史料がみられないことからすると、その動向はそれほどの影響をもたらすものにならなかったのかもしれない。一方、足利成氏のほうでは、同年八月に、下総結城氏が古河城に向けて進軍してきて、これを撃退するという事態があったようである（「相州文書」戦古一八七）。

結城氏では、先に成氏の幕府への和睦要請の取り次ぎを結城氏広が務めていたが、この年の三月に死去してしまった。家督はわずか三歳の政朝《まさとも》が継いで、家政は家宰とみなされる多賀谷和泉守《いずみのかみ》が主導し、また、一族である山川景貞《やまかわかげさだ》の干渉があったともいわれ、家中には混乱が生じていたことがうかがえる。そうしたなかで、成氏と対立する動向がみられていたのかもしれない。かつて太田道灌は、都鄙和睦の実現を妨害する存在として、多賀谷入道をあげていたことからすると、結城氏のなかで和睦に賛成する勢力と反対する勢力があり、反対派が成氏と対立するまでになっていたのかもしれない。

さて、都鄙和睦の交渉については、先に触れたように、同年七月に幕府重臣の細川政国によってようやく幕府中枢に取り次がれ、交渉が開始されるようになっていた。幕府からは、成氏からの取り次ぎにあたってきた結城氏広に対して、越後上杉房定を仲介にすることが指示されていた。すでに氏広は死去していたが、そのこと自体は成氏に伝えられたに違いない。その後、和睦の決定までに一年四ヶ月の時間が経過されるが、その間の動向は不明である。おそらく、房定によって成氏、それと鎌倉公方の地位が競合する立場にあった堀越公方足利政知、上杉方の首領である上杉顕定・同定正らとの交渉がすすめられたものと推測される。

そうして文明十四年十一月二十七日になって、政知については伊豆一国の支配権を管轄とすることで合意がみられたらしく、「室町殿」（足利将軍家の家長）足利義政は、足利政知と上杉房定に対してそれぞれ御内書を出している。政知に対しては、房定から政知の立場の確保が図られたとの連絡をうけて和睦が決定したことを伝え、房定に対しては、政知の立場が確保されることを了解して和睦が決定したことを伝え、その実現にあたるよう指示している（「喜連川文書」『喜連川町史第五巻』六号）。

さらに、幕府政所頭人《まんどころとうにん》・伊勢貞宗《いせさだむね》からは房定に副状が出されていて、成氏から政知に御料所が割譲されて政知が困らないよう保証するように、との義政の意向を成氏に伝達することを指示している（同前二一二号）。しかも、これには元の草案の存在が知られていて、それによれば、政知に対して成氏から伊豆一国の管轄が割譲されることで両者の和睦を成立させるように、との指示を上杉顕定に出してもらいたいという房定からの要請を義政に報告したこと、成氏が政知に御料所を割譲することを申し出ていることをもとに成氏との和睦が決定されたこと、房定からの提案はすべて認められ、房定の面目が果たされたことが示されている（「諸状案文」『静岡県史資料編7』三二一号）。

これらにより、上杉房定は成氏から政知に対して伊豆一国の支配権を割譲させることを条件に、和睦交渉をすすめていたことがうかがえ、政知はそれを了解したとみなされる。それをうけて、房定からそのことが幕府中枢に報告され、十一月二十七日になって、「室町殿」足利義政による和睦成立の決定となったことがわかる。実際の和睦はこの義政の決定をうけて、房定から成氏と上杉顕定にその条件の実現が働きかけられたものと推測される。

その間、関東では都鄙和睦の交渉がなかなか開始されない状況のため、政治的な動揺もみられるようになっていたらしい。その前日にあたる十一月二十六日付で、成氏宿老の簗田河内守成助が、扇谷上杉氏の姻戚である長井広房に宛てた書状があり（「古簡雑纂」埼五八七）、そこに足利方の内部で混乱がみられていることが記されている。なお、この文書はこれまで文明十二年に比定されてきたが、ここでの成助は河内守を称しており、それは父持助が死去した同十四年四月以降の襲名と判断されるので、その年代はまさに都鄙和睦決定の直前となる、この文明十四年に比定するのが妥当である。

成助はこの書状で、都鄙和睦の実現に尽力していたが、世間で動揺がみられるようになっていることを口惜しいと述べている。成助は前月十一日から病を患っていて、現在は快復しつつあるというものの、成助に関わって「雑説」が流されていたらしく、それを嘆いている。病気もそうしたものへの心労によるものであったかもしれない。そして、有力大名である常陸小田成治・下野宇都宮成綱は、成助の味方であることを伝えて、思いがけない事態になっていることを察してほしいと述べている。

具体的に、どのような政治関係が展開されるようになっていたのかは把握できないが、足利方のなかで、あるいは上杉方の足利方への対応において、成助の立場が悪くなるような事態になっていたことがうかがえる。簗田成助はかつて、成氏が道灌に景春撃退を要請した際に使者を務めた存在である。その父の持助も、上野で上杉方が成氏と和睦するにあたって使者を派遣した先であるとともに、道灌の下総進攻に際して奉書禁制を出していた存在であり、父子ともに和睦推進派であった。そのため成助は、自身は変わらず都鄙和睦に尽力する立場にあることを、長井広房に主張しているとみることができるであろう。

「太田道灌状」の作成

都鄙和睦の見通しがみられない状況のなか、動揺は上杉方のなかでもみられていた。そのことを端的に示すものが、幕府が和睦を決定した翌日にあたる文明十四年（一四八二）十一月二十八日付で、道灌が上杉顕定の近臣とみなされる高瀬民部少輔に宛てて出した長文の書状である。すなわち、「太田道灌状」である。

前欠部分があるものの、残された部分でも三十九ヶ条にもおよぶ、極めて長大なものである。そのなかで、六条目から二十六条目までは山内上杉氏における景春をめぐる対立から景春の叛乱における道灌の功績をまとめているものであるし、二十八条目から三十八条目までは、景春の叛乱平定において扇谷上杉氏に協力した武家の活躍があげられている。

それ以外のうち一条目から四条目までは、当初は景春に味方していたが道灌の調略によって山内上杉氏に帰参したものの、その所領などの返還が行われていない人々の状況を取り上げている。具体的には、大串弥七郎・毛呂三河守父子・小宮山左衛門太郎のことである。ここで道灌は、景春追討にあたって、顕定からは降参してきた者たちの所領は間違いなく安堵するという約束をもらったにもかかわらず、彼らにその処置がとられていないことに対して抗議しており、そのまま彼らが没落してしまっては道灌としては口惜しいと、強い不満の意思を示している。

また、五条目では、顕定に対する定正の不満のことがあげられている。この文明十四年の十月に、顕定が定正と陣所を近くにするということで河越にやってきて、しばらく滞在した。そこで、顕定が定正に何らかのことを申し出たことについて、定正は了承できなかったということがあったらしい。

その直前に、扇谷上杉氏宿老の一人であった上田上野介（上田入道の子）が道灌のもとを訪れて、顕定と定正の関係について報告していた。

二年前の秩父陣において、定正は顕定が鎮圧に苦労しているのをみて、要害を構える存在であった多比良治部少輔が、所領に関して顕定に不満を持っており、それが敵対するのを防ぐため所領問題について顕定に対処を要請した。しかし、顕定からはすでに解決済みとして取り合ってもらえず、そのために定正は世間の評判を口惜しく思っている、というものであった。定正が、多比良の身上の取り成しを図ったのは榛沢陣のときというので、文明十二年正月頃とみられる。景春が鉢形城からの没落後に、再び蜂起していた頃になる。

顕定による河越城訪問の理由はわからない。しかし、都鄙和睦交渉がすすめられているなかでのことを踏まえれば、それに関わるものであった可能性が想定されるが、顕定からの申し入れに対して、定正は以前からその対応に不満を持っていたために同意しなかったらしい。ここから、定正が顕定に対して強く不満を抱く状況があったことが知られる。このことは、やがて両者の政治対立の展開へといたる底流をなしていくのであった。

また、道灌は二十七条目において、前年の文明十三年に出家して遁世したこと、それに対して、顕定から無情な扱いをうけたことに強く悲嘆したと述べている。ただそれに関しては、道灌があまりよく考えずに徘徊したためと反省の姿勢をみせてもいるが、事情はよく把握できない。すでに文明六年には出家して法名道灌を称していたから、ここでの出家・遁世とは政務から離れたことを意味しているのであろう。道灌には上洛の伝承があることからすると、あるいはそれにあたるのかもしれない。ところがそれに対して、顕定から何らか手ひどい対応をうけたらしい。道灌はそれをもたらした自身の無思慮な行動に反省を示しつつも、その顕定の仕打ちに強い不満を示しているのである。

そして最後の三十九条目では、この一、二ヶ月ほど、顕定のもとに出仕した際に感じたこととして、いまだに上野では戦乱がおさまっていないことなどを挙げて、山内上杉氏の家中の統制も果たせない状態にあるといい、さらに、顕定では関東を平穏にすることはできないであろうという見解を述べて、顕定には徳が備わっていないとして、このことを顕定に忠告するよう伝えるものとなっている。

ここにでてくる上野の状況とは、おそらく、先にみた景春とそれに擁立された上杉憲房の行動などを指しているに違いない。一門衆・家中をいまだに統制できない顕定に、関東の統治はできるわけがないではないか、という指摘であった。この「太田道灌状」は、そのような状況にあるからこそ、上記にあげてきたような問題に適正に対処して、統治者としての徳を備えるように、という要求を示しているとみることができるであろう。

おそらく、こうした要求に顕定・忠景は、応えることはなかったに違いない。このようにして、これまで享徳の乱で共闘してきた山内上杉氏と扇谷上杉氏との間に、大きな政治的懸隔が生じつつあったのである。

都鄙和睦の成立

都鄙和睦に関しては、幕府の決定をうけ、上杉房定から成氏に対して和睦成立のための条件、具体的には足利政知への伊豆一国の支配権の割譲が伝えられたとみなされる。おそらく、これへの反応として成氏から出されたのが、上杉房定に送られた文明十五年（一四八三）六月十一日付の書状とみられる（「異本上杉家譜」戦古一八八）。この文書は写本で「文明十五年」の年紀が記されているが、書状であるから本来はなく、写本の過程で追記されたものと思われる。しかし、年代は事態の経過を踏まえると、同年のこととみなして差し支えない。

ここで成氏は、和睦の申請がようやく幕府に達せられたことを喜ぶとともに、足利政知との和睦を成立させるように指示が出された旨の詳細を、越後の円通寺岳英《えんつうじがくえい》と鎌倉の月輪院慈顕《げつりんいんじけん》から聞いたので、あらためてその旨を指示されれば、政知と和睦する意向であることを伝えている。ここに成氏は、幕府からあらためて、政知との和睦成立の条件となる事項について指示が出されれば、それに応じること、すなわちその条件に応じることを返答したのであった。

ここで成氏は条件受諾を表明していることから、両者の和睦はすぐに実現をみたと思われるが、明確な時期はわからない。ただし同年八月十日付で、それまでは堀越公方足利政知が管轄していた鎌倉寺院への公帖《こうじょう》（禅宗寺院の住持職の任命書）を成氏が発給していることから（「蔭凉軒日録」戦古一八九）、先の房定宛の書状を出した六月十一日から、この公帖を出した八月十日までの間に、正式に都鄙和睦が成立されたとみることができる。これまで都鄙和睦の成立については、足利義政がそれを決定した前年十一月二十七日にあてられることが多いが、それはあくまでも幕府の決定であり、実際の成立は、そこでの条件を成氏が受諾し実行に移されたことによるとみなされる。それは、文明十五年の六月から八月の間のこととみることができる。

この和睦によって、鎌倉公方の地位は成氏に認められるものとなった。公帖の発給が成氏に移管されているのは、そのことを端的に示している。対して、政知には伊豆一国の支配権が認められ、これによって堀越公方足利氏は、京都将軍家の御連枝として事実上は伊豆一国の大名という立場になった。しかしともかくも、こうして足かけ二十九年にわたった上杉方と足利方との抗争である享徳の乱は、ここにようやく終息を遂げた。

またこれにともなって、長尾景春の、長きにわたった上杉顕定・長尾忠景への叛乱も、終息をみたと思われる。もっとも、その状況はまったく明らかにならない。景春に擁立されていた上杉憲房は、この後は顕定のもとに帰参し、その有力一門衆として存在していることをみると、おそらくは、都鄙和睦を機に景春のもとを離れ、顕定のもとに戻ったことは確実であろう。

ただ、景春は顕定のもとに帰参しなかったことは確かである。景春が顕定に帰参するのは、これから二十年近く経った長享の乱の終結にともなうものであった。このときの景春は、上野などでの武力抵抗は諦めて足利成氏を頼って退去したと推測できるくらいであろう。

道灌による下総・上総進攻

それでも、関東における戦乱がおさまったわけではなかった。和睦に反対する勢力も根強く、その最大のものとみられるのが下総千葉氏である。かつて上杉方に降った長南上総氏なども、再び千葉氏に味方していたようであり、また、先に攻略した臼井城（千葉県佐倉市）も、この頃には千葉氏に奪還されていたとみられる。

こうして和睦成立後の関東における軍事行動は、この下総・上総を舞台にして継続されるのであった。そこで両総への進軍を中心的に担ったとみられるのが、やはり道灌であった。まずは、文明十五年（一四八三）十月五日に上総長南城を攻略している（「年代記配合抄」）。これは同城主の上総氏が再び千葉氏に味方して敵対したため、その追討を行ったと思われる。「道灌責め衆」とあるので、これが道灌を主将にして行われたことが知られる。しかし、この長南城攻めは道灌独自のものではなく、また上杉方だけのものではなく、先の千葉氏攻めと同じく、古河公方足利氏によって行われたものであった。

すなわち、成氏は十月十五日付で、下総国豊田《とよだ》郡《ぐん》古間木《ふるまぎ》（茨城県常総市）在住の綿延《わたのべ》（渡辺《わたなべ》）縫殿《ぬいの》助《すけ》に対して、九月二十八日の長南城攻めにおける戦功を賞する感状を与えているのである（「石塚文書」戦古一九〇）。これによって、この長南城攻めが成氏によるものであり、その軍勢には成氏から派遣された軍勢も加わっていたことがうかがえる。このときの渡辺氏の立場については明らかではない。

豊田郡南部の豊田氏の配下か、同郡北部を勢力下に置くようになる結城氏家宰の多賀谷氏の配下か、あるいは成氏の直接的な配下にあったのか、などが想定されるものの、少なくともその存在によって長南城攻めが、いわゆる上杉方の軍勢だけで行われたものではなかったことがわかる。

この長南城攻略によって、長南上総氏は再び上杉方に従うことになったのであろう。しかし、没落したわけではなく、後の延徳二年（一四九〇）二月には、依然として上総中務大輔《なかつかさのたいふ》道歳《どうさい》・長南次郎《じろう》常秀《つねひで》父子の存在が確認されている（「長福寿寺慈恵大師座像銘」戦房二九八）。

続いて道灌は、翌文明十六年五月十五日には下総葛東郡に進出して、馬橋《まばし》城（千葉県松戸市）を構築している（「年代記配合抄」）。さらに年代は不明だが、その近くにあたる、同じく葛東郡の前崎城（千葉県流山市）を構築したと推測され、同城には弟六郎（資常か）が在城したことが知られる（「本土寺過去帳」北2三四八）。これらのことから、このころ道灌は下総西部への進出をすすめていたことがうかがえる。

これに関連する事柄として、道灌が鎌倉禅興寺領の下河辺庄《しもこうべのしょう》平沼郷《ひらぬまごう》（埼玉県吉川市）における代官金子掃部助入道の権益確保を、扇谷上杉氏家臣の佐枝《さえだ》大炊助《おおいのすけ》に対処を要請していることがある（「黄梅院文書」北二三三二）。ここで、同郷代官を務めている金子掃部助入道とは、かつて長尾景春の乱で景春に味方し、相模東郡小沢城に拠っていた人物である。小沢城は道灌方の攻撃によって攻略されたが、金子掃部助はそのとき扇谷上杉氏の被官になって、道灌の配下に置かれたとみなされる。

掃部助入道は、この平沼郷代官職を久しく預けられていたというから、それは景春の乱以前からのものであったとみられる。しかし、叛乱にともなって権益は深川太郎左衛門尉《ふかがわたろうざえもんのじょう》という人物に渡っていたらしい。おそらく掃部助入道は、道灌の勢力がこの地域におよぼされるようになったことをうけて、道灌のもとに一子を人質として提出し、権益の回復を要請し、それをうけた道灌は佐枝に深川の違乱排除を要請したとみられる。ここで道灌が佐枝に対処を求めているのは、佐枝に何らかの権限があったためとみられる。そしてその佐枝にそのことを要請していることから、道灌がそれらの地域に影響力を展開していた状況をみることができるであろう。

こうした道灌の進軍をうけてであろう、対する千葉孝胤は平山から長崎《ながさき》（所在地不明）に本拠を移し、さらに、この年六月三日には佐倉《さくら》城（千葉県酒々井町）を取り立て本拠を移している。千葉は現在の東京湾に面していたため、対岸の武蔵側から道灌方の攻撃をうけやすかったとみられる。しかも、道灌の勢力が葛東郡に及んできたため、下総中央部の確保を図り本拠を移したのであろう。以後、千葉氏はこの佐倉城を本拠としていくことになる。

続いて九月一日、上総真里谷の武田清嗣が鎌倉、次いで六浦（横浜市金沢区）を訪れて扇谷上杉方と対面しているが、これは道灌からの指示をうけたものであるという。そして、翌二日に武田清嗣は本拠真里谷に帰還している（「鏡心日記」北２一〇一）。真里谷武田氏も、かつては千葉氏に味方していたが、先の道灌方の攻撃によって上杉方に降伏した存在であった。その際に当主の清嗣は武蔵に出仕し、真里谷城には嫡子信嗣を置いたのであった。ここでも引き続き上杉方の立場をとっていたらしく、この時に、道灌から千葉氏攻めに関する何らかの指示を得て、真里谷城に帰還することになったものと思われる。

ところで、文明十七年八月二十二日に江戸城で何らかの事件があったらしく、佐久間《さくま》・羽鳥《はとり》・増尾《ますお》・三谷《みや》氏らが討ち死にしている（「本土寺過去帳」北2三五一）。詳細は皆目不明だが、事件の場所は「コウ城」とあるので江戸城でのことと考えられ、討ち死にした者のうち、三谷氏などは下総の人物とも思われ、そうするとこの事件は、千葉氏攻めに関わる可能性が想定されよう。このような事件が生じていることからすると、千葉氏攻めが必ずしも順調ではなかったことを示しているのかもしれない。

万里集九の来訪と道灌の和歌

その後、文明十七年（一四八五）十月二日になって、道灌からの招きをうけた当代一流の詩僧の一人である万里集九が江戸城に到着している。彼こそが「梅花無尽蔵」の作者である。集九はこれより以前の文明十一年に、すでに上杉定正と太田道灌から詩を求められていて、定正には「雁釣斎」詩と扇面の賛、道灌には扇面の賛と「静勝軒銘詩」を作成している（「梅花無尽蔵」北2一〇四〜五）。このうち「静勝軒銘詩」は、鎌倉五山の名僧である玉隠英璵・竺雲顕騰とともに作成したもので、集九が下向後にその序を作成し、道灌はこれを詩版に彫らせて静勝軒の東面の庇に掲げた（同前一一二）。

この詩銘并序は、これより先の文明八年に、京都五山の名僧である正宗竜統《しょうそうりゅうとう》・希世霊彦《きせいれいげん》・横川《おうせん》景三《けいさん》・天隠竜沢《てんいんりゅうたく》・蘭坡景茝《らんぱけいし》によって作成された「題江戸城静勝軒詩序」（北2九八～一〇〇）と対になるもので、その詩版が静勝軒南面の庇に掲げられていた。それと同時期に、鎌倉五山の名僧である子純得公《しじゅんとくこう》・集翁興徳《しゅうおうこうとく》・春江中栄《しゅんこうちゅうえい》・東歓《とうかん》によって「題左金吾源大夫江亭詩」が作成され（同前一〇〇）、これも詩版が泊船亭（江亭）の庇に掲げられていた。それぞれには、「静勝軒」「泊船亭」と名付けた道灌の教養の豊かさが賞されるものとなっている。

道灌は、このように自身の居城を当代一流の詩僧による詩版で飾らせたのであった。そこには、道灌の禅的教養の高さと同時に、京都・鎌倉の詩僧を動員しうる権力の誇示もあったとみられている。

集九が江戸城に到着するや、翌三日に道灌の居所である静勝軒で歓迎の宴が催され、九日には上杉定正が江戸城を訪れてきて、そのための宴が行われた。ここで集九は、道灌の舞を初めて見たという。次いで十三日には定正によって、十四日には道灌によって歌会が行われるというように、定正と道灌から大いなる歓待をうけている（同前一〇五）。

道灌の文化的造詣については先にもみてきたが、和歌の詠草そのものについては、ほとんど伝えられていない。道灌が和漢の才に長けていたことは、「永享記」のように早く十七世紀の段階から伝えられている。それに対応するように、道灌の作と称される文芸作品も、すでに十七世紀のうちにはみられるようになっている。

道灌の作品と伝えられているものには、和歌集で①「慕景集《ぼけいしゅう》」、②「異本慕景集」、③「花月百首《かげつひゃくしゅ》」、紀行文で④「平安紀行《へいあんきこう》」がある。これらのうち、①や④については早い段階から道灌の名に仮託した偽作、あるいはまったくの創作というのが共通の理解である。そのほかについては、意見が分かれていた状況もあったが、近年の研究によっていずれも偽作とみることで決着がついている。その最も大きな理由として、当時の史料に載せられている道灌のほんとうの和歌と一つも重ならないことがあげられている。

しかし、道灌のほんとうの和歌がまったく存在しなかったわけではなく、文明六年六月十七日に江戸城で開催した「武州江戸城歌合」のものをはじめ、「雲玉和歌抄」など、他者の和歌集にも数首が掲載されている。さらに近年では、「京進和歌」という道灌個人の和歌集の存在も確認されている。これは、文明十五年二月に将軍足利義尚によって発起された撰集の編纂をうけて、文芸仲間の木戸孝範とともに詠草を京都に進上したものではないかとみられている（小川剛生『武士はなぜ歌を詠むか』）。

和歌・連歌・漢詩は、当時の有力武家にとって必須の教養であった。道灌がそれらの修養に励み、相応の力量を習得していたことは間違いがない。和歌の師匠としては、江戸歌合において判者（優劣の判定者）を務めている、当代きっての連歌師であった心敬や、京都歌壇の大御所であった公家の飛鳥井雅親《あすかいまさちか》らであったとみられている。そして武将歌人として著名な木戸孝範や古河公方家連枝の熊野堂守実らを交え、江戸歌壇ともいうべき一大文化サロンを形成していた。

「梅花無尽蔵」の作者万里集九をはじめ、多くの禅僧や武将歌人が江戸に集っていた。道灌の突然の死去により会うことは叶わなかったが、聖護院道興も東国に下向してきた際、江戸を目指したのも、そうした文化サロンに引き寄せられていたからであった。道灌が当時の東国文化において、担った役割は、無視できない大きさを持っていた。

嫡子資康の元服

文明十七年（一四八五）も押し詰まった十二月二十五日、道灌は嫡子資康をわずか十歳で元服させている（「梅花無尽蔵」北２一一〇）。資康は元服にともなって、仮名は父道灌のそれを襲名して、「源六」を称した。そして資康は、この元服をうけて古河城に赴き、足利成氏に出仕するのであった（「赤城神社年代記」北２一四八）。

これについては先に述べたように、資康が扇谷上杉氏家宰太田氏の、すなわち道灌の後継者の地位が確定されたことにともなうものであった。足利成氏への出仕は、それが世間からも認められることを示していた。

道灌は翌同十八年になっても、その春に千葉氏を攻めるため下総に進軍している。武蔵と下総の間を流れる隅田川に、長橋（舟橋）を三本架けたというから、それなりの大軍を侵攻させたことがわかる。

そうしたなかでも、道灌は鎌倉建長寺と円覚寺の僧などを招待して隅田川に船を浮かべて、そこで歌会などを催している（「梅花無尽蔵」北２一〇五）。

しかし、六月十日には父道真の隠居亭であった越生の自得軒で詩歌会が催されており、道灌はそれに参加している（同前一〇六）。そうすると、この頃には下総から帰陣していたことがわかる。このときの下総での動向はまったくわからないが、道灌が死去する一ヶ月ほど前にあたることから、道灌は最後まで千葉氏攻めをすすめていたことになる。

道灌、暗殺される

文明十八年（一四八六）七月二十六日、道灌は、扇谷上杉氏の相模における本拠である糟屋館において、主人定正の命により殺害された。享年五十五であった（「梅花無尽蔵」他）。最期の様子について子孫に伝えられた話では、風呂屋で風呂の小口まで出てきたところを、父道真から目を懸けられて引き立てられ、このときには定正の養嗣子朝良の執事を務めていた曾我兵庫助《そがひょうごのすけ》に斬りつけられ、倒れざまに「当方滅亡」、すなわち、「扇谷上杉氏は滅亡する」と最期の一言を発したという（「太田資武状」北２一一二二）。

この話は、道灌の甥顕資（資家か）の孫にあたる資正が、「そのように都鄙で語られていた」とたびたび話していたことだという。資正は大永二年（一五二二）の生まれで、道灌が死去してから四十年後のことになるから、およそ四、五十年後にはそのように伝えられていたのであろう。また、子孫ではは辞世の和歌というものを伝えているが（「太田潮田系図」）、その内容はいかにも謀殺を予期したもののようになっている。同時に、上洛にともなう和歌などが記されていて、それはあくまでも後世の創作とみなされているものであるから、辞世の和歌も同様に後世の創作とみなされるであろう。なお遺骸は、上糟屋の洞昌院《とうしょういん》に運ばれ、荼毘に付されたという。法名は香月院殿春苑道灌庵主《こうげついんでんしゅんえんどうかんあんしゅ》とおくられた（「太田家記」）。

道灌はなぜ、暗殺されなければならなかったのであろうか。残念ながら、そのことを伝える当時の史料は残されていない。後世の伝えをいくつかみてみたい。

「上杉定正消息」では、道灌は堅固の城郭を構えて山内上杉氏に不義を企てたため、定正はたびた

上：太田道灌墓　大慈寺から少し歩いたところにあり、道灌の首を埋めた「首塚」と呼ばれている　神奈川県伊勢原市
下：太田道灌墓　道灌の胴を埋めた「胴塚」とも呼ばれている。墓のある洞昌院の裏山で道灌は荼毘に付されたという　神奈川県伊勢原市

び諫めたが承引せず、あまつさえ謀叛しそうになったので誅殺した、としている。「永享記」ではその前段において、道灌が家政を独占していることに対し、ほかの家臣に不満が生じていたことを記している。これらから、道灌暗殺の背景に扇谷上杉氏内部の家臣対立と、山内上杉氏への対応という問題があったことがうかがえる。

道灌暗殺の張本人である曾我氏は、新興の当主側近勢力であった。もともと道真から引き立てられた存在であったが、このときには当主側近としての立場に比重を置いていたとみられる。そして事件後、兵庫助は江戸城代に、その父豊後守は河越城代になったというから、完全に道灌に取って代わったかたちになっている。ここからも、扇谷上杉氏における当主側近の新興勢力の台頭と、それにともなう家政の主導権争いが存在していたことがうかがわれよう。また、上田・三戸・萩野谷氏らほかの宿老層も道灌に味方していないから、宿老層内部でも対立があったとみられる。道灌が家政を独占していた、というのも強ち嘘ではなかったようである。さらに、道灌は外様衆を重用していたとされる（「上杉定正消息」）。こうしたところにも、譜代層に不満が生まれていたのかもしれない。

また、道灌は「山内上杉氏に敵対しようとしていた」ということが記されていた。事件後、これを契機に両上杉氏の全面戦争（長享の乱）が展開されるから、両上杉氏の対立はかなり深刻化していたことは間違いない。その先鋒に、実は道灌があった可能性は高い。在地における諸権益、領主間の紛争など、すべて両上杉氏の家宰同士の折衝で解決されていたから、そうした事態がさらに深刻化していたとみられる。とくに長尾景春の乱平定の過程で、道灌は多くの山内上杉氏の被官層の取り成しに努め、それが山内上杉氏からは不興を買っていた。道灌としては自己の名誉のためにも、山内上杉氏に対して敵対も辞さない覚悟にあったのかもしれない。

さらに当主と家宰との対立は、この時期に顕著にみられた動向でもあった。それは戦争の恒常化を契機に、領域的な支配の展開にともなって、各家で家権力をめぐる抗争が勃発していた。長尾景春の乱は山内上杉氏における内部抗争であり、越後上杉氏でものちに家宰長尾為景の下剋上が起きている。山内・扇谷両上杉氏では、ともに当主側が勝利しているが、乱後の家権力の在り方は下剋上の場合と同じとみられ、当主による一元的支配（「直支配」）の確立がすすめられていく。これは領国の平和確保を誰が果たしうるのか、という問題とも重なる。当主定正と家宰道灌が両頭で扇谷上杉氏を主導する在り方には限界が生じており、いずれかに一本化される必要があった。道灌暗殺は、〝その過程で生じた、不可欠の事態であった〟といいうるのである。

暗殺をめぐる戦乱

道灌暗殺は、単なる暗殺事件にはとどまらなかったらしい。具体的な状況は明らかではないものの、暗殺の報をうけて相模・武蔵では騒然となったといい、そもそも道灌の暗殺自体、「江戸城の乱」（「梅花無尽蔵」北２一〇六）とも、「武州間井川合戦」（「年代記配合抄」北２一四五）とも呼ばれているように、暗殺にともなって戦乱が生じていたことがわかる。もっとも相模糟屋での暗殺が、なぜ「武州間井川合戦」と称されているのかは不明である。相模川が馬入川《ばにゅう》とも称されたから、「武州」は「相州」の誤りで、相模川を指しているのであろうか。道灌には被官たちが従っていたであろうから、定正の軍勢がそれと交戦したことを指しているのかもしれない。こののち、定正はしばらく糟屋館に在住することとなる。

さらに、暗殺事件後すぐに、道灌が二年前に構築した下総馬橋城が落城している（同前）。おそらく、千葉氏による反撃が展開されたのであろう。同様に、道灌の弟六郎（資常か）が在城する前崎城が十一月三日に落城し、六郎が戦死していることが知られるが（「本土寺過去帳」北2三四八）、これもそれと関連した事態で、あるいは同じ年のことではないかと思われる。道灌死去にともなって千葉氏の反撃が展開されていったことは間違いないとみられ、これによって両総における扇谷上杉氏の勢力は大きく後退したとみなされる。

一方、城主がいなくなった江戸城は、どのようになったのであろうか。江戸城は、当然ながら定正によって接収されたとみなされるが、江戸城に滞在していた万里集九も、それについては一言も触れていない。そうしたことからすると、比較的平和裡に遂げられたのかもしれない。十一歳の嫡子資康は江戸城に在城していたとみられるが、おそらくは道灌暗殺を知って脱出し、その後は甲斐に逃れたという（「上杉定正消息」）。しかもその行動に、定正には兄にあたる相模三浦道含・道寸父子や、武蔵千葉自胤も同調するのであった。道灌暗殺にともなう混乱は、そのままには収まらない状況となった。

太田道灌の人物像

道灌に関する研究が学問的に本格化するようになるのは、戦後における科学的歴史学の展開、それにあわせた地方史研究の進展をうけた一九五〇年代後半からのことである。その段階での成果にあたるのが、前島康彦『太田道灌』（一九五七年）と勝守すみ『太田道灌』（一九六六年）の二冊である。この二冊は現在にいたるまで、道灌の人物伝としても貴重な存在である。その頃の道灌に対するとらえ方というのは、主家扇谷上杉氏は守護権力で旧体制派、道灌は戦国大名化の途を歩んでいた新体制派であり、それが主家による殺害によって挫折したものというのが基調であった。そのため道灌は〝早すぎた名将〟とみられがちであった。

それから五十年近く経った一九八〇年代になって中世地域史研究の隆盛がみられ、そのなかで多くの新史料の発掘、精緻な事実関係の解明がすすめられた。とくに東京都『北区史　資料編古代中世1・2』（一九九四〜五年）において、道灌関係史料がほぼ集大成された。それからもすでに二十五年が経っているが、その後の新史料はそれほど存在しないので、同書は現在も道灌関係史料をほぼ網羅したものとして、その地位を失っていない。

そして室町時代末期から戦国時代初期にかけての研究が進展をみるなか、道灌のとらえ方も新たな段階に入ってきた。享徳の乱前後からの戦争の恒常化に、社会転換の大きな画期が見出され、道灌の動向もそのなかに位置付けられるようになる。主家との先進・後進的な対比的な把握ではなく、ともに領域権力化という新たな体質転換を強いられていたなかでの競合の現れとしてみられるようになっている。今まさに、その領域権力化がどのような要因から創り出されているのかの追究がすすめられている。

道灌は、享徳の乱や長尾景春の乱などで扇谷上杉氏を代表する存在、さらには上杉方を代表する存在として、まさに縦横無尽の活躍をみせた。しかし、その立場の基本はあくまでも扇谷上杉氏の家宰職にあった。そのため、敵対勢力との戦争遂行にあたる一方で、味方勢力との間でもさまざまな軋轢・確執を生じさせている。

先にも取り上げた鎌倉寺社領の代官職をめぐって、道灌は傍輩を推薦し就任させたことについて、山内上杉氏からは前に取り決めたことと話が違うではないか、以前に説明したことを忘れているのか、など激しく抗議をうけている（「古簡雑纂」北一九九）。被官や傍輩の進退の確保のためなら、強引ともいえる手法も用いていた。

長尾景春の乱では、道灌は降参したものの進退を保障する約束を山内上杉氏から得て、それをもとに景春方から多くを降参させ、その取り成しをすすめている。道灌はそこに私利私欲は無いと公言していたが、そのなかで小宮山左衛門太郎については、親しい親類だからといって取り成しをすすめたりしている（「太田道灌状」）。そうすると、道灌の取り成しというのも、結局は自己の支持勢力の拡大や維持と表裏であったことになる。

さらに寺社領や味方勢力の所領に対しては、先例を無視した戦争負担を課していた。戦争遂行のためにはそれらの負担が不可欠であったが、味方領主から抗議をうけても応じない態度をとっている（「香蔵院珍祐記録」など）。目的のためには容赦しない姿勢がうかがわれる。こうした態度は、支持勢力にとっては頼もしいであろうが、逆に権益を侵害された側からすると横暴と映ることになる。晩年になって山内上杉氏、主人上杉定正と深刻な確執が生じたことは、それなりの理由があったといわざるをえない。

伝説化していく道灌

道灌の最晩年、道灌に招かれて江戸城に滞在した万里集九は、道灌の人柄を次のように記している（「梅花無尽蔵」）。

道灌は普段から文学・学問にこころがけ、戦陣において法を学び、和らいだ穏やかな風貌で物事の善悪を見分ける心を持っていた。名誉や節度を重んじて官職を気にせず、文も武も備え、百姓もその徳を称えた、といった具合である。道灌は生前から、すでに文武兼備の名将としての評価を得ていたことがわかる。

万里集九は、道灌が主人扇谷上杉定正に殺害されたあとも、しばらく江戸城に滞在していたが、ついに定正の慰留を振り切って故郷の美濃国に帰る。帰国後も関東に滞在した頃のことを回想し、山のなかでは富士山を仰ぎみることができ、人のなかでは太田道灌のようなすぐれた方にお会いすることができた、とまで詠っている。道灌が死去してから十年も経っていないうちのことである。主人の館で、主人の手に罹って白刃に倒れるという劇的な最期を遂げたこともあり、死去して間もないうちから、すでに悲劇の名将として神格化がすすんでいたといえるであろう。

十六世紀になっても、道灌への人々の尊敬は受け継がれていた。古河公方足利氏の御一家の一色直朝が記した雑書である「月庵酔醒記《げつあんすいせいき》」に、道灌の下総進攻におけるエピソードが記されている。道灌が軍勢を率いて敵地を進軍していると、とある尼寺があり、その門前に和歌が張り出されていて、その和歌の内容に感じて軍勢による濫妨狼藉を禁止させた、というものである。のちの時代に生み出された「山吹の里」伝説の源流をなすともいうべき、歌道に秀でた文武兼備の名将としてのイメージが、すでに確立されていたことがうかがえる。

道灌に関して最も有名な伝説となっているのが、その「山吹の里」伝説であろう。鷹狩りに出た道灌が、にわか雨にあったため、蓑を借りようと近くの農家に立ち寄ったところ、少女が出てきて山吹の一枝を捧げた。道灌はその意味がわからず館に帰ってこの話を家臣にすると、「後拾遺和歌集《ごしゅういわかしゅう》」に載る兼明親王《かねあきらしんのう》の古歌になぞらえたその意味を教えられた。このことを恥じた道灌は、和歌を学んで大成した、というものである。この話が最も早くみられるのは、十八世紀初めの正徳《しょうとく》二年（一七一二）に成立した寺島良安《てらじまりょうあん》編「和漢三才図絵《わかんさんさいずえ》」あたりとみられている。ちょうど同時期の成立にあたる子孫太田氏による家譜「太田家記」などにはみられないから、この話は子孫が作ったものではなく、まさに江戸の地域社会のなかで作り出されたものであることがわかる。

それに対応するように、山吹の里と伝えられる場所はいくつも存在している。江戸時代から伝承があるものでも、豊島区高田の神田川にかかる面影橋のたもとの山吹の里、新宿区大久保の大聖院に至る石段あたり、荒川区町屋付近の「泊船軒」、埼玉県越生町の大字越生内小字山吹などがあり、近代になってからもその伝承地は増え続けているといって過言ではない。しかし共通しているのは、いずれも道灌の関連地であること、特に江戸周辺の伝承地は高田、町屋など、道灌の勢力範囲の境界部分に位置しているところに特徴がみられる。話に出てくる鷹狩りも、ある意味で境界視察のための行動でもあったから、そうした道灌との関わりの在り方が、和歌と結び付いてそのような伝説のかたちをとって伝承されていったのかもしれない。

山吹の塚　大雄山泊船軒という寺院の境内にある　東京都荒川区

最後に、道灌が上洛したという伝承について取り上げておきたい。すでに、十七世紀前半の「太田資武状」にそのことが記されていて、十八世紀初めの「太田家記」になると、寛正六年（一六四五）三月に上洛して将軍足利義政に対面し、関東静謐を遂げるよう命じられたことが「管領記」（「鎌倉大日記」や「鎌倉九代後期」にあたるとみられる）を引いて載せられている。また、文明十二年（一四八〇）六月にも上洛したことが、道灌の紀行文と伝承される「平安紀行」を引いて載せられている。これらをみると、道灌の上洛の話は、十七世紀前半の段階で存在していたことがわかる。それでは実際にはどうだったのであろうか。

現在のところ、道灌が上洛した事実を示す当時の史料は一つとして確認されていない。寛正六年の上洛に関しては、「鎌倉大日記」では堀越公方足利方の駿河大森氏とともに上洛したと記されている。これは寛正二年から同三年にかけて起きていた扇谷上杉氏と堀越公方足利氏との政争に関わるものとみられる。実際にも、大森実頼は足利義政から事態の収拾のため上洛を要請されており、同四年十二月にも再度の上洛を命じられている。しかし、実際には上洛したとはみられず、翌五年五月には隠遁してしまうのである。

伝えられる寛正六年は、その翌年のことになる。ちょうどその年三月、道灌は伊勢神宮から、所領回復を依頼する前年五年八月付けの命令書を渡されている（「内宮引付」北一九〇）。これが上洛にともなってのことである可能性も考えられなくはないが、そうであるならば、同時に上洛の件について記録されていないことには疑問が残る。これらのことから、道灌の上洛については否定的にならざるをえない。

もう一つの文明十二年六月の上洛に関しては、典拠となっている「平安紀行」にまつわる真偽の問題を差し措いても、ちょうど長尾景春を武蔵秩父郡から没落させたのが同年六月十三日のことで、その後も古河公方足利方の軍事行動への対応に追われているところから（「太田道灌状」）、その時期の上洛は、明確に否定できる。

このように道灌の上洛を示す確実な史料は、現在のところ一つとして存在していないというのが現状である。そのうえで、道灌の確実な和歌の詠草である「京進和歌」のなかの一首の内容に、上洛したことがないという感慨を読んだものがあるという（小川剛生「太田道灌の伝記と和歌」）。このことからすると、やはり道灌の上洛はなかったとみるのが妥当のようである。そうであれば、どうしてそのような伝説が生み出されたのであろうか。そのことの追究も、今後は必要になってこようか。

第六章　長享の乱・永正の乱と長尾伊玄（景春）

長尾忠景の引退

太田道灌が謀殺されたのち、甲斐に逃れた太田資康は山内上杉氏を頼り、上杉顕定はこれを庇護した。また、有力な扇谷上杉氏勢力であった相模三浦道含・道寸父子や武蔵千葉自胤もこれに同調した。なかでも三浦道含は、扇谷上杉氏当主定正の実兄にあたる一門衆であったが、それだけ生前における太田道灌との結び付きが強かったことをうかがわせる。こうした状況によって、山内・扇谷両上杉氏の対決は必至の情勢が生まれることになる。

もっとも山内上杉氏の勢力圏では、すでに戦乱状況がみられていた。道灌謀殺から三ヶ月後の文明十八年（一四八六）十月二十日に、顕定が上野国府中（前橋市）に在陣している。同時に、家宰の長尾修理亮顕忠や、上野の有力被官の長野氏も在陣しており、ここをちょうど訪問した詩僧の堯恵《ぎょうえ》は、「軍兵野にみてり」などと表現する状況にあった（「北国紀行」群一七八二）。

ここで顕定が軍事行動を展開していることがわかるが、その状況について具体的なことはわかっていない。これが都鄙和睦前後から継続していたものなのか、この頃からみられるようになったものかで評価は大きく変わるが、現段階では判明しない。しかしながら、この時点で上野で戦乱が生じていたことは確実であり、山内上杉氏がこれに対処していたことがわかる。

また、この時には、山内上杉氏の家宰職が、長尾忠景から嫡子の顕忠に交替されていたことが確認できる。顕忠はそれまで仮名「孫五郎」を称していたが、ここでは尾張守家の歴代官途である修理亮を称しており、これはその初見となっている。年未詳の九月二十三日付の矢野憲信の書状には「五郎殿様」「大殿」という表記がみられており、それぞれは顕忠・忠景を指しているとみなされることから（「雲頂庵文書」群一八七二）、すでに顕忠は仮名を称している段階で、家督を継承していたことが推定される。

忠景が家宰職として存在したことを示す最後の徴証は、それこそ長尾景春を武蔵秩父郡から没落させた、文明十二年六月のことになる。この間は、明確な所見がみられないため具体的な動向は把握できないが、忠景は隠居し、家督とともに家宰職も嫡子顕忠に譲ったことがうかがえる。忠景は文明十八年の時点では、すでに六十歳くらいには達していたようで、長きにわたり山内上杉氏において最長老の宿老として存在し続けていた。その忠景も、景春の武蔵没落から都鄙和睦などの政治的動向の区切りをうけてか、ついに隠居したのであった。

忠景は隠居後に出家して、法名皎忠《こうちゅう》を称した。皎忠の署名による発給文書は三通確認されており、そのうちの二通は菩提寺の鎌倉雲頂庵に宛てたものである（「雲頂庵文書」群一八五一～二）。そのなかの一通は、雲頂庵からこれまで領有してきたことを理由に武蔵児玉郡太駄《おおだ》村（埼玉県本庄市）の寄進を要請され、それを承認しているものである。忠景が寄進できるのであるから、太駄村は隠居領であったのであろう。残る一通は、上野武士の那波大炊助に宛てた進物に対する礼状である(「武家聞伝記」『岡山のアーカイブズ4』二〇頁)。これらをみても、隠居後の忠景はほとんど政治的動向をみせなくなっている。そして十五年後の文亀元年(一五〇一)閏六月二十九日に死去している。

忠景は実兄の景信、義弟の太田道灌とともに、享徳の乱勃発当初から上杉方の中心人物の一人として存在し、兄景信が死去したあとは山内上杉氏の家宰職に就いて、同氏を主導するものとなった。しかし、家宰職就任をめぐって甥の景春との間で政治対立を生み、道灌の仲介をうけるものの実現をみず、結局は景春の叛乱をもたらした。それが上杉方を危機に陥れ、それへの対処のために室町幕府と古河公方足利成氏との和睦(都鄙和睦)を成立させて、享徳の乱を終息させるものとなった。

その間に、忠景は山内上杉氏の家宰職として上杉方の軍事行動や政治行動を主導していたから、具体的な動向はあまり明確ではないが、景春の叛乱の鎮圧や上杉方勢力との政治関係、さらには都鄙和睦交渉にも大きく関わっていたことだろう。その意味で、太田道灌とともにこの時期を代表する存在であったことは間違いない。道灌の死去と前後して忠景も政界から引退したことは、それ事態が大きな時勢の変化を示しているといえるかもしれない。

長享の乱の勃発

山内上杉氏の勢力圏では、すでに文明十八年（一四八六）十月の段階で戦乱状況が生まれつつあったが、扇谷上杉氏においても、道灌謀殺後からの混乱状況はそのまま続いていたと思われる。そうして嫡子の太田資康をはじめとする親道灌派が山内上杉氏を頼ったことで、山内・扇谷両上杉氏の間で政治対立が生じていったとみられる。翌長享元年（一四八七）九月にも山内上杉氏は上野国府への在陣を続けており（「北国紀行」）、また十月には、江戸城で盛んに修築がすすめられているというから（「梅花無尽蔵」）、この頃には両勢力ともに臨戦態勢になっていたことがうかがえる。

そして閏十一月に、山内上杉方の軍勢が下野足利の勧農城に拠る長尾房清を攻撃した。越後上杉房定の嫡子で、享徳の乱以降は上野白井城に在城していた上杉定昌は、これについて山内上杉方の東上野の赤堀上野介政綱に宛てた書状で（「赤堀文書」群一七八九）、長尾房清はかねてから敵対の態度をとっていて、攻撃することを顕定に提案していたところであったと述べている。それまでに行われた山内上杉氏の勢力圏における戦乱とは、この足利長尾氏をめぐる状況であったのかもしれない。

続いて十二月十四日、長尾蔵人佑《くろうどのじょう》と上野桐生の佐野周防守直綱《すおうのかみなおつな》が、山内上杉方であった東上野の善《ぜん》氏・山上《やまかみ》氏が取り立てた寄居を攻撃し、それに山内上杉方の赤堀政綱が救援に駆けつけて撃退したということがみられる（「赤堀文書」山内三二）。ここに敵方としてみえている長尾蔵人佑について具体的なことは明確ではないが、おそらくは足利長尾氏の一族にあたるものであろう。ここからは足利長尾氏と桐生佐野氏が連携し、山内上杉方の善・山上・赤堀諸氏との間で抗争が展開されたことがわ

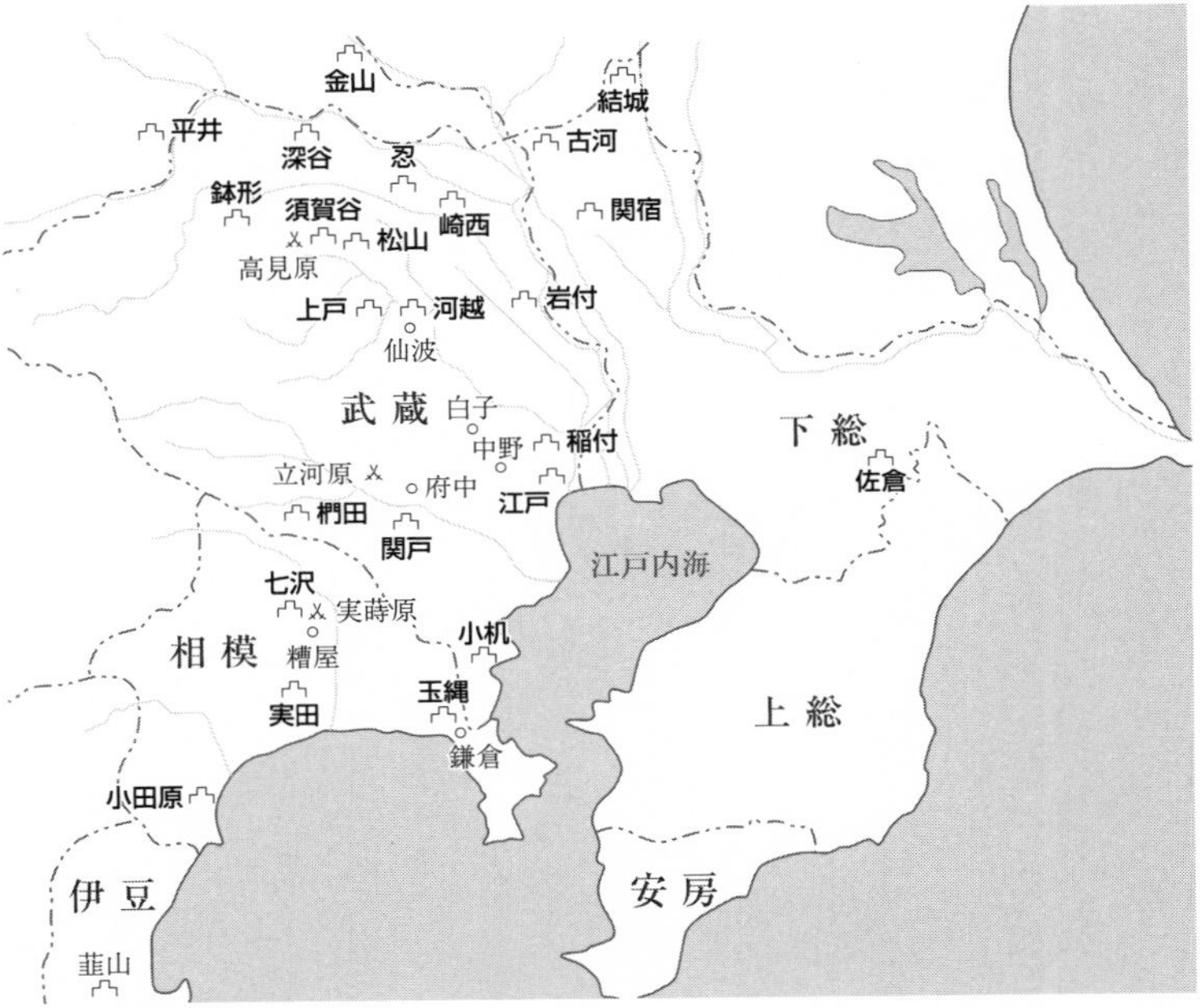

図７　長享の乱関係図

かる。そして、山内上杉方の陣所は鳥《とっ》取《とり》（前橋市）に置かれていた（「赤堀文書」群一七九二）。

ここでは足利長尾氏と桐生佐野氏が、山内上杉氏に敵対していたことがわかるが、やがてこれらの勢力は扇谷上杉氏と連携し、さらに古河公方足利氏の支援によって、この抗争は山内・扇谷両上杉氏の全面抗争となっていく。この戦乱を長享の乱という。そしてこの後、永正二年（一五〇五）まで十九年にわたって、再び関東の武家勢力を二分しての戦乱が展開されていくことになる。

この戦乱の主要な対立関係は山内・扇谷両上杉氏の間にあったが、これに古河公方足利氏も関わっている。また、戦乱そのものは、数度の和睦と再戦を繰り返している。古河公方足利氏は、先に扇谷上杉氏を支援したため、当初は古河公方足利氏・扇谷上杉氏と山内上杉氏との抗争という構図であった。そして延徳二年（一四九〇）十二月に古河公方足利政氏（成氏の子）が武蔵忍城を攻略したことを契機に、一度目の和睦が成立する。

なお、この戦乱初期の長享二年八月三日に、太田道灌の父である道真が死去している。享年七十八、法名は自得院殿実慶道真庵主《じとくいんでんじつけいどうしんあんしゅ》と伝えられている（「太田潮田系図」）。道真については長尾景春の乱のなかで、景春が武蔵から没落して以降の動向をみることができなくなっていた。実子の道灌が主人上杉定正によって謀殺されてから二年後に、道真もその生涯を閉じた。場所も明確ではないが、隠居所として伝えられている越生龍穏寺であったろうか。道灌が謀殺されたことをどう思い、その後をどう過ごしたのかは不明だが、結城合戦以来の関東の政情変化を目の当たりにしてきた最後の人物の死去であったといえ、そこに時代の変化を感じることができる。

道灌の死去で誕生した北条氏

長享の乱についてはその後、明応三年（一四九四）七月になって、二度目の抗争が再開され、ここでは古河公方足利氏は山内上杉氏を支援した。そのため、以後の抗争は古河公方足利氏・山内上杉氏と扇谷上杉氏の抗争という構図であった。しかもこのときには、駿河今川氏・伊豆の伊勢宗瑞（実名

上杉定正墓碑　神奈川県伊勢原市・徳雲寺境内

盛時）などの国外勢力が、扇谷上杉氏を支援する関係になっていた。再開の背景には、前年に開始された伊勢宗瑞による山内上杉方であった堀越公方足利氏への侵攻があったとみられる。同年十月に扇谷上杉定正が戦死し、家督は養子の朝良に継承されている。そして、同八年十月に二度目の和睦が成立する。

文亀元年（一五〇一）十一月、三度目の抗争が再開される。その背景には、前年の伊勢宗瑞による山内上杉方である相模大森氏攻略があった可能性がある。これは永正二年三月に扇谷上杉朝良が山内上杉氏に、事実上、降伏するまで続いている。こうして和睦と再戦を繰り返しながら、両上杉氏の抗争を中核にして、関東全域、さらには周辺地域にも影響をおよぼしながら、戦乱は二十年近くにわたって展開されるのであった。

その過程でみられたのは、山内上杉氏・扇谷上杉氏・古河公方足利氏をはじめ、その配下の宿老たちによる、それぞれの領域権力化の展開であった。これによって社会の在り方は、室町時代までのものから大きく転回し、その後の江戸時代までを規定していく領域権力によって構成されるものとなった。

この長享の乱勃発と同時期にあたる長享元年十一月、駿河今川氏ではクーデターが起きていて、かつて道灌が支持した今川小鹿範満が、前当主義忠の遺児竜王丸（氏親）を擁する勢力によって滅亡させられている。その中心人物が、竜王丸の叔父にあたる伊勢盛時（法名宗瑞）であった。盛時は、範満の最大の支援者であった道灌の死去、続く両上杉氏の対立の隙を衝いてクーデターを敢行した。この盛時の子孫こそが、のちに関東最大の戦国大名となる北条氏であり、しかも山内・扇谷両上杉氏は、やがて同氏によって滅亡を遂げることになる。この北条氏誕生の出発点に、実は道灌の死去があったといえる。そうしてみると、前年の道灌死去から長享の乱の勃発は、関東戦国史における大きな転換点をなすものであったといえるのである。

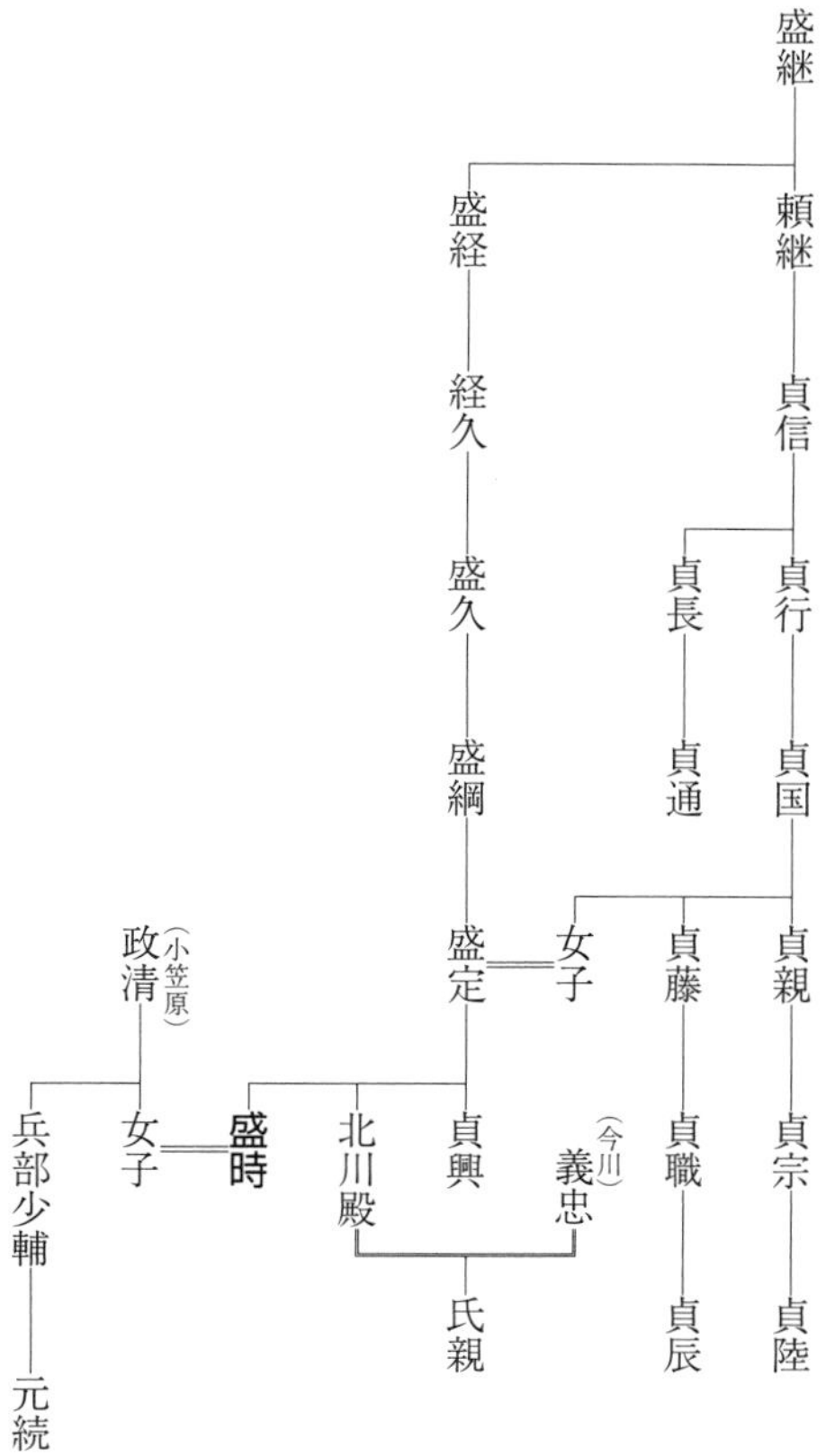

系図10　伊勢盛時関係略系図

「長尾伊玄」の登場

都鄙和睦後は、古河公方足利成氏を頼ったとみられている長尾景春も、この戦乱に参加してきている。古河公方足利氏は扇谷上杉氏に味方したから、その関係から景春も扇谷上杉方として行動をみせていく。

長享の乱勃発後に確認される最初の動向は、直後の長享元年（一四八七）十二月八日のことで、雪下殿尊僘の奏者である牧法橋《まきほっきょう》 定基《じょうき》が、下野足利庄鑁阿寺の子院の延命院に宛てた書状にみえている（「鑁阿寺文書」景春二八）。この文書は無年号であるが、宛所の延命院が年行事を務めているようで、その担当は未年であること、発給者の牧定基はその後に「法眼《ほうげん》」に昇格していることから（佐藤博信『中世東国の支配構造』）、年代は長享元年に比定できる。そのため、これは長享の乱勃発直後のものと考えられるのである。

しかも、景春は出家後の法名「伊玄《いげん》」で記されていることから、それまでに出家していたことが確認できる。このあと景春は、通称については「左衛門入道」、法名については「其有斎伊玄」を称している（「鑁阿寺文書」景春二六・「上杉定正消息」など）。このうち通称が確認できるのは翌年になるので、右衛門尉の段階で出家したのか、左衛門尉に改称したあと、もしくは同時に出家したのかについて、正確には判断できない。

通称については、それまでの右衛門尉から左衛門尉に改称したが、いうまでもなく左衛門尉のほうが上階にあたる。これは祖父景仲・父景信も称していたもので、長尾孫四郎家にとって歴代のものであった。山内上杉氏のもとでは、孫四郎家の当主であったにもかかわらず、それを認められることはなかったが、ここでそれに改称しているものとなる。改称の時期については、それまで動向が確認された文明十三年（一四八一）から、この長享元年までの間となるが、時期を特定することはできない。しかしこの時の主人は古河公方足利氏であったから、これはそれからから与えられたものとみて間違いない。

しかも、それとほぼ同時のこととして、景春の出家が知られる。そのため景春については、これより法名の「伊玄」を用いることにしたい。これについても、時期は明確ではなく三十一歳から三十七歳前後のことになり、年齢的にもまだ若い気がするので、出家の理由はむしろ、政治的な立場の転換にともなうものとみたほうがよいだろう。その場合でもやはり、山内上杉氏への叛乱を実行していた立場から、明確に古河公方足利氏に従い、その直臣になったことによると考えられる。新たな立ち位置を獲得したことにともない、心機一転を図ってのことであったとも思われる。

古河公方足利氏の直臣になったことに関連しているのが、先の牧定基の書状にみえる動向である。そこには下野鑁阿寺別当を兼ねる雪下殿尊敒から、鑁阿寺領の武蔵戸守《ともり》郷（埼玉県川島町）の代官職に任じられていたことが知られる。戸守郷代官に伊玄を補任したところ、鑁阿寺からは「不安である」と、おそらくは押領の懸念が示されてきたことに対し、鑁阿寺に損失を与えることはないとの見解が示されている。そのうえで、伊玄による支配の開始時でもあり、武蔵では戦乱状況になっていることから、鑁阿寺から力者（奉公人の一種）を同郷に派遣すれば心配することはなく、当面は伊玄の支配に任せるという尊倣の決定を伝えている。

ここから、すでに武蔵でも戦乱が展開されていたことがわかる。そうしたなかで、伊玄が代官を務めると、戦乱にともなって押領されてしまいかねないことを鑁阿寺が懸念し、おそらく、尊倣に対して代官の交替を要求するようなことがみられたのであろう。しかし、尊倣は聞き入れることはなかった。そして、ここから伊玄は古河公方足利氏の直臣になると、古河公方足利氏の御料所や雪下殿管轄の寺領の代官職などを与えられることで、領主としての存立を遂げていたとみられる。

ちなみにこの件に関して佐藤博信氏は、時期をこれよりも少し遅くみていて、それにより、この補任にあたっては、古河公方足利政氏から扇谷上杉定正に対し、戸森郷支配の維持に尽力を求めている書状（「鑁阿寺文書」戦古四三五）と関連させて理解するものとなっている（佐藤前掲書）。この時点で、まだ政氏は古河公方になっていないので、それは別の時期のものとみるのが妥当である。もっともこの後、同郷周辺では戦乱が展開され、扇谷上杉氏の領国化されていくことから、伊玄による代官支配自体が成立したのかさえ定かではなく、同郷の鑁阿寺領としての存在もこの件が最後となっている。

なお、伊玄と鑁阿寺との関わりについては、このほかに三通の史料がある（「鑁阿寺文書」）。そのうち二通は伊玄から鑁阿寺に送られた書状で、いずれも「当陣」に関する祈祷をうけたことへの礼状である（景春二六～七）。もう一通は、牧定基から鑁阿寺の子院である千手院《せんじゅいん》に宛てた書状で、牧定基は法眼の地位にあるから先の史料よりも後年のものになる（埼五九一）。

千手院が年行事としてみえているのであれば、それは酉年になるから、延徳元年（一四八九）にあたるかもしれない。そこでは伊玄が数年、雪下殿のもと（武蔵太田庄高柳〈埼玉県久喜市〉か）に来たのをうけて、御礼として足利庄利保に赴いたこと、伊玄が千手院と揉め事をおこしていることが記されている。

ここから、伊玄はこのとき足利庄利保を居所としていたこと、その関係からか、鑁阿寺の子院との間で紛争を生じさせていたことがわかる。武蔵没落後の伊玄の行動は、足利長尾氏との連携に基づくものであることと合わせ考えると、同庄内を居所としたことは重要な事実であろう。あるいは、武蔵没落後から、同所に居住していた可能性もあるかもしれない。

長尾伊玄の参戦

戦乱への参加が最初に確認されるのは、翌長享二年（一四八八）二月七日に、山内上杉方の鳥取に在陣していた軍勢が伊玄の陣所を攻撃し、伊玄は交戦しないで後退したというものである（「赤堀文書」景春二五）。これによって、伊玄が上野のどこかに在陣していたことがわかる。この頃、上野では足利長尾氏・桐生佐野氏と山内上杉方の間で、赤城山南麓において両勢力の攻防が展開されているから、

実蒔原　神奈川県伊勢原市

伊玄の陣所も同地域にあった可能性が高い。

なお、伊玄について、ここでは出家前の通称「右衛門尉」でみえる。実際には左衛門入道に改称されていたとみなされるが、おそらくその改称は山内上杉氏が認めるものではなかったため、前官途で表記されたと思われる。

ここでの伊玄は、足利長尾氏・桐生佐野氏に味方していた。かつて武蔵から没落したあとも、足利長尾氏とは連携関係にあったみなされるので、ここでの行動も同氏と連携していたと思われる。そうすると伊玄は、そもそも足利長尾氏とともに山内上杉氏への抵抗を続けていて、文明十八年からみられていた上野での戦乱状況というのも、もしかしたらそのような両者による山内上杉氏との抗争に関わるものであったのかもしれない。

なお、その直前にあたる二月三日、両上杉氏による全面抗争が開始されて、山内上杉氏が扇谷上杉氏の勢力圏である相模に侵攻し、その拠点であった糟屋館攻略を目指して実蒔原《さねまきはら》合戦（神奈川県伊勢原市）が起きている。この合戦は、その後の六月の武蔵須賀谷原合戦（埼玉県嵐山町）、十一月の同高見原合戦（埼玉県小川町）とともに「関東三戦」（「梅花無尽蔵」）と称される大規模な合戦であり、その初戦にあたるものであった。これに続けて顕定は、援軍として出陣してきた越後の上杉常泰（房定）とともに、扇谷上杉氏の相模中郡の拠点であった七沢要害を攻略し、さらに扇谷上杉氏に従う相模西郡における大森氏の本拠小田原城を攻撃するのであった。その時期は明確ではないが、五月までであることは確かである。

伊玄が上野で行動していたのは、ちょうど両上杉氏が相模で抗争していた時期にあたる。三月十六日には、佐野直綱が葛塚《くずづか》要害（群馬県桐生市）を攻撃したところを赤堀氏らが撃退している（「赤堀文書」山内三四）。ここで注意されるのは、これについて顕定が、佐野直綱は「御方《みかた》」に復したという「上意」にもかかわらず、敵対行動していることを不審に思っていることである。素直に解釈すれば、「上意」とは古河公方足利成氏の意向と理解され、敵対していた佐野直綱は足利方に帰参していた、という状況にあったと思われる。

そうすると、まだこの時点では古河公方足利氏は山内上杉氏を支持していたか、いずれにも加担はしておらず、佐野直綱の行動は勝手に行われたものであったため、成氏は帰参を働きかけたものであったのか、といったことが想定される。このあと、戦乱には成氏ではなく嫡子の政氏が参戦してくることを踏まえると、成氏は当初、山内上杉氏との連携を重視していたのかもしれない。佐野直綱は古河公方足利氏の奉公衆であったから、その敵対行動の停止を命じていて、それが「御方に復す」と表現されたのかもしれない。

しかし、実態は桐生佐野氏・足利長尾氏と、善氏・山上氏・赤堀氏らとの抗争であった。佐野直綱は、そうした地域の対抗関係を重視し、成氏の命令に従うことなく、それら山内上杉方との抗争を継続したのであろう。この地域の抗争の状況は具体的にはみえなくなるが、その後も両勢力は抗争が継続されたと思われる。なお、その直後の三月二十四日、白井城に在城していた越後の上杉定昌が自害するという事件が生じた。それら上野における抗争の展開に関係があるのかどうかは不明だが、山内上杉方にも動揺があったことがうかがえる。

当地域における伊玄の動向についても、その後は確認することができない。この地域からは撤退したと考えられるが、戦乱における伊玄の行動がみられなくなったわけではない。今度は六月七日の武蔵須賀谷原合戦と、十一月十五日の高見原合戦に扇谷上杉方として参陣し、それらで先陣を務めるなど戦巧者ぶりを発揮し、比類無い軍功をあげたという(「上杉定正消息」)。このうち、高見原合戦には「御方御所様」と称されていた古河公方足利氏嫡子の政氏が、明確に扇谷上杉氏に味方して参戦している。ここに、古河公方足利氏は扇谷上杉方であることが明確になった。

両合戦の状況については、「上杉定正消息」からうかがうしかない。この史料は、当時の情報をもとにしているとはみられるが、文章そのものは後代の文飾がはなはだしい感は拭えない。そのため軍記物に近い性格であるが、内容には具体的な情報もあり、それらについては十分に利用できる。伊玄については三ヶ条にみえていて、内容は須賀谷原合戦と高見原合戦のものである。

須賀谷原合戦では先陣として、山内上杉方の先陣である武蔵藤田氏の軍勢を撃破し、その軍勢は乱れることなく定正支援のために参陣してきた功績は、「今後、みなが心がけるべき在り方の第一である」とまで賞されている。また、定正の旗本衆と伊玄の軍勢が、後退せずに戦場に踏みとどまったことで、「勝利の誉れは関東八州に露わになった」と述べられている。

高見原合戦では、定正の軍勢と伊玄の軍勢が敵勢に備えて、山内上杉顕定が近所に進軍してきたことをうけて、味方が対応に困る状況になっていた。そこに伊玄が定正のもとへやってきて、「敵勢が攻撃してきたら味方が迎撃できるか不安である」と述べると、定正は出撃の策を示し、伊玄はこれに深く納得したということが述べられている。

これをみると、両合戦において扇谷上杉方の主力として活躍したのが、本軍である定正の軍勢と古河公方足利氏からの援軍となる伊玄の軍勢であったことがうかがえる。とはいえ、伊玄がどれほどの軍勢を率いることができたのかは、不明である。かつてとは違い、それほど多くの所領を有していたとは考えられないから、多くの軍勢を動員していたとは考えがたい。そうであるならば、ここで先陣を務めたり、定正の本軍と並んで主力を担っているのは、すべて援軍としてのもの、すなわち傭兵的な役割によったものではないだろうか。こうした在り方は、その後の戦国時代における合戦では、基本的な事例としてみられたことであった。

父子敵対の状況

長享の乱は、延徳二年（一四九〇）十二月に最初の和睦が成立して、四年後の明応三年（一四九四）七月に抗争が再開されるが、それにともなって、古河公方足利政氏（長享三年に家督を継承）は山内上杉氏に味方している。それまで伊玄は古河公方足利政氏に従うことで、山内上杉氏と抗争する関係にあった。むしろ、上杉顕定との敵対関係を維持してきたことで、古河公方足利氏に従う立場をとっていたといったほうがよいかもしれない。ところがここで、足利政氏が上杉顕定に味方するにおよび、伊玄は大いに悩んだに違いない。

状況の変化は、それにとどまらなかった。長尾景春の乱以来、密接な連携関係にあった足利長尾氏が、それを契機にして山内上杉氏への帰参を遂げている。このことは翌四年には確認されている（『松陰私語』）。伊玄は、これまで足利長尾氏との連携をもとに存立を遂げていたと思われるから、極めて大きな事態であった。おそらく武蔵からの没落後は、足利長尾氏の領国内であった足利庄利保に居住するようになっていたとみられ、少なくとも、それまでの長享の乱の時期にはそうであった。

これによって伊玄は、足利政氏や足利長尾氏の動向にあわせて、山内上杉氏への帰参を遂げるか、あくまでも同氏との敵対関係を継続するかの選択を迫られることとなった。その場合、後者を選択すれば、足利庄は敵方の足利長尾氏の領国内となることから、同所からの退去を余儀なくされることはいうまでもなかった。結果として伊玄は、後者を、すなわち上杉顕定との敵対関係の継続を選択する

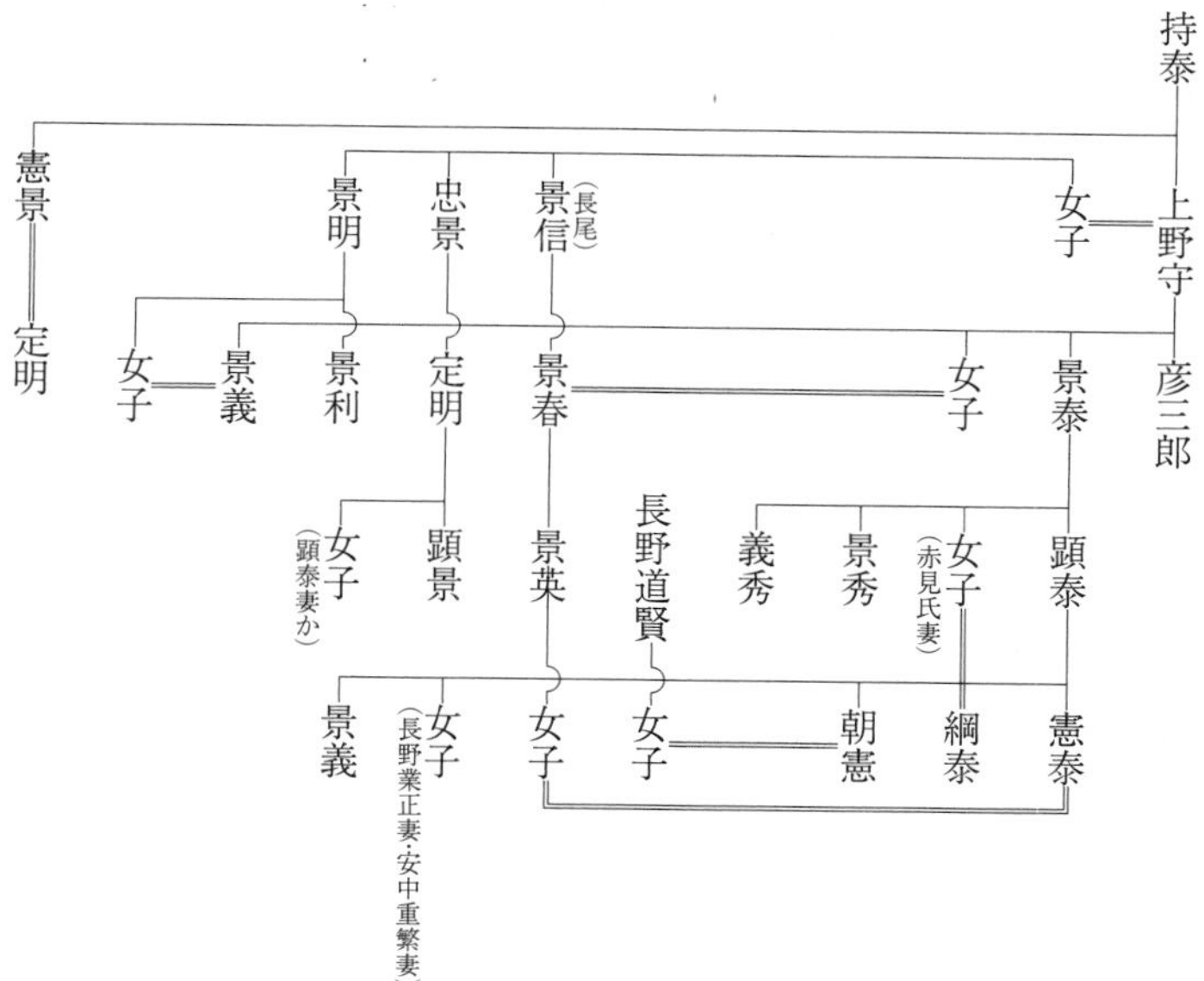

系図11　沼田氏略系図

のであった。すでに長尾景春の乱勃発から十七年が経過していた。父景信死去にともなう政治対立からみると、はや二十年以上が経過していた。伊玄には、それほどまでに顕定への受け容れがたい心情があったとしかいいようがない。

　ところが、この伊玄の決断に嫡子の景英は同調せず、逆に山内上杉氏に帰参するのであった。景英は「双林寺伝記」の記載に基づくと、文明十一年（一四七九）生まれである。景春が二十九歳前後の誕生となる。伊玄の妻で景英の母は、上野国衆の沼田上野守（憲義《のりよし》・泰輝《やすてる》か）の娘、景泰《かげやす》の姉で、その母は父景信の妹であり、伊玄と沼田氏とは二重の婚姻関係にあった（拙著『戦国期山内上杉氏の研究』）。景英の誕生時期から推測すると、婚姻は文明九年、十年頃と推測されるので、ちょうど長尾景春の乱勃発の頃にあたる。

景春の乱における沼田氏の動向を史料で確認することはできないが、その時の当主は景泰とみられる。その姉との婚姻が同乱のなかで行われたとすれば、沼田景泰は伊玄に味方する立場にあったとみられるであろう。その後の政治的な立場についても明確ではないが、明応四年の段階では、山内上杉氏に従う立場をとっていたと推測される。伊玄の妻は、この時には実家の景泰のもとに居住していたようで、同年二月二十六日に死去したことが確認されている（前掲拙著）。そうしたことをみると、伊玄の妻とその子景英は、伊玄が山内上杉氏への帰参を遂げず、足利庄から退去するにともなって、伊玄とは行をともにせず、実家の沼田氏を頼ったものとみられる。

景英の文明十一年生まれというのが正しければ、このとき元服適齢期の十六歳になる。このことから景英は、伊玄とは別家を興すことを選択したのではなかろうか。もちろんそれは、伊玄に従っていた被官たちのなかに、そのように考えるものがあり、山内上杉氏に帰参して新たな孫四郎家を再興することを優先したため、とみることもできる。

景英は、二年後の明応五年には山内上杉氏の重臣の一人となっていて、歴代の官途名である「右衛門尉」を称している。それが景英であると明示されているわけではないが、その官途は孫四郎家歴代のものであるから、そのようにとらえてよいと考えられる（落合厚志「長尾右衛門尉景英について」拙編『長尾景春』所収)。

なお、景英の官途名が右衛門尉であったことは、「春日《かすが》山林泉寺《さんりんせんじ》開山《かいざん》曇英禅師《どんえいぜんじ》語録《ごろく》」に「長尾金吾」とあることによって確かであった(森田真一「禅宗史料からみた東国の領主」)。ただ、まだ十八歳であることからすると、官途名を与えられるには少し早い感があるので、実際には景英の年齢はもう少し上であったかもしれず、あるいは再興された孫四郎家の当主であることを強調するために、あえて年少にもかかわらず与えたものと考えることもできる。

さらに、景英は足利長尾定景・景長の姉妹を妻に迎えている。足利長尾氏では、明応四年までは房清(当時は法名道存)が当主であったが、同五年には、その兄景人の次男で前代の定景の弟であった景長に継承されている。これは房清からの譲渡であったとみなされる。景長は文明元年(一四六九)の生まれで、このとき二十八歳であった。景長の父は、景長が四歳の時に死去しているから、その姉妹であれば、それより年少でも二十五歳にはなっていただろう。そうすると、すでに誰かと婚姻していて離別などがあり、景英との婚姻は再嫁であった可能性が高いかもしれない。あるいは景英の年齢が、実際にはもう五歳ほど年長であったとすれば、両者の年齢も釣り合うものとなる。その場合、婚姻はこれより五年ほど前のことと推測されるであろう。

ここで、景英が足利長尾氏の娘と婚姻したことは、山内上杉氏のなかでの存立が妻の実家である足利長尾氏との関係によって遂げられたものであったことを如実に示すものとなろう。あるいは、足利長尾氏としても、それまで親密な関係にあった伊玄に対して、その子を引き立てることで、それまでの厚誼の継続としようとしたのかもしれない。

なお、伊玄の子女については、確実な存在としては景英だけである。上野沼田氏関係の系図や戦国時代の白井長尾氏の旧臣による史料などから、沼田憲泰（景泰の孫）妻、上野横瀬泰繁《やすしげ》妻・同那波宗俊《むねとし》妻、武蔵成田長泰《ながやす》妻、上野長野五郎（吉業《よしなり》か）妻が伝えられている。詳細な考証は省略するが、それらは世代などから判断すると、沼田憲泰妻、横瀬泰繁妻・那波宗俊妻、成田長泰妻は、いずれも嫡子景英の娘であり、長野五郎（吉業か）妻は嫡孫景誠《かげのぶ》の娘と考えられる（拙編『長尾景春』・拙著『戦国期山内上杉氏の研究』）。これによって、伊玄に娘はいなかったと考えてよいのではないだろうか。

相模における父子の対戦

明応三年（一四九四）七月に両上杉氏の抗争が再開されると、当初は扇谷上杉氏が伊豆の伊勢宗瑞の援軍も得て戦況を優勢に展開し、相模の山内上杉氏勢力をことごとく排除することに成功した。それまで山内上杉方になっていた三浦道含・道寸父子も、扇谷上杉氏に帰参している。そして三ヶ月後の十月には、山内上杉氏の本拠である鉢形城攻略に向けて進軍した。ところが十月五日、扇谷上杉定正が荒川を渡河しようとしたところで急死してしまった。四十九歳であった。法名を護国院殿大通範《ごこくいんでんだいつうはん》亨大禅定門《きょうだいぜんじょうもん》とおくられた。この定正の死去によって扇谷上杉軍は退陣を余儀なくされ、その家督は

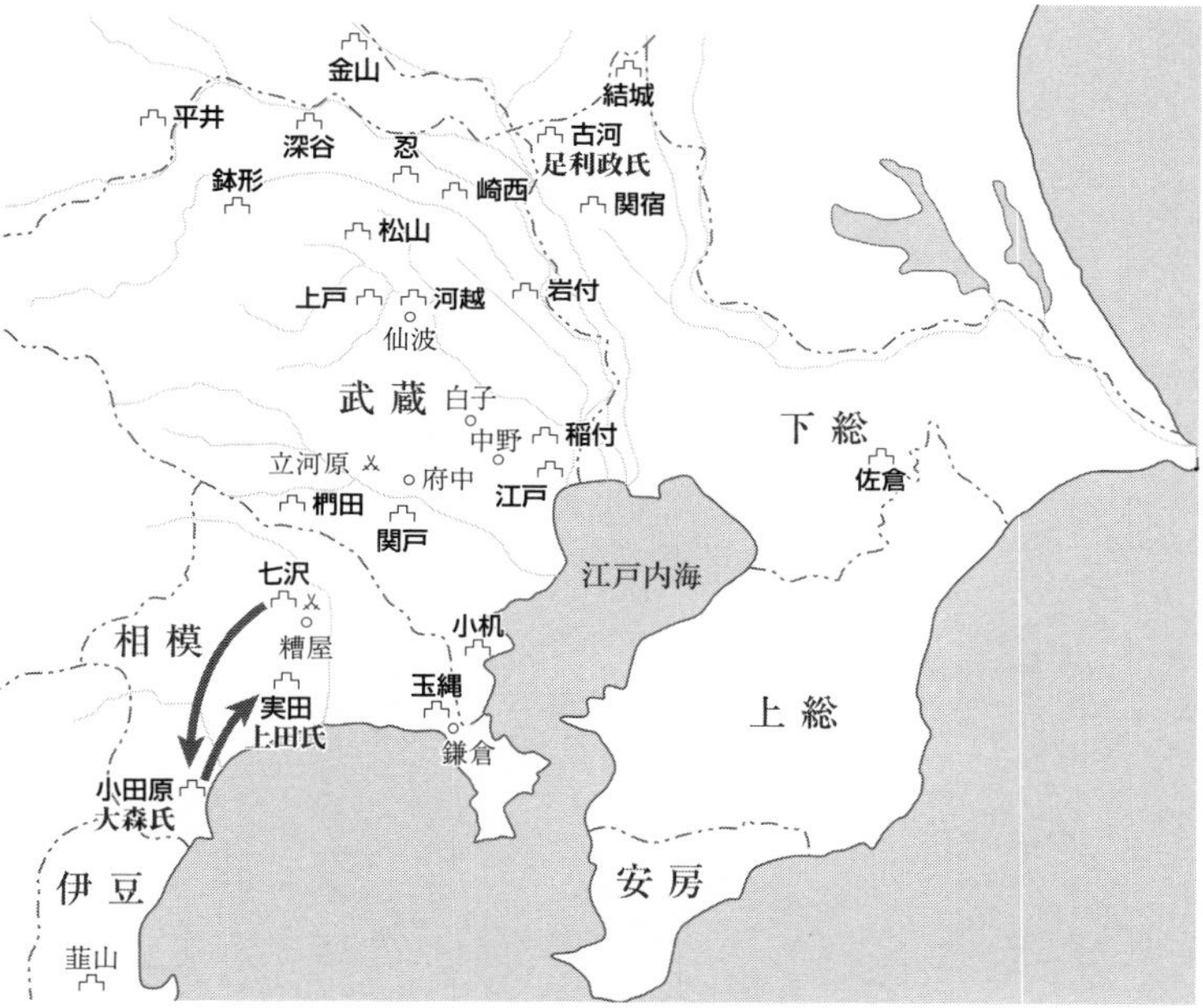

図８　上杉顕定相模侵攻図　矢印は山内上杉軍の動きを示す

養嗣子の朝良に継承された。

これをうけて山内上杉氏は、翌四年冬になって古河公方足利政氏に出陣を要請し、相模への大規模な侵攻を図った。足利政氏の出陣は遅れたものの、山内上杉氏の先陣は同五年二月には相模中郡へ侵攻して、扇谷上杉方の拠点であった七沢要害攻略をすすめた。そこで先陣を務めていたものに、太田道灌の弟六郎（資常か）の次男とみられる太田美濃守顕資があった（「松野文書」埼12付三七）。その後の状況から判断すると、大将は、山内上杉氏への帰参を遂げた孫四郎家当主の長尾景英であったようだ。ここで景英が先陣の大将を務めているのは、おそらく帰参して初めての軍事行動とみなされる

七沢城跡　神奈川県厚木市

から、その忠節を表明するためであったと思われる。

景英を大将とする山内上杉軍は、その後、七沢要害を攻略して七月までのうちに西郡まで進軍、同郡における扇谷上杉方の拠点であった小田原城の攻略を図って陣城を構築した。ここにその城主として「長尾右衛門尉」、すなわち景英の名がみえてくる。

これに対して、扇谷上杉方の先陣として進軍してきたのが、長尾伊玄と、伊勢宗瑞弟の伊勢弥次郎（盛興か）であった。伊玄が長享の乱再開後に、扇谷上杉氏に従う存在となっていたことが、これによって確認される。ここで伊玄と、扇谷上杉氏と盟約関係にあった宗瑞が援軍として送ってきた伊勢弥次郎が、ともにその先陣を務めており、援軍の有する傭兵的性格がここにもあらわれている。伊玄は、図らずも敵方にある実子との間で合戦することになったのであった。

そして七月四日、伊玄と伊勢弥次郎は、景英が守備する陣城を攻撃した。これに対して景英が城内から討って出て合戦となり、景英が勝利し、伊玄らは敗北して退陣するのであった。この時、大将の一人の伊勢弥次郎が戦死したと伝えられるほどの敗戦であった。この合戦の結果をうけて、小田原城主の大森式部少輔（定頼か）は山内上杉氏に降伏し、それにより相模西郡は扇谷上杉方勢力から離脱して、山内上杉方勢力に属することとなった。ちなみに、このとき扇谷上杉氏から大森氏に援軍として派遣されていたものに、当主朝良の実父で一門衆の上杉朝昌、朝良の従兄弟で親類衆となる三浦道寸、家宰の太田六郎右衛門尉、宿老上田氏の一族があったが、いずれも退陣をよぎなくされたのであった。

勝利した景英は東郡に進軍し、扇谷上杉氏の拠点であり、宿老で相模国守護代を務めていた上田左衛門尉正忠が在城する実田《さなだ》城（神奈川県平塚市）の攻撃に向かった。これをうけて、上杉朝良自らが救援のため進軍するとともに、伊玄も再び進軍するのであった。それをうけて鉢形城に在城していた上杉顕定は、二十四日、自らも相模に向けて進軍することを決定している（「宇津江文書」景春二九）。しかしながら戦況がわかるのはここまでであり、その後に状況がどのようになったのかは、史料がなくて不明である。実田城はこのあとも扇谷上杉方として維持されていることからすると、山内上杉方はその後は成果をあげることはできずに、退陣したと推測される。

ともあれ、ここで伊玄は扇谷上杉方の立場にあって、相模にまで進軍して軍事行動していた。しかも敵方の山内上杉氏の重臣となっていた実子の景英との間で、直接に合戦におよぶという事態にもなっていた。伊玄がどのように思っていたのかを知ることはできないが、さまざまな想いを抱いたのではないか。しかも、この時期における伊玄の動向では唯一知りうるものであり、それから長享の乱の終結まで伊玄の動向を知ることはできない。

長享の乱は、その後の明応八年における和睦と、それから二年後の文亀元年（一五〇一）からの再戦を挟みながら、永正二年（一五〇五）三月に、扇谷上杉氏の敗北によって終息をみることになる。扇谷上杉朝良は古河公方足利政氏に帰参するというかたちがとられ、出家ののち法名建芳を称して隠居し、本拠を江戸城に移している。そしてその家督は、養子の朝興（兄朝寧の長男）に譲られたとみなされる。

このときの伊玄の動向について、具体的に知ることはできない。しかしその後の伊玄は、山内上杉氏の被官として存在していることから、このとき上杉顕定のもとに帰参したとみなされる。ここに伊玄は、文明九年（一四七七）の叛乱以来、およそ三十年ぶりに上杉顕定に帰参を遂げたのであった。山内・扇谷両上杉氏の和睦がなり、一方の首領であった上杉朝良が出家・降参という結末を迎えたことで、山内上杉氏に抵抗する勢力はなくなった。そのため、もはや伊玄も顕定への対抗を諦めざるをえなかったのであろう。

ところで、その際にそのまま扇谷上杉氏の庇護をうけるという選択肢はなかったのであろうか。顕定への帰参という選択は、伊玄自身によるものであったのか、あるいは顕定によるものか、はたまた実子の景英やその姻戚の足利長尾氏や沼田氏の計らいによるものなのか、可能性はいくつか想定できるが、結果としては、およそ三十年ぶりとなる旧主顕定のもとに帰参するというものであった。伊玄もすでに五十四歳前後となっており、隠居を考えてもおかしくない年齢であることからすると、これを機に隠遁し、実子の景英のもとでこれからの余生を送ることを考えたのかもしれない。

永正の乱の展開

長享の乱の終息で関東の戦乱はおさまったのかというと、決してそのようなことはなかった。享徳の乱以来の戦乱は、すでに五十年におよぶものとなっていた。それによって各地域では、戦国大名・国衆という領国を形成する領域権力の展開がみられ、そのような領域権力同士の抗争が、日常的に行われるようになっていた。したがって、古河公方足利氏や山内・扇谷両上杉氏といった最上位の政治権力同士で和睦が成立したとしても、それら領域権力同士の抗争は、ただちにおさまるものとはならなかった。

その動向は、やがて最上位の政治権力を突き動かして、再び新たな戦乱を引き起こすものとなった。そうして生じたのが、長享の乱の終息からわずか一年後の永正三年（一五〇六）四月から始まった、古河公方足利政氏とその嫡子高基《たかもと》（当時は高氏《たかうじ》）との父子抗争であった。この抗争は、たちまち各地域における国衆同士の抗争と結びつき、再び関東の武家勢力を二分しての戦乱が展開されることになる。この戦乱を、永正の乱と称している。

この戦乱も、数度の和睦と再戦を繰り返して展開された。永正三年四月、古河公方足利氏嫡子の高基が、外戚にあたる下野宇都宮氏に擁立されて古河城を出て、下野宇都宮城（宇都宮市）に移り父政氏に対抗した。山内上杉顕定と扇谷上杉建芳《けんほう》は、この戦乱ではともに政氏に味方した。顕定は両者の和解に尽力し、翌同四年八月頃に最初の和睦が成立をみて、高基は古河城に帰還している。これを機に、顕定は出家して法名可諄《かじゅん》を称するようになった。

ところが、それと同じ時期に越後上杉氏でも内乱が生じて、当主の上杉房能（可諄の実弟）と家宰の長尾為景（能景の子）との間で抗争が生じ、房能は戦死し、長尾為景は新たな越後上杉氏当主として、房能の従弟にあたる定実《さだざね》（房能の父房定の弟房実の子）を擁立したのであった。可諄はこれに介入しようとするが、しばらくして再び足利政氏・高基両者の抗争が展開される。今度も可諄が和睦を周旋し、同六年六月に高基が可諄に対して等閑無き旨の起請文を提出し、再度の和睦が成立する。おそらくその頃、可諄は後継者に政氏の三男を迎えたとみられ、これを四郎顕実と名乗らせて、古河公方足利氏と山内上杉氏の一体化をすすめている。

これをうけて可諄は、翌七月に長尾為景追討のため越後に出陣する。そこには一門衆の憲房をともなっていて、可諄はそれに越後上杉氏を継承させようとしたと考えられている。また、出陣中の関東での守備のために、扇谷上杉建芳と起請文を交換し、建芳は上野に在陣してその留守を守備することになる。

この可諄の越後侵攻をうけて、長尾為景は関東勢力のうちに支援を要請し、これを受け容れたのが伊勢宗瑞と長尾伊玄であった。その直後の八月、宗瑞は扇谷上杉氏に敵対して相模・武蔵に侵攻していくのである。長尾伊玄も、翌同七年六月に山内上杉氏への叛乱を展開することとなる。伊玄は再び山内上杉氏に敵対して、関東の戦乱に関わりをみせるのであった。

伊勢宗瑞との親交

ここで伊玄は、伊勢宗瑞とともに長尾為景からの支援要請に応えている。伊玄と長尾為景との間に、それまでに交流があったかどうかは確認できないが、その父能景は伊玄には従弟にあたる関係になり、互いのそれまでの立場であれば、十分にあったと考えられるであろう。それに対して、長尾為景と伊勢宗瑞との間に直接の遣り取りはなかったと思われる。そうすると、おそらくは為景から伊玄に働きかけがあり、それをうけて伊玄からさらに宗瑞に働きかけた可能性が高いように思われる。

伊玄と伊勢宗瑞とは、かつて長享の乱でともに扇谷上杉家に味方する関係にあった。しかも明応五年（一四九六）七月の相模への援軍においては、伊玄は宗瑞の弟伊勢弥次郎とともに軍事行動を展開していた。そのため、同じ扇谷上杉方として両者の間に親交があったことは間違いないであろう。

両者の親交は長享の乱の終息をうけて、伊玄が山内上杉氏に帰参した後も続いていたとみられる。上杉可諄の署名で出されている、伊玄に宛てた正月晦日付の書状がある（「松平義行所蔵文書」景春三〇）。その年代は、可諄の名で出されていること（永正四年〈一五〇七〉八月以降）、伊玄が可諄に再度の敵対をする以前のことになるから、永正五年か同六年のいずれかになる。そこで可諄は、被官の久下信濃守が伊勢神宮に参宮したいというので、宗瑞にその通交の便宜を図ってもらうよう伊玄に依頼している。上杉可諄と宗瑞とは、これまで政治関係を持ったことはなかったとみなされ、そのため宗瑞と親交があった伊玄に、仲介を依頼したものと思われる。

宗瑞は、駿河今川氏の御一家衆の立場にありつつ、長享の乱のなかで伊豆・相模西郡を領国化し、それらの領国を自立的に統治する戦国大名の立場を確立していた。関東から西方に赴くには、その宗瑞の領国を通過しなければならないため、可諄は宗瑞にその安全を保証してもらう必要があり、そのため宗瑞と親交があった伊玄に依頼したとみられる。宗瑞の政治権力としての立場は、領国の通交を保証するという点をみれば、扇谷上杉氏や山内上杉氏と同等のものであったことがわかる。

これらのことから、伊玄と伊勢宗瑞との間に、しっかりとした親交があったことが認識される。宗瑞との親交は、これから伊玄が死去するまで続いたと考えられるとともに、その時期のなかで最も強い関係を持つものであった。この永正六年の時点で、伊玄は五十九歳前後であり、宗瑞は康正二年（一四五六）生まれであったから、それよりも五歳ほど年少の五十四歳であった。ともに隠居してもおかしくない年齢といえるが、両者は揃って、最後となるであろう人生の転機に挑んだといえるかもしれない。

山内上杉氏への再度の叛乱

伊玄が長尾為景に味方して山内上杉氏に敵対したことが確認できるのは、永正七年（一五一〇）六月七日のことであった。盟友ともいうべき伊勢宗瑞は、前年八月から両上杉氏への敵対行動を開始していたから、それから九ヶ月も後のことになる。この伊玄による再度の山内上杉氏への叛乱を伝えてくれるのは、同年六月十二日付で可諄から足利長尾景長に宛てた書状である（「歴代古案」景春三二）。

武蔵における山内上杉方とみられる、伊玄をはじめ参陣してきた一揆（中小の武士）は、家宰の長尾孫太郎顕方《あきまさ》（顕忠の婿養子、その弟弥五郎の子）に何事についても協力するとしていた。しかし、伊玄の親類とみられる長尾帯刀左衛門尉《たてわきさえもんのじょう》や被官の吉里《よしざと》氏らが「物詣」（寺社参詣）を理由に、そこから出奔するという事態があり、それについて伊玄らから可諄に、そのことには決して関与していない旨の起請文が送られていたという。

ところが六月七日の夜、伊玄は自らの拠点を自焼きして退去したという連絡が、各方面からあったという。これを聞いた可諄は、「半信半疑」として信じられない思いにあるものの、それが事実であれば、退去した先を一刻も早く連絡することを長尾景長に求めている。

そして長尾帯刀左衛門尉・吉里氏については、伊玄に背いて相模津久井山《つくいやま》（神奈川県相模原市）を占拠しており、これは宗瑞に味方したのであろうか、と延べ、先に伝えた伊玄の動向と同じ状況とみられると述べている。そのうえで伊玄とその被官たちの行動について、理解しがたい事態であるといい、「同名老中において、身を憚らずして、一代両度の不義」、すなわち伊玄は長尾氏の有力者である

図9　永正7年伊玄関係図1

にもかかわらず、立場を考慮しないで可諄一代の間に二度も不義をはたらいた、と非難している。

　ここからすると、伊玄は宗瑞の叛乱が展開されて以降も、しばらくは山内上杉氏のもとにとどまっていたことがわかる。そもそも伊玄は、この時は山内上杉氏の領国内に居住していたとはみられるが、その場所は不明である。しかし、可諄の文面から推測すると武蔵国であったとみられ、山内上杉氏の本拠の鉢形城周辺であったように思われる。そして長尾顕方への協力のためとして、鉢形城に参陣していたようである。

　ところが、そこから長尾帯刀左衛門尉と吉里氏らが勝手に退去してしまったという。時期については明確にならないが、その事態に対して伊玄らから可諄に、関知していない旨を誓約する起請文が送られてきていたという。ここから書状の遣り取りの日数を勘案すると、遅くとも前月には生じていた事態であったと推測される。そして、長尾帯刀左衛門尉・吉里氏については十二日の時点で津久井山を占拠したことが確認され、これについて「宗瑞に一味し候か」と、宗瑞に味方したのであろうこと、伊玄と同じく叛乱であると観測されている。

この経緯をみると、長尾帯刀左衛門尉・吉里氏が伊玄の陣所から退去したのは、あらかじめ伊玄と宗瑞が申し合わせており、彼らを宗瑞への支援のために先に派遣したものであったことがうかがえる。このとき宗瑞は、山内上杉領国の最南端に位置していた武蔵横山庄の椚田《くぬぎだ》城（東京都八王子市）を攻略しており、津久井山はその背後に位置する関係にあったから、それらは宗瑞の同地域での行動を支援するためのものと考えられるであろう。

なお、伊玄に従っている長尾帯刀左衛門尉については、正確には不明である。ただし、この官途名はかつて長尾尾張守家の庶流にあたる能登守家（高津長尾氏）が称していたものなので、同家の可能性がある。能登守家については、尾張守家の長尾忠景が家宰職を継承した頃に、その次男定明によって継承されているが、その前代の憲景（沼田持泰の次男、上野守の弟）の系譜を引いた者である可能性も想定される。

そして六月七日、ついに伊玄が陣所を退去して行方をくらますのであった。退去の際には、自身の陣所を自焼きしているといい、それは敵対姿勢を表明するものであったから、明らかに山内上杉氏への叛乱であった。このことを報された可諄は、「半信半疑」と信じられないという思いを抱くとともに、この伊玄の行動は、長尾氏一族のなかでの有力者という立場をわきまえない行動であり、さらには二度目の叛乱であるとして強く非難している。

では、伊玄はどこに退去したのであろうか。これまで筆者は、津久井山と理解してきた。そしてそこに長尾帯刀左衛門尉・吉里氏らが合流したものと理解してきた。しかし内容をよくみてみると、伊玄の在所は不明の状態にあり、長尾帯刀左衛門尉・吉里氏の行動は、伊玄と別行動であったと理解するのが適切である。その二ヶ月後、伊玄は上野沼田庄に在所していることが確認されることからすると、鉢形城近辺を退去した伊玄は、そのまま沼田庄に向けて移動した可能性が高い。

上野での上杉憲房との対陣

越後における上杉可諄と上杉定実・長尾為景との抗争は、永正七年（一五一〇）六月二十日に可諄が戦死したことで山内上杉方の劣勢となり、別行動をとっていた一門の憲房も敗北して山内上杉軍は上野に後退し、憲房は越後勢に備えて白井城に在城した。そこに、伊玄が長尾為景に味方して沼田庄に進軍、相俣《あいまた》（群馬県みなかみ町）に在陣し、白井城攻略を図るのであった（「古簡雑纂」景春三二）。

これによって伊玄は、六月下旬には沼田庄に進軍していたことがわかる。しかも同庄を支配する沼田氏は、伊玄に味方していたのであった。ただし、このときの当主が伊玄の義弟にあたる景泰か、その嫡子の顕泰であったのかは確定できない。そして伊玄は沼田庄相俣に在陣したが、鉢形城近辺から退去して一ヶ月以内のことになるから、そこから上野に移動して姻戚である沼田氏を頼っていたのかもしれない。そこに、山内上杉軍が越後から上野に後退してきたので、それに対抗したのかもしれない。

この後、伊玄は相俣に在陣して、白井城に在陣する上杉憲房との抗争を展開する。その憲房は、かつて文明十三年（一四八一）に元服直後であったにもかかわらず、伊玄が武蔵から没落したあとで、可諄に対抗するために山内上杉氏当主として擁立した人物であった。それが今回は、その憲房と対戦することになる。

白井城の空堀跡　群馬県渋川市

ところで、憲房が上野に帰陣すると、武蔵では両上杉氏による伊勢宗瑞への反撃が開始された。武蔵の山内上杉方の軍勢を、宗瑞に向けて動員することが可能になったからであり、七月になって、それら武蔵の軍勢は扇谷上杉氏に援軍として派遣され、宗瑞に攻略されていた各地の奪回がすすめられていった。その過程で、伊玄方の長尾帯刀左衛門尉・吉里氏が占拠していた津久井山も、扇谷上杉建芳・三浦道寸によって攻略されるのであった（「三浦系図伝」北2三三〇）。その正確な時期はわからないものの、七月下旬から十月中旬までのこととみられる。

では、伊玄はどのような行動をとっていたのであろうか。まず確認できるのは、七月二十八日に、宮野（群馬県みなかみ町）で憲房方と合戦し、これに勝利している（「御書集」景春三三）。そこでは長尾為景から、越後上杉氏被官の福王子《ふくおうじ》彦八郎孝重《ひこはちろうたかしげ》が援軍として派遣されてきていて、同合戦の戦功について八月三日付で長尾為景から賞されている。このことから、伊玄のもとに長尾為景から援軍が派遣されていたことがわかる。

もっとも、相俣に伊玄が在陣しているなかで宮野で合戦があったということは、白井城から伊玄を攻撃するために進軍してきた憲房方を、途中で迎撃したものであったと考えられる。そうすると、伊玄は必ずしも軍事的に優勢であったわけではなかったことがうかがえる。おそらく、憲房のもとにある山内上杉軍は、越後に従軍していた軍勢がほぼそのまま率いられたものであったろうから、軍事的には憲房方のほうが圧倒的に優勢な状況にあったと思われる。

そのため伊玄は、長尾為景のもとに頻りに援軍の派遣を要請するという状況であった。八月十三日以前に、伊玄は越後上杉氏の一族で、おそらくは上条《じょうじょう》・古志《こし》上杉氏の庶家にあたると推測される上杉掃部頭定俊《かもんのかみさだとし》に、援軍派遣を依頼する書状を出しており、それをうけて上杉定俊は、越後上杉氏宿老で蒲原郡司《かんばらぐんじ》の山吉孫五郎《やまよしまごごろう》に、伊玄への援軍としての出陣を要請している（「山吉家伝記」景春三四）。

そして伊玄のもとには、山吉氏らが十八日・十九日に着陣すると伝えられたが、実際には着陣はなかったため、伊玄は二十日付で山吉孫五郎に書状を出して直接に出陣を催促している。そこでは、白井・渋川《しぶかわ》（群馬県渋川市）には山内上杉方の上州一揆が在陣していること、図書助（長尾氏一族か）以下の牢人衆が同地に参陣してきて、伊玄の陣所へ攻撃しようとしている、という情勢を述べている。その

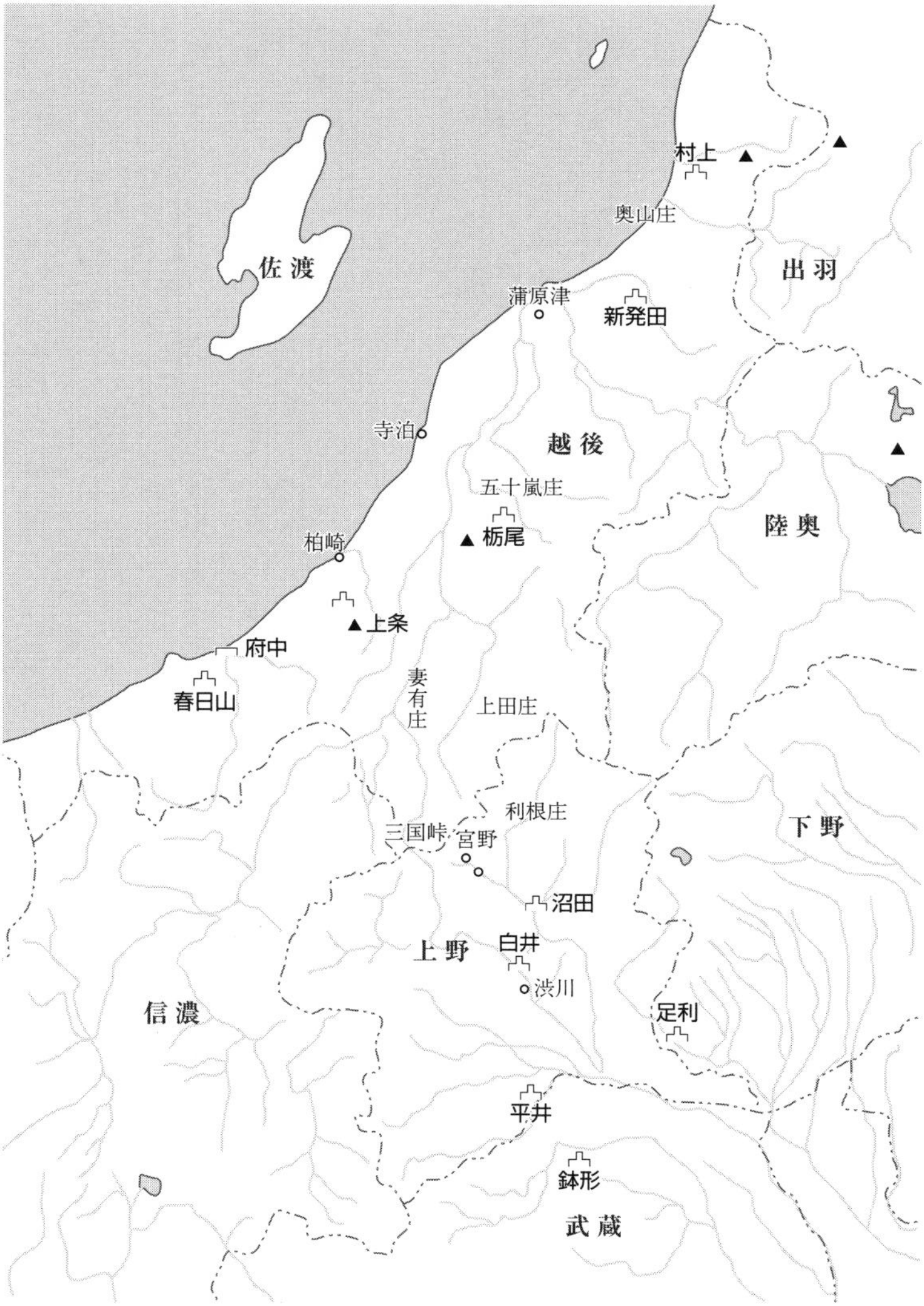

図10　永正７年伊玄関係図２

うえで伊玄は、伊玄の陣所の維持は重要であるからとして、越後の上杉定実よりすぐに援軍を派遣するとの連絡を何度も受けているにもかかわらず、その援軍が途中で留まっているのは納得できないとして、その意向を問いただしている。

そして二十四日付で上杉定俊から山吉孫五郎に送られた書状によると、伊玄は上杉定実から援軍を派遣してもらうにあたって、定実に対して起請文を提出したことが知られる。その起請文は定俊のもとに届けられていて、それをうけて定俊は、まずそれらを山吉のもとに送って、山吉から定実のもとに送るように依頼している(「山吉家伝記」景春三六)。この伊玄の起請文は、九月七日には越後府中《ふちゅう》(上越市)に到達しており、定実の奉行人の長授院《ちょうじゅいん》妙寿《みょうじゅ》は、そのことを山吉孫五郎に伝えている。またそこでは、越後上杉氏一族の有力者であった上条上杉氏の上杉兵部定憲《さだのり》が、伊玄のもとに派遣されていた福王子に、さらに軍勢を増援して「山」を越える、すなわち、上野に派遣しようとの意見を出していることがみえている(「御書集」景春三七)。

このように、伊玄は沼田庄に在陣して越後上杉氏から援軍を送られてはいたものの、憲房が率いる山内上杉方の軍勢は、かなりの大軍であったらしく、とても対抗できるような状況にはなかったらしい。そのため、伊玄は上杉定実にさらなる援軍派遣を求めていて、定実からはそれを了承されるとともに、その見返りとして起請文の提出を求められていたのであった。そうして伊玄は、起請文を作成して、これを上杉定俊のもとに送り、それが山吉孫五郎の手を経て九月七日には定実のもとに届けられたことがわかる。

そして越後上杉氏では、その有力一族の上条上杉定憲が援軍の増援を提案していたことが知られ、越後上杉氏としても、伊玄への支援をすすめようとする状況になりつつあったことが知られる。しかし、上野での動向が知られるのはここまでである。これ以後については関係史料が残されていないため、憲房方との抗争がどのように展開したのかはまったく不明となる。一方の憲房の動向をみてみると、翌同八年二月から四月にかけて、越後に従軍した山内上杉氏被官たちに、そこでの功賞として所領を与えていることなどをみると（「御府内備考続編」山内一〇〇ほか）、その頃には上野の戦乱は解決をみていたように思われる。そうすると伊玄は、それまでに憲房方との合戦に敗北するなどして、沼田庄から退陣したものと思われる。

最後の戦いと死去

上野沼田庄から没落したとみられる伊玄が、次に姿を現したのは翌年の永正八年（一五一一）のことで、場所は甲斐郡内であった。同地域の年代記である「勝山記《かつやまき》」同年条に、「長尾伊賢（伊玄）此郡（甲斐郡内）ヲ武州ヘトヲリテ威勢ヲ取ラル、」（『山梨県史資料編6上』二二四頁）と、甲斐郡内から武蔵に侵攻していることが知られる。そうすると伊玄は、前年に憲房の攻撃によって上野から没落した後は、この甲斐郡内に逃れていたことがうかがえる。

もっとも、その背景については明らかにならない。同地域には、かつて長尾景春の乱において味方となった上野原加藤氏が存在しているから、同氏を頼ったものであろうか。あるいは、伊勢宗瑞と連携していたことを踏まえれば、宗瑞の支援を得て宗瑞と同盟関係にあった駿河今川氏のもとに逃れて、そこから郡内にすすみ、さらに武蔵に進軍したということも考えられる。上野から郡内への移動の経緯が不明なため、確かなことはわからないが、この時の伊玄にとって、大きな支援者となっていたのが伊勢宗瑞と今川氏であったとみなされるから、その支援をうけてのものであった可能性は高い。

さて、郡内から武蔵に侵攻したとすれば、侵攻した先は武蔵西部の横山庄やその北部の杣保《そまほ》（東京都青梅市など）であったと推定される。横山庄といえば、前年に伊勢宗瑞が攻略した椚田城があり、同城はその後の山内・扇谷両上杉氏による反撃によって奪回されていたと考えられる。しかし、奪回はこの年で、そのため、伊玄の行動は宗瑞を支援して山内上杉方による攻撃に対抗するものであったのかもしれない。またはすでに山内上杉方に奪回されていたとして、さらにそれを奪回しようとしてのものであったかもしれない。

そもそも伊玄が武蔵に侵攻した時期が不明のため、それがどのような政治状況のなかでは行われたかは明らかにならないが、ちょうどこの年の九月には、山内上杉氏において家督をめぐる内乱が引き起こされており、そうした状況と関わりもあった可能性はあるとみられる。ちなみに、この山内上杉氏の内乱というのは、上杉可諄の戦死をうけ、その家督を養嗣子の顕実が継承し、引き続いて鉢形城を本拠とし、家宰の長尾顕方がそれを補佐したが、これに有力一門の憲房が足利長尾景長らの支持を得て、おそらくは上野平井城《ひらい》（群馬県藤岡市）を拠点として顕実に対抗したもので、山内上杉方勢力を二分しての抗争が展開されるのであった。しかも、それぞれが古河公方足利政氏と同高基と結び付いたことで、永正の乱そのものも大規模化するものとなっている。

いずれにしろ、伊玄は上野から没落したあとも、山内上杉氏との抗争を継続していたことがわかる。しかし、この武蔵への侵攻についても結局は敗退したとみられ、翌同九年正月の時点では、伊勢宗瑞の取り成しによって、駿河今川氏の本拠である駿河駿府（静岡市葵区）に滞在していることが確認される（「上杉文書」景春三八）。

これは越後上杉定実が、正月二十七日付で越後長尾氏一族と思われる桃渓斎《とうけいさい》に送った書状にみえていることで、「同名伊玄、いまに駿河にわたらせられ候由に候、早雲（伊勢宗瑞）刷《あつかい》も、前々に相かわり候由、藤沢より帰路の時衆申し候由、厳阿物語り候」とあって、伊玄は現在、伊勢宗瑞の斡旋によって駿河に移ったという情報を、相模藤沢（神奈川県藤沢市）清浄光寺《しょうじょうこうじ》から戻ってきた時衆の僧侶から聞いたこととして記されている。なおここには単に「駿河」とあるだけなので、これが「駿府」を示しているわけではなく、あるいは、宗瑞の関わりの深い駿河駿東郡であったという可能性も想定されるが、ここでは駿河の中心である駿府とみておきたい。

ちなみに、そのなかで「早雲刷も、前々に相かわり候」とあるが、その具体的な状況は明確に把握できないものの、以前から宗瑞が伊玄に対して取り成しをしていて、伊玄が駿河に滞在するようになったことは、それまでの状況とは変化した、という意味合いと思われる。それまで伊玄は、先の「勝山記」にあったように山内上杉氏への敵対行動をとっていたが、それはおそらく宗瑞からの支援をうけてのことであったのであろう。

ところが、宗瑞は永正七年七月から、先に少し触れたように山内上杉氏から援軍を得た扇谷上杉氏から反撃をうけて、同年十月には領国の相模西郡まで侵攻され、劣勢の展開を強いられた。そのため翌同八年十一月には、扇谷上杉氏との間で和睦を成立させるのであった。これによって宗瑞は、両上杉方に対して敵対行動を取ることができなくなったため、伊玄に対する支援も行えなくなったことが想定される。そのため宗瑞は、伊玄を同盟国である駿河今川氏の本拠の駿府に滞在させる計らいをしたのではなかったか、と思われる。

そしてこれが伊玄の動向としては、確認される最後のものとなる。伊玄の死去については、「双林寺伝記」では、その二年後の永正十一年八月二十四日のことと伝えている。このことを他の史料によって検証することはできないが、最終の所見から二年後であることからすると、基本的には信用してよいように思われる。没年齢については、「双林寺伝記」は嘉吉三年（一四四三）生まれとしているので、七十二歳としているが、実際には宝徳三年（一四五一）頃の生まれであったと思われるから、その場合には、六十四歳前後であったことになる。法名を涼樹院殿大雄伊玄庵主とおくられたと伝えられている。

なお、「双林寺伝記」では、白井城への復帰を遂げ同地で死去したとしているが、そもそも伊玄の本拠は白井城ではなかったから、そのような記載は明確な誤りである。最後に確認されたのが駿府での滞在であったから、年齢を考慮すれば、おそらくは駿府に滞在したまま死去したのではないかと思われる。

長尾氏累代の墓　長尾景春をはじめ、白井長尾一族の墓石がならぶ　群馬県渋川市・空恵寺

長尾伊玄（景春）の人物像

こうして長尾伊玄（景春）は、波瀾に満ちた生涯を閉じた。初めて史料上に登場してきたのは応仁元年（一四六七）であり、十七歳前後のことであった。その時には、山内上杉氏家宰の長尾景信の嫡子として、上杉方の本陣である武蔵五十子陣に在陣していた。このときから伊玄は、将来の山内上杉氏を担うべき役割を背負って、登場してきた。そして文明三年（一五七一）には、父景信とは別個に軍勢を率いる存在となっていて、山内上杉氏の宿老の一人として政治的・軍事的に重要な役割を果たし始めていた。

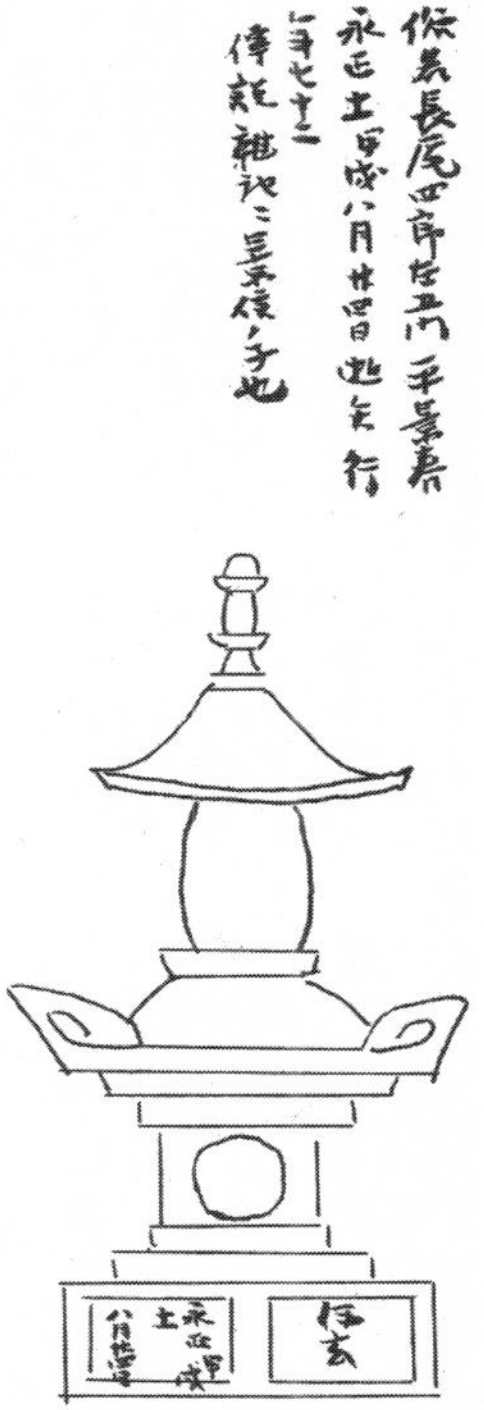

景春の墓書写図　『子持村史』（子持町教育委員会、1968年）より転載

ところが、同五年に父景信が死去した後、長尾孫四郎家の家督は継承したものの、景信が務めていた山内上杉氏家宰職については、主人上杉顕定の判断によって継承することができなかった。このことが、その後の伊玄の人生を大きく決定付ける最大の画期となった。まだ二十三歳前後であったことをみると、あまりにも早い人生の転機であったといえるかもしれない。

これを契機に、伊玄は山内上杉氏における諸権益に関わって、それまで孫四郎家と密接な関係にあった、同僚であるほかの山内上杉氏被官や山内上杉氏に従っていた他家、それに孫四郎家の被官たちから、それら諸権益の維持をめぐって、山内上杉氏当主の上杉顕定、新たな家宰になった叔父の長尾忠景ら、山内上杉氏首脳との政治対立を深めていった。文明八年には五十子陣から退陣して、事実上、政治的に失脚するなかで鉢形城を取り立てて対抗の姿勢をとり、翌同九年正月に、ついに五十子陣を攻撃して主家たる山内上杉氏に対する叛乱を展開したのであった。

その前段階では、叔母婿として親戚関係であり上杉方の有力者の一人であった、扇谷上杉氏家宰の太田道灌による和解がこころみられたものの、それは成功しなかった。伊玄はそのなかで、顕定への叛乱を決意した際には道灌の味方化を図ったが、同意を得られることはなかった。道灌と伊玄は、およそ二十歳の違いがあったが、道灌には主家への叛乱という発想はなかったことが最大の理由であったように思われる。

この叛乱で、伊玄は顕定に代わる山内上杉氏当主を擁立していなかったから、主家たる山内上杉氏を滅ぼすことまでを考えていたのかどうかはわからない。伊玄自身、同氏内部の抗争という認識にあったようであるから、顕定を軍事的に屈服させることで家宰職に任じてもらうことが目的だったのかもしれない。いってみれば、クーデターによる主導権の確保を狙ったものとみられる。

そもそもその叛乱の背景には、享徳の乱の展開のなかで、祖父景仲（昌賢）・父景信と二代にわたって孫四郎家が山内上杉氏家宰職を担い、その結果として同職は孫四郎家の家職化の様相が生まれた。それにともなって、同家につながる勢力に山内上杉氏の諸権益が確保されるという事態がみられていた。とすれば、顕定とその周辺による家宰職の交替は、逆の意味で主導権を確保するためのクーデターというべきものであったともいえ、伊玄の叛乱はそれに実力で対抗するものであったとみることもできるであろう。

叛乱そのものは、太田道灌の活躍をはじめ、そのほかの顕定方の勢力の反撃をうけて当初の目的を遂げることが難しくなったため、古河公方足利成氏に支援を求め、これを享徳の乱の枠組みと同化させるのであった。逆に、このことが上杉方と足利成氏との和睦をもたらし、ひいてはそれを最大限に活かそうとする足利成氏の思惑によって、室町幕府と足利成氏との和睦（「都鄙和睦」）へと展開していくのであった。しかしこの叛乱は、上杉方を二分するほどの大叛乱となり、その結果は、それまでの上杉方勢力の在り方を破壊するものとなった。

伊玄そのものは、文明十二年に武蔵から没落してしまうが、その後は顕定に対抗する山内上杉氏当主として有力一門であった憲房を擁立し、今度こそ山内上杉氏における当主交替のかたちをとって主導権の確保を図るのであった。しかし、同十四年から同十五年にかけて、都鄙和睦が成立したことで抵抗が大規模化することはなかった。その後も、そのまま対抗していたのかどうかは確認できないが、憲房が顕定のもとに帰参していることからすると、いったんはその抵抗は挫折した可能性が高いであろうか。

ところが、文明十八年の太田道灌謀殺という扇谷上杉氏の内紛を契機に、山内・扇谷両上杉氏の間の政治的対抗関係が表面化する。武蔵・上野で戦乱状況が生まれはじめ、伊玄もそれに乗じて再び顕定への対抗をすすめたものと思われ、それが翌長享元年（一四八七）から、山内・扇谷両上杉氏の全面戦争たる長享の乱の勃発をもたらすのであった。伊玄はこのとき、長尾景春の乱以来の盟友関係にあった足利長尾房清の支配下にあった足利庄に居住しており、そのうえで扇谷上杉氏に味方する古河公方足利氏の直臣という立場を明確にして、この戦乱に参加していった。

もはや、ここでの伊玄の立場は、山内上杉氏の宿老というものに立脚するのではなく、顕定に対抗するため古河公方足利氏の直臣という立場を選択したのだろう。長享の乱における伊玄の動向は、まさに顕定への対抗を主軸にしたものであった。明応三年（一四九四）の再戦に際して古河公方足利氏が山内上杉氏に味方すると、足利長尾氏や嫡子景英が山内上杉氏に帰参したが、伊玄はそれとも袂を分かって足利庄からも退去、扇谷上杉氏の庇護をうけて顕定との抗争の継続を選択するのであった。

伊玄は、そこまでして顕定への対抗に拘ったかたちになるが、そこには自己の領主的存立の確保とか、政治的地位の確立という目的をみることは難しく、もはや顕定への強烈な敵愾心によるものとしか理解できないようにも思われる。ただし、長享の乱を通じて扇谷上杉氏に味方する立場を取り続けたことで、同じくその立場にあり、伊豆を領国化して新興の政治勢力となっていた伊勢宗瑞との親交が生まれていた。

永正二年（一五〇五）に長享の乱の終結をみると、ようやく伊玄は顕定への対抗を諦めて、ついにほぼ三十年ぶりに顕定のもとに帰参するのであった。それまで顕定への対抗を主軸にしていたことを思えば、伊玄としては世間からの隠遁に近い状態を選択したようにも思われる。

ところが、翌同三年から新たな関東の戦乱として永正の乱が始まり、同四年からは越後永正の乱が展開され、これに山内上杉氏が介入していくことになる。そして同六年、越後長尾為景の要請をうけて伊勢宗瑞が山内・扇谷両上杉氏への叛乱を開始し、翌同七年に、ついに伊玄も長尾為景に味方して、再び山内上杉氏への叛乱を開始した。これをうけて顕定（可諄）は、「一代両度の不義」として激しい非難を浴びせるのであった。

しかし伊玄の軍事力は小さく、越後上杉定実・長尾為景からの援軍も十分ではなく、山内上杉氏に対抗することはできず、再び没落を余儀なくされてしまう。その後は、盟友関係を構築した伊勢宗瑞の支援をうけることで山内上杉氏への対抗を継続したが、宗瑞自身が扇谷上杉氏と和睦を結んだことで、対抗活動を継続することができなくなり、宗瑞の取り成しによって宗瑞の同盟国であった駿河今川氏の庇護をうけ、おそらくはその本拠の駿府に滞在することになった。

再度の叛乱では、自身の軍事力の小ささから連携関係にある勢力からの支援の獲得が不可欠の状況となっていた。結果として、その支援を十分に獲得できなかったために、事実上、山内上杉氏への対抗は断念せざるをえなくなり、最後は駿府で非政治的な存在になることを余儀なくされたのだろう。一度帰参したにもかかわらず、再度の叛乱に踏み切った背景には、やはり顕定への敵愾心がその死後も継続していることからすると、山内上杉氏への強烈な敵愾心もあったように思われる。

同時に、伊玄はまがりなりにもそのような政治・軍事行動を期待される存在でもあった、ということになる。それは、享徳の乱初期から政治経験・戦争経験を豊富に積んでいることからくる、「戦巧者」として評価をうけていたことと、さらには通常であれば隠遁してもおかしくない、六十歳を過ぎてもなお、そのような政治・軍事行動をとることへの強い意欲に裏付けされたものであった。そうした意味で、伊玄は最後の最後まで、武将としての生涯を追求していたとみなすことはできるように思う。そして最晩年では、戦国大名という新たな政治権力の在り方を確立していた伊勢宗瑞との親交を成立させていた。伊玄自身は、領域権力への途を辿ることはなかったものの、あまり年齢が変わらない両者ではあったが、伊玄は関東政界における中心的存在として位置し続けた存在であり、かたや宗瑞とその子孫こそが、これからの関東政界の担い手の一人となっていく存在であった。

享徳の乱初期から関東政界の中心に位置していた叔母婿の太田道灌との交流を経て、伊玄自身が関東政界における中心的存在の一人となり、最後は、このあとにその担い手となっていく伊勢宗瑞との交流を持っていたことをみると、関東の室町時代から戦国時代へと転換をもたらしていく政治過程において、伊玄はその重要な橋渡し役を務めたとみることができるかもしれない。

伊玄（景春）の子孫と白井長尾氏の成立

最後に、伊玄の子孫による白井長尾氏の成立について触れることにしたい。伊玄の子女として確認できるのは、先にも触れたように、嫡子景英一人だけとなる。その景英についても、年代のわかる動向としては、先に取り上げた明応五年（一四九六）七月の相模における軍事行動が唯一のものである。ただし、景英の可能性が高いとみられるものに、永正十年（一五一三）正月付で白井保子持山《こもちやま》神社に出された、軍勢の濫妨狼藉の禁止を保障する奉書禁制がある（「子持山大神記」山内参考三五）。これが景英のものであるとすれば、景英はこの時には白井城に在城し、周辺地域の統治にあたっていたと推定できるものとなる。

白井城は、当初から孫四郎家の本拠であったように伝承されているが、それは事実ではない。享徳の乱から長享の乱初期までは越後上杉氏の領有下にあり、その状況は越後永正の乱の時期まで続いていたと思われる。そして、永正六年に上杉可諄が越後に侵攻するにともなって、山内上杉氏の領有下に置かれるようになり、同七年には憲房が在城していた。先の禁制は、その後の状況を示すものであるから、景英はその後に憲房から白井城を与えられ、周辺地域を所領として与えられたものと推定される。

その間の永正八年九月には、山内上杉氏の内乱が展開されており、同九年六月の憲房方による鉢形城攻略で、当主であった顕実は没落し、憲房が実力で山内上杉氏当主の地位を確立していた。しかし、その後も戦乱そのものはおさまっていなかったらしく、先の奉書禁制も軍勢の濫妨狼藉禁止の内容になっているので、軍事行動のなかで出されたものであることが明らかである。景英は、おそらくそのような軍事情勢のなかで越後への押さえの役割を与えられ、白井城に入部したのではなかったか。

そしてこの後、景英とその子孫は白井城を本拠とし、さらに周辺地域を領国化して、一個の自立した領域権力たる国衆として展開していったと思われる。これが国衆としての白井長尾氏の成立とその展開を意味するものとなる。伊玄の家系、すなわち孫四郎家が白井城を本拠にするのは、この景英の時のことであった。

景英は、大永七年（一五二七）十二月五日に四十九歳で死去したとされる（「双林寺伝記」）。その子女には、永正四年生まれの嫡子景誠と三人の娘の存在が推定される。景誠は父景英が二十九歳のときの誕生で、景英生前の大永四年には、わずか十八歳ながら家督を継いでおり、上野箕輪長野信濃守業正の姉を妻にしたとされている。しかし、享禄二年（一五二九）正月二十四日に二十三歳で死去している（「長林寺本長尾系図」）。これは同族の長尾八郎によって殺害されたものという。そして後継者がいなかったため、義兄弟の長野業正の計らいによって、惣社長尾顕景（定明の子）の三男憲景が養子に入って継承されている。

景英の三人の娘は、先に少し触れたように、上野沼田憲泰妻、上野横瀬泰繁妻・那波宗俊妻、武蔵成田長泰妻と推定される。沼田憲泰は、孫四郎家とは親密な関係にあった沼田氏の当主で、景泰の子顕泰の子にあたる。横瀬泰繁は、新田岩松氏の家宰の家系で、成繁の子景繁の子にあたる。景英娘は、泰繁が天文十四年（一五四五）に死去した後、那波宗俊に再嫁したとみられ、同十七年にその嫡子顕宗を生んでいる。成田長泰は、長尾忠景の三男成田顕泰の子親泰の子にあたり、景英娘は、天文十一年生まれの嫡子氏長の母であった可能性もある。同十四年に成田長泰が山内上杉氏から離叛したことにともない離婚し、その後は上京して室町幕府将軍足利義輝《よしてる》に仕え、永禄八年（一五六五）に死去したとみられる。

また景誠の娘としては一人の存在が推定され、箕輪長野業正《ながのなりまさ》の最初の嫡子の五郎（吉業か）の妻になっている。景誠の妻はその伯母にあたるから、いわば実家の嫡子との縁組みということになろう。しかし、吉業は天文十五年の河越合戦の際か、同二十一年の山内上杉氏滅亡の際に死去したといい、それをうけて景誠娘は実家に戻ったという（拙著『戦国期山内上杉氏の研究』）。

以上が、伊玄の直接の子孫の動向になる。ちなみに景英の娘、景誠の娘については、江戸時代になるといずれも伊玄の娘と誤って伝承されている。これは、その後の白井長尾氏の歴史において、先祖としての伊玄の存在の大きさ、さらには関東武家社会における伊玄の名声の大きさにより、その娘として仮託されていったと思われる。伊玄は、その後の関東武家社会においても、時代を代表する著名な存在として記憶され続けたのであった。

あとがき

本書が主人公にしたのは、太田道灌と長尾景春という、戦国初期関東を代表する二人の武将である。本書では、道灌と景春それぞれについて、できるだけ当時の関係史料に基づきつつ、かつ当時の政治状況のなかに位置づけつつ、その生涯の全容を描き出すことに努めた。その意味で本書は、現時点という限定のもとではあるが、道灌と景春の生涯について最も包括的に扱った評伝書となっているものと思う。

当初、本書については、前著『長尾景仲』(戎光祥出版)の続編として、長尾景信・景春の二代を取り上げることを構想していた。ところが両者についての具体的な事績となると、景仲よりも分量的には乏しい状況にあった。また景信の動向の一部や景春の動向の多くは、太田道灌との関係から取り上げざるをえない状況にあった。景春についてはとくに、その生涯のなかで最大の事績となる「長尾景春の乱」の経過は、太田道灌の作成による「太田道灌状」によって把握され、しかもそれ自体は道灌の動向を通して認識されるものでしかない。そのため景春を主人公にしようとしても、どうしても道灌が中心になってしまいかねなかった。

道灌については、すでに私自身、『扇谷上杉氏と太田道灌』(岩田書院)で初めてその生涯の概略をまとめ、次いで『図説 太田道灌』(戎光祥出版)を著して、その生涯についてあらためてまとめていた。

とりわけ後者は、二〇〇〇年代以降の最新研究をもとにまとめた道灌に関する評伝書として存在するものとなっていた。ところが同書は、数年前から絶版の状態にあった。それならばということで、いっそのこと道灌と景春の二人を主人公にして一書にまとめることを考えた。そうして本書の構想が成立するものとなった。

内容については、『扇谷上杉氏と太田道灌』における道灌に関わる内容、『図説 太田道灌』の内容ほぼすべて、拙編『長尾景春』（戎光祥出版）における総論「長尾景春論」の内容を取り入れるとともに、道灌・景春の動向に関してあらためて検討・解明したことを盛り込むかたちで、およそ通時的にまとめた。その結果、前著『長尾景仲』の続編に相応しく、享徳の乱から永正の乱前半までについて、道灌・景春の動向を軸にしつつ、その政治展開について叙述するものとなった。

そのなかでは、景春の生年についての新たな推測、道灌晩年における政治動向の解明とそれへの評価、「太田道灌状」などの年代の比定、「都鄙和睦」の成立の経緯や時期についての新たな見解、その後における景春の居所についての解明、景春の上杉顕定への二度目の叛乱の時期と経緯など、これまでにおける私自身の研究内容を進歩させることができている。その意味で本書はまさに、道灌と景春について最新の内容をまとめることができたと思う。

とはいえ、すべての問題が解決したわけではない。例えば、道灌については、謀殺された際、なぜ糟屋館に赴いていたのか、その理由は皆目不明なままである。景春については、上杉憲房の擁立から「都鄙和睦」を経て、長享の乱勃発までの動向や、長享の乱後半における動向についても、まったく不明のままである。それらについては今後、新たな史料の出現、あるいは既知の史料の再解釈などを通じて、解明がすすむことを期待しておきたい。まだまだ解明すべき問題は残されているということになる。

道灌と景春が活動した戦国初期関東に関する史料は、決して多いとはいえない。とはいえ、それらが十分に検討されてきたかといえば、そうでもない。検討をすすめ、重ねることによってまだまだ多くのことが明らかになるに違いない。本書もその一つのこころみにすぎない。しかしそこであらためて感じたことは、戦国初期関東における最大の主人公ともいうべき古河公方・足利成氏についての検討の必要性である。どうやらこの分野において、私が次に取り組むべき課題もはっきりとしてきたように思う。

最後に、本書の刊行にあたっては、戎光祥出版株式会社代表取締役の伊藤光祥氏、編集長の丸山裕之氏、編集担当の石渡洋平氏にお世話になった。記して御礼を申し上げます。とりわけ同社とのつきあいは、ちょうど一〇年前に刊行した『図説 太田道灌』に始まっている。当時、伊藤光祥氏は道灌や景春の時代に強く興味を持っていることをお話され、読みやすい一般書の刊行を渇望されていた。その後には景春の評伝書の刊行も渇望されていた。ここに景春について、道灌とセットとはなったが、ようやくにその要望にお応えできることとなったと思う。

あれから一〇年も経ったのか、あるいはまだ一〇年しか経っていないのか、その間に同社とは極めて濃密なつきあいをさせていただくものとなっている。同社には、歴史研究の成果の社会への還元、それによる歴史研究への関心の獲得に大いに尽力いただいている。歴史研究の維持、発展のためには、将来の担い手の叢生と、歴史研究を支えてくれる裾野の拡大が大きな課題である。私自身も引き続いて、そのことに可能な限り尽力していきたいと思う。

二〇一九年十一月

黒田基樹

【主要参考文献】

家永遵嗣『室町幕府将軍権力の研究〈東京大学日本史学研究叢書1〉』（東京大学日本史学研究室、一九九五年）
石橋一展「享徳の乱前後における上総および千葉一族」（『千葉いまむかし』二七号、二〇一四年）
市木武雄・梅田薫『「梅花無尽蔵」の世界』（鵜沼歴史研究会、二〇〇五年）
井上宗雄「太田道灌等歌合」（『国語国文』四七巻六号、一九七八年）
小川剛生『武士はなぜ歌を詠むか〈角川叢書40〉』（角川学芸出版、二〇〇八年）
同「太田道灌の伝記と和歌」（『文学　隔月刊』九巻三号、二〇〇八年）
勝守すみ『太田道灌〈日本の武将26〉』（人物往来社、一九六六年）
同『長尾氏の研究〈関東武士研究叢書6〉』（名著出版、一九七八年）
黒田基樹『戦国大名領国の支配構造』（岩田書院、一九九七年）
同『戦国期東国の大名と国衆』（岩田書院、二〇〇一年）
同『中近世移行期の大名権力と村落』（校倉書房、二〇〇三年）
同『扇谷上杉氏と太田道灌〈岩田選書・地域の中世1〉』（岩田書院、二〇〇四年）
同『戦国の房総と北条氏〈岩田選書・地域の中世4〉』（岩田書院、二〇〇八年）
同『図説 太田道灌』（戎光祥出版、二〇〇九年）
同『古河公方と北条氏〈岩田選書・地域の中世12〉』（岩田書院、二〇一二年）
同『戦国期山内上杉氏の研究〈中世史研究叢書24〉』（岩田書院、二〇一三年）
同『長尾景仲〈中世武士選書26〉』（戎光祥出版、二〇一五年）

同　　　　『今川氏親と伊勢宗瑞〈中世から近世へ〉』（平凡社、二〇一九年）
同　　　　『戦国大名・伊勢宗瑞〈角川選書624〉』（KADOKAWA、二〇一九年）
同　　　　「関東動乱と三浦氏」（『新編横須賀市史通史編自然・原始・古代・中世』古代・中世第四章、横須賀市、二〇一二年）
同編　　　『長尾景春〈シリーズ・中世関東武士の研究1〉』（戎光祥出版、二〇一〇年）
同　　　　『武蔵大石氏〈論集戦国大名と国衆1〉』（岩田書院、二〇一〇年）
同　　　　『扇谷上杉氏〈シリーズ・中世関東武士の研究5〉』（戎光祥出版、二〇一二年）
同　　　　『武蔵成田氏〈論集戦国大名と国衆7〉』（岩田書院、二〇一二年）
同　　　　『岩付太田氏〈論集戦国大名と国衆12〉』（岩田書院、二〇一三年）
同　　　　『山内上杉氏〈シリーズ・中世関東武士の研究12〉』（戎光祥出版、二〇一四年）
同　　　　『足利成氏とその時代〈関東足利氏の歴史5〉』（戎光祥出版、二〇一八年）
小泉　功　『太田道真と道灌』（幹書房、二〇〇七年）
斎藤慎一　『中世東国の道と城館』（東京大学出版会、二〇一〇年）
同　　　　「太田道灌と江戸城」（『東京都江戸東京博物館研究報告』一五号、二〇〇九年）
佐藤博信　『古河公方足利氏の研究』（校倉書房、一九八九年）
同　　　　『中世東国の支配構造』（思文閣出版、一九八九年）
同　　　　『続中世東国の支配構造』（思文閣出版、一九九六年）
杉山一弥　『室町幕府の東国政策』（思文閣出版、二〇一四年）

中川徳之助　『万里集九〈人物叢書215〉』（吉川弘文館、一九九七年）
長塚　孝　「古河公方足利氏と禅宗寺院」（『葦のみち〈三郷市史研究〉』二号、一九九〇年）
同　「戦国期江戸の地域構造」（『江東区文化財研究紀要』四号、一九九三年）
則竹雄一　『古河公方と伊勢宗瑞〈動乱の東国史6〉』（吉川弘文館、二〇一三年）
前島康彦　『太田氏の研究〈関東武士研究叢書3〉』（名著出版、一九七五年）
峰岸純夫　『中世の東国　地域と権力』（東京大学出版会、一九八九年）
同　『享徳の乱〈講談社選書メチエ661〉』（講談社、二〇一七年）
森田真一　『上杉顕定〈中世武士選書24〉』（岩田書院、二〇一四年）
同　「禅宗史料からみた東国の領主―『春日山林泉寺開山曇英禅師語録』の分析を中心として―」（『群馬県立歴史博物館紀要』三〇号、二〇〇九年）
盛本昌広　『中世南関東の港湾都市と流通〈岩田選書・地域の中世6〉』（岩田書院、二〇一〇年）
山田邦明　『鎌倉府と関東』（校倉書房、一九九五年）
同　『享徳の乱と太田道灌〈敗者の日本史8〉』（吉川弘文館、二〇一五年）
湯山　学　『藤沢の武士と城　扇谷上杉氏と大庭城〈藤沢文庫3〉』（名著出版、一九七九年）
同　『中世伊勢原をめぐる武士たち』（伊勢原市教育委員会、一九九一年）
同　『関東上杉氏の研究〈湯山学中世史論集1〉』（岩田書院、二〇〇九年）
同　『鎌倉府の研究〈湯山学中世史論集4〉』（岩田書院、二〇一一年）
同　『鎌倉府と相模武士　下』（戎光祥出版、二〇一四年）

【著者紹介】

黒田基樹（くろだ・もとき）

1965年生まれ。早稲田大学教育学部卒。駒澤大学大学院博士後期課程満期退学。博士（日本文学）。

現在、駿河台大学教授。

著書に、『図説 太田道灌』（戎光祥出版）、『長尾景仲』（戎光祥出版）、『図説 戦国北条氏と合戦』（戎光祥出版）、『戦国北条家一族事典』（戎光祥出版）、『扇谷上杉氏と太田道灌』（岩田書院）、『百姓からみた戦国大名』（ちくま新書）、『戦国北条五代』（星海社新書）、『戦国大名』（平凡社新書）、『今川氏親と伊勢宗瑞』（平凡社）、『戦国大名・伊勢宗瑞』（KADOKAWA）ほか多数。

編著に、『長尾景春』『伊勢宗瑞』『足利成氏とその時代』（いずれも戎光祥出版）ほか多数。

装丁：川本　要

中世武士選書　第43巻
太田《おおた》道灌《どうかん》と長尾《ながお》景春《かげはる》　暗殺《あんさつ》・叛逆《はんぎゃく》の戦国史《せんごくし》

二〇二〇年一月一〇日　初版初刷発行

著　者　黒田基樹
発行者　伊藤光祥
発行所　戎光祥出版株式会社
東京都千代田区麹町一―七
相互半蔵門ビル八階
電　話　〇三-五二七五-三三六一㈹
FAX　〇三-五二七五-三三六五
編集・制作　株式会社イズシエ・コーポレーション
印刷・製本　モリモト印刷株式会社

https://www.ebisukosyo.co.jp
info@ebisukosyo.co.jp

ISBN978-4-86403-338-1